河井寛次郎作　辰砂丸文角瓶　1937 年

濱田庄司作　地掛鉄絵黍文茶碗　1955 年

バーナード・リーチ作　楽焼兎紋皿　1919 年

芹澤銈介作　型染布文部屋着　1959 年

棟方志功作　二菩薩釈迦十大弟子「羅睺羅の柵」 1939 年
(以上すべて日本民藝館蔵、撮影・杉野孝典)

ちくま学芸文庫

柳宗悦コレクションⅠ
ひと

柳 宗悦

筑摩書房

〔監修〕
日本民藝館

〔編集協力〕
柳宗理
鶴見俊輔
水尾比呂志
阿満利麿

〔装訂〕
柚木沙弥郎

目次

『柳宗悦コレクション』の刊行によせて

水尾　比呂志

柳宗悦の厖大な著作は、若干の新出文を別にして、全二十二巻の全集（筑摩書房、一九八〇年〜九二年）に集成されている。しかし、同全集はあまりにも大部であり、かつ現在ではすでに版を絶していて、閲読は容易ではない。その憾《うら》みを補うためと、柳の仕事に関心を持つ人びとの求めに応じるために、この文庫版が企画された。柳の多面的な事績についての論考群から、その要処を逃さずに、しかも従来あまり一般に読まれていなかった文を集めるのが編集の主方針である。従来はその「眼」について強調されてきた柳の仕事を改めて「ひと」と「もの」と「こころ」の三視点から見直し、適合すると考えられる文を全集から選んで、主題と年代とを考慮して配した。

近時の世情は、「ひと」や「もの」や「こころ」の理想の状態からは、ほど遠い惨状にあると言わねばならない。柳宗悦の言説は、いずれも今、人と世が熟考しなければならない重要な問題を孕んでいる。本文集の念願とするのは、この現在と未来の世のあるべき本質を、多くの方々が一文一文から読みとって頂きたい、ということである。

#「ひと」の巻への序

本巻は、柳宗悦の文章群のなかから、彼をめぐる「ひと」たち（およそ三種に分けることができる）について記された文を選んで編まれた。

一は、柳が自身の教養と人格の糧《かて》とした「ひと」たちである。曾《かつ》ての日本の知識人のほとんどがそうであったように、彼もまず世界の先達《せんだつ》に学ぶことで青年期を培った。尤《もっと》も、宗教哲学を志した柳は、おのずから宗教性の強い「ひと」に惹かれている。と言うより、自身の宗教性をさらに深く探究できるような先人に注目したと思える。トルストイ、エマソン、ホイットマン、そしてブレイクらであり、やがて、東洋の僧俗の先人、一遍や木喰や妙好人たちにとくに意を注いだ。

併せて注目したいのは、今は周知となっている西欧近代美術家たち――ビアズレイ、ウーデ、ロダン、セザンヌ、ゴッホ、マチスらを、わが国へ紹介した先駆者で柳があったことと、そしてこの「ひと」たちの意義の解明を自身の「もの」への理解に役立てていることである。

二として、青年期からの鈴木大拙をはじめとする勉学の師、志賀直哉、武者小路實篤、バーナード・リーチらの「白樺」の友たち、壮年期から生涯交わりの続いた、河井寛次郎、濱田庄司、芹澤銈介、棟方志功らのいずれも世界的な巨匠名匠、そして全国に及ぶ民間の工藝の工人たちや、知人たちが挙げられる。

三は、彼の身近にあった親しい「ひと」たちである。夫人の兼子は言うまでもない。朝鮮との縁を濃くさせた浅川伯教《のりたか》・巧《たくみ》兄弟と、敗戦後日本民藝館に引取った巧の遺族浅川咲子・園絵母娘、大原孫三郎・總一郎父子、山本為三郎らの庇護後援の文化実業家たち、吉田正太郎、式場隆三郎、水谷良一、吉田璋也、外村吉之介ほかの民藝運動における同志たちである。

柳宗悦はこれらの囲繞《いにょう》する「ひと」たちを通じて無量の恵みを受けとってきた。柳自身はおそらく意識していなかっただろうが、彼は、それぞれの「ひと」の人性《じんせい》の尊さを見抜き、その恵みを誤りなく受けとる資質にも秀でていた。そして、恵みを自らに活かす稀有な力の持主であった。

私が柳宗悦に親炙《しんしゃ》できたのはすでにその晩年だったが、彼の「ひと」への言動には、それぞれの人性への謙虚で温かい敬念が滲み出ているのが感じられた。それは老熟の故ではなく、若年時から一貫している柳の本来の性だったのである。

それあってこそ、柳の業績への畏敬もさることながら、誰もがその「ひと」への敬愛を覚えないではいられなかったのだ、と思われる。

凡例

一、本コレクションは、『柳宗悦全集』（筑摩書房、一九八〇〜九二年）を底本とした。

二、今回の文庫化に際し、明らかな誤植、誤記、脱字は訂正したが、著者独特の用字・用語・当字はそのままとした。また表記は新字・新かなに改め、難読字には適宜ルビを振った。

三、校訂の経緯については、巻末の解題に示してある。

四、本書には、今日の人権意識に照らして不適切と思われる語句や表現があるが、時代的背景と、作品の歴史的価値にかんがみ、加えて著者が故人であることから、そのままとした。

柳宗悦コレクション1　ひと

学習院のこと

私は生粋の学習院子である、小学一年から中学を経て高等科三年まで十五年間学習院で育った、明治二十九年から同四十四年に至る。院長は近衛篤麿、細川潤次郎、菊池大麓、山口鋭之助、乃木希典など有名な政治家や軍人だった、校舎は四谷時代が主で、卒業の時は目白だった、先生でも著名な学者があって、歴史の白鳥庫吉博士、英語の神田乃武氏、漢学の小柳司気太、岡田正之、独逸《ドイツ》語の西田幾多郎、英語の鈴木大拙その他、忘れられぬ先生がおられた、修身は随分長く井上哲次郎博士のを聞いた、個人的には服部他之助先生に一番お世話になった。

長い間の在学のこと故《ゆえ》、色々の思出がある、内輪のことをよく知っている自分は、学生の気質に著しい弱味のあるのも知りぬいているが、併《しか》し長くお世話になった母校のこと故、他人から悪口を言われると学習院のことなら弁護したい気持がいつも強い。決して他の学校にない品位があるのは、諸大名の子孫が多く、皇室の藩屏《はんぺい》をもって任じる気風が然《しか》らしめたところであろう、尤《もっと》も士族も平民もいたが、自から同化された、一番著しいのは、用いる言葉で、他校から転入でもしてくる学生があると、余りにも違うので驚いた、近頃は段々日本全体に言葉の品位が下ってきて、めったに美しい言葉を聞けぬ、よくとれば民主化であるが併し言葉が人格に及ぼす影響は大きく、言葉の格が下ることは、賞《ほ》むべきことではあるまい、英語と米語との対比もこの問題をよく語っていよう。

前にも述べた通り、私は一番長く正規の学生年月をただ学習院のみで過ごしたのであり、又学習院で学生時代を送ったことを悦《よろこ》んでいる者の一人であるが、併し卒業してから今日まで約四十年近くの間つい近頃まで学習院から招待をうけたことは一度もなかった、又先生や学生から訪問を受けた著しい記憶もない、大体学習院は卒業生には冷淡で、何も私一人だけではあるまいと思う、先年私が米国にいた時、ハーバード大学の卒業式に列したことがあるが、一年に一度のこの時には色々の催しがあり、大勢の卒業生が集って来る、随分白髪の老人もいるがその時は寄宿舎が臨時の宿になったりして誠に和気あいあいたる光景を見たことがあるが、学習院と比べ、えらい違いだと思ったことがある、尤も私達は「白樺」の連中というので、その当時は学校から嫌われ図書館でその閲読が禁止されたりした、最近文化勲章を貰った志賀直哉も、又それを当然貰ってよい武者小路実篤や、又長与善郎などは、皆学生としては評判がよくなかった、学習院の卒業生には政治家や軍人は沢山出た、貴族院議員になったり、大将や中将になった人達は相当いるが、多くは貴族的地位がそうさせたので、自分の力でそうなった人は少いであろう、又学習院からは余り沢

1920年「白樺」創刊十周年記念　前列左より二人目志賀、四人目長与、中列左より三人目武者小路、後列右より二人目柳、三人目リーチ

山の学者は出ていない、大体理科文科の学生が少く、私の如きも文科を選んだため、級でたった一人の学生で、教室で一人ぼっちで授業を受けることが多かった。

今から思うと異端視されたその「白樺」の運動は、明治から大正にかけての日本の文化に、一つのはっきりした足跡を残すに至った、併し学習院は決してそれを理解しなかった、それでつい先日まで継子《ままこ》扱いにされていた、私が求められてこの一文を書くようになったのは、時代の激変のお蔭なのかもしれぬ、前にも述べた通り卒業してから四十年目だ、尤も私の方も冷淡だったともいえるから五分五分なのかも知れぬが、併し卒業生を大事にしないという学習院の風習は賞めたものではない。

「白樺」の仲間はお互に仲がよく又尊敬し合

った、そうして仕事に皆熱情を注いだ、当時の文壇の「自然主義」に対立したせいもあって「人道主義」と他から呼ばれたが、何か人生への理想を持ち、正義を尊んだことは事実である、その雑誌の創刊号は私が学習院を終える頃であった、今から思うと随分無鉄砲であったと思うが何か止まれぬ熱意がこの仕事を出発させた、近頃の学生は私達の当時より、ずっと賢いのかと思うが、それだけ臆病であり、又打算的なところがあるのではあるまいか、白樺以後、別に活々した文化的動きが学習院から起っていないのは、どういうわけか、近年は軍人の院長が代々続いたためであろうか、尤も面白いことには「白樺」は乃木院長の時代に起った、乃木将軍は随分英雄視されて、神社まで建つに至ったが、私達は謂わば不埒《ふらち》な学生で軍国主義には反動的でトルストイなどを愛読した、嘗《かっ》て私は輔仁会雑誌に非戦論を書いて、えらく怒られたりしたが、どうしても自分の方が正しいのだという考えをまげることは出来なかった。

西田幾多郎先生は、乃木院長に対して私を弁護して下さった由《よし》、あとで聞いたが、その頃は先生はまだ「善の研究」を発表されない時期で、真面目な無口な考えてばかりいるような先生であった、鈴木大拙先生は、米国から帰られたばかりで、私の級が最初の生徒となったが、その頃のこととて禅に関する著作もまだなく、ただスエデンボルグの飜訳があった、この先生はどこか脱俗的で、温和で親しみが深く、私に種々な宗教書を教えて下さったりした、今回同先生の畢生《ひっせい》の事業たる松岡文庫の理事長を私に依嘱されるに至ったの文化も、深い因縁によるもので、何か御恩返しをしたい気持が切である、この先生も今年文化勲章を得られたが、国家は当然もっと前に西田先生と一緒の時に贈るべきであったと思う。この先生も今年

今度の敗戦で社会事情も変り、学習院の如《ごと》きはいち早く変化を受け、もう宮内省の所轄でもなくなり、経済的にも自立せねばならず、それに華族が廃止され、その性格が一変するに至ったことと思う、封建的な殻はこの際脱ぎ棄てられるであろうし、更って民主的な気風が起ることと思うが、併し学習院が存する限りは、それが長年持つ美風だけは活かし、他の学校に見られない品格を養うべきだと思う、さもないとこの存在理由はなくなるであろう、民主時代が陥りがちな、礼節を知らない卑俗な風は、学習院の名とはそぐわぬ、併し学習院も軍人の院長から漸く離脱し、現院長のような文化人を迎えたことは甚だ幸であるといわねばならぬ、何しても私のような長らく学習院で育った者には、母校には愛着があり、その健全な発展を願って止まぬ。

トルストイの百年祭に際して

実の意味は失われてしまったかも知れぬが、盆が来ると町々も村々も甦ってくる。亡き霊を祭ろうとて燈火や花束を捧げる。あのクリスマスが来ると到る所であの雪の降る一夜にイエスが生れた昔を想いかえす。亡き人々の冥日とか、その誕生とかを記念するこれらの習慣が続くのを私は有り難く思う。そこにはいつも自然の人情があるし、何か正しい偉大なものを慕う人間の求めがそこにも見えるからである。トルストイが生れてから百年は過ぎた。私達は同時代にこの地上に彼がいたということを如何《いか》に名誉に考えていいであろう。今から百年、二百年の後、彼を慕う人が出てくるなら、如何に驚きと不思議さとを以てトルストイ在世の時代を想い廻らすであろう。そうしてもし彼と同時代に生きていたら、どんなに素晴らしいことかと思う人が必ず在るであろう。実に素敵な人間が、たった十八年ほど前まではこの地上にいたのである。私達はみんな彼と一緒にかつて月日を送っていたことがあるのである。私達にとってこんな感慨深い共通の思出があろうか。

実に彼の一つの呼吸一つの脈搏が全世界の出来事となっていたのは、ついこの間のことなのである、彼がヤスナヤ・ポリヤナを出奔した、彼がアスタポボーで死んだ。その死ぬ時「今多くの人間が病人でいるのに、何故私一人をかまうのか」と詰《なじ》った。矢継早にこんな報道が世界の一切の新聞に載った事があるのだ。彼の存在は彼一人の存在ではなくなっていたのだ。彼は全人類の霊を身に背負っていたのだ。実際私達と同時代に、彼ほど多くの霊に触れる力を有《も》っていた個人はない。彼は彼一人の事を語っていたのではなく、人間そのものの心を語っていたのだ。どんなに彼の本で目覚まされた人間がいたであろう。

私にとってもそれは忘れられない出来事なのだ。それはたしか中学の四年生のころであったと思う、私が彼の「懺悔録」や「吾等何をなすべきか」を読んだのは。私は実に愕然として慄《おのの》いたのを覚えている。私の小さな霊がどんなに胸を刺されたことか、どんなにその時小さな力を奮い起したことか今から思えば何も精しく解ってはいなかったであろう。だがその折の熱情は如何に純粋なものであったであろう。トルストイは全人類の覚醒剤であった。一度彼を読めばじっとしてはいられないだけは慥《たし》かなのだ。それほど彼の筆は人間そのもの社会そのものの病根を剔《えぐ》ってくるのだ。そうして万物に君臨する正義の威力を掲げてくるのだ。病弊に沈む者が彼を嫌い彼を恐れたのも無理はない。私は如何にそのころ無理解な叔父や先生達に匿《かく》れて彼の著作を読んだであろう。だが彼に幾多の敵があったとて、彼の味方の力をどうする事も出来なかったのだ。時の政府すら国家すら、彼の指一つだって触れる事は出来なかったのだ。彼の著書を禁止し閲読を禁止し所蔵を禁止しても、彼の存在を禁止することは出来なかったのだ。一個人の前に一国家が屈服していた例はこの世に多くはないであろう。正義に逆らい得る刃はない。

トルストイの偉大の一つは何といっても彼の問題の対象が、全人類の運命に関することであった点である。彼ほど真剣になってそのことを心配した人があろうか。彼の言葉は堂々としていた。人類そのものを相手に語っていたのだ。彼の著作はその意味でみんな公開状なのだ。それも全社会への公開状なのだ。誰でも読まないわけにゆかない大きさと深さと公けさとがあった。どんなに彼の思想に不満な人でも、彼が巨大な人だということを否定する者はないのだ。否、彼は彼の誤謬においてすら、彼の偉大を示していない場合はないのだ。

なぜ彼にかくも魅力があるのか。彼の優れた創作、深い思想、その鋭い明確な筆鋒、不動の信念、それらのことに魅力があったのはいうまでもない。だがそれ等をも更に越えて、拒否出来ない魅力を有つのは人間としてのトルストイなのだ。彼ほど生活を胡麻化《ごまか》さなかった人はないのだ。彼は人間の弱さと悪とに対し絶え間なく闘っていたのだ。終りまで死ぬまで戦っていたのだ。彼の生活には安逸な妥協と低徊とが微塵《みじん》も無いのだ。自らの罪についてて終りなく倦むことなく反省したのだ。それに対し彼が有っていた内心の道徳の声ほど峻厳なものはなかった。彼はその罪を簡単に新しい考え方という様な物指でジャスティファイしてしまうことがなかった。その起き上ろうとする、彼の休息を知らない意志が、今も私達の前に示されてくるのだ。

彼の偉大は「聖なる人」という点にあるのではない。又「他力往生を得た篤心な信仰の人」という点ではない。そういう境地に到り得たい不断の努力に彼の偉大さがあるのである。近代において誰だって彼ほど真剣に胡麻化さずにかかる努力を一生しぬいた人はないのである。罪にある私達と同じ生活を有ち、そうして全く異った生活にまでそれを深めた点に彼の限りない誘引力があるのである。かかる意味で彼は人類の師表である。いつの世になっても思い起される師表である。(一九二八・九・九朝)

宗教家としてのロダン

自然は常に完全なり、彼女は一つの誤謬をも作らず　ロダン

現代はロダンの藝術の裡に廻転して居る。ヴィナスやアポロンの石像に千古の命が刻まれたのは、希臘《ギリシア》人の生活そのままの反射なるが故《ゆえ》である、ヘレニズムそれ自身の体現たるが故である、ロダンの藝術は尚彼が愛慕せる希臘彫刻の如く現代の全き反映である。広汎なる現代の思潮は、技巧と作意とが美わしくも一致したロダンの藝術の中に凡《すべ》て編み込まれてある。彼が彫刻の価値はその一部に非《あら》ずして一切を包含した処にある。彼程現代の生活に浴し、彼程現代の思想を味識した人はない、彼は吾等と時代を同じうせる人である、此《この》大なる事実の根底には、彼をして単に藝術家たらしめずして、既に現代人心の要求に応ず可《べ》き一個の宗教家たるの価値を宿して居る。

げに彼が藝術は一面に於《お》いて破壊の藝術であった、目覚めたる「黄銅時代」(L'Age d'Airain) を宣言として立ちたる彼は、明らかに旧時の夢に反抗の叫びを放った、彼が彫

然《しか》も刻界に与えたる形式に至っては、殆《ほとん》ど凡ての旧套《きゅうとう》を脱却したる新しきものであった、然も其内に納めたる内容に至っては更に広く豊かである、一面に於ては新思想の運動は彼を出発点とした概《おもむき》がある、然れども偉大なる破壊は遂に偉大なる劃世《かくせ》である、ロダンの藝術には大きな建設がある、ここに於てか彼は苦悶奮闘に満てるイブセンやニィチェの領域を越えて、正に悠々たる趣きを止めつつ現代の思想界に君臨せるが如く思われる、今や乱るる雲は去って温き光が満ちて居る、ロダンは既に円満なる平和なる国に入れる人である、イブセンの「皇帝とガレリア人」によって予言せられたる第三王国は、彼ロダンの藝術に於て其誕生を見得たのではあるまいか、かくて彼が藝術は既に新しき一つの宗教なるが如くに思われる、吾等荒野に放たれたるものにとりて、彼が藝術に野の人の叫びを聞き得るは之が為である。

一切の偉大なる藝術は人生を離れて存在しない、ロダンが作物は自分には徹頭徹尾人生と聯絡《れんらく》がある如く思われる、彼は単なる技巧家ではない、彼が作品は常に深遠なる人生の要求に接触して居る、彼が彫刻より人生を除く時、残れるものは只冷やかなる石塊である、彼が苦心の中心は常に人生の上に集中して居る、彼の藝術には何処《いずこ》にも大きな問題が提供せられ応答せられてある、自然を想い人生を省みる事の強きに於て、ロダンに並ぶ可き人が現代に於て幾人かあろう、彼の藝術は彼自らの人格的要求より湧き出でたものである、此事実こそは又彼が藝術をして優に宗教たらしむるの源泉となって居る。

現代に活ける彼は、又彼自らの呼べるが如く「自然主義者」である、自分は誤まられたる語義と卑しむ可き意義とが此上に加えられるのを恐れる、彼は自然を尊ぶの情に於て殆ど凡ての人に越えて居る、然も彼が自然に関する見解に至っては、其《その》高遠偉大なる点に於て又凡ての人を凌駕するの概がある、而《しか》して自分の考えによれば彼が現代に寄与したる最も異彩ある功績は自然主義をして宗教の位置に迄高めた事である。此大なる事業を吾等は今ロダンの藝術に於て見るのである、かくて古き教義の抑制に疲れたる現代の人にとりてロダンの藝術は如何に意義深く価値多いものであろう、吾等が最も切実なる要求の彼が藝術に依って満さるる事多きは又之が為である。

宗教家としてのロダンはかくて遂に権威ある人として吾等が前に現われて来る、権威ある人、吾等は如何にかかる人格を求め憧がれて居るのであろう、昔者ユダアの民は嘗《かつ》てイエスの前に限りなき権威を認め其前に跪《ひざま》ずいた、喜ばしき幸ある感慨は彼等の心の底に漲《みなぎ》ったのである、此神秘なる権威こそは吾等が生命を救う可き力ではないか、ヤスヤナ・ポリヤナの村からは今や一つの大なる権威が放たれてある。而してムードンの画廓《アテリエ》より現代に向って権威を放てるものは彼ロダンである。トルストイを訪う事は既に順礼の意をさえ含まれて居る、近く彼を訪いたるアンドレーフは既に「聖者」とさえ呼んだ、今やパリー郊外イシー一帯の邨《むら》は、絶えずロダンが作品を追慕する人の足を集めて居る、ロダン、彼は単に秀でたる彫刻家ではない、彼は精神を石に刻み、彼は説教を其祭壇の上より放って居る、かくて彼が声には権威あるトーンが含まれて居る。不幸にして本邦に於ける現代の藝術家、宗教家及び学者の前に跪ずく可き幸を得ない吾等は、遠く西の国に隔りたる彼等に向いて遥かに欣慕《きんぼ》の情を捧げねばならぬ、吾等は尚福祉と喜悦とを感ずる、吾等はトルストイ、ロダンと同時代の人である。

さらばロダンの藝術は如何なる意味に於て吾人に宗教を示して居るのであるか、彼を目して宗教藝術家とするは、其辞義に於て穏当でない様に思われる。げに過去の藝術の大半は宗教を離れて理解し難きものである、尚印度《インド》の美術が仏教を去りて存在せざる如く泰西の藝術は基督《キリスト》教及希臘神話を除いては存立しないのである。アテネに於て将た文藝復興期の伊太利《イタリー》に於て燦たる藝術の光を放ったものは凡て宗教に関するものである。古く希臘の民はフィディアスがツオイスの像に跪いて敬虔の祈りを捧げた、人は今尚ラファエルがシスティン・マドンナの前に立って慈愛あふるる其顔と、奇しくも深き幼きイエスが眼とを仰いで思わずも崇仰の念に打たれ、サンタ・ペテロの寺院にミケランゼロが天地創造図を仰ぎ見ては神奥の感に沈むのではないか、近くはウーデが宗教画家として秀でたるは、特に其画面に現代の色彩をあざやかに加えたが為である。過去の藝術の価値はやがて宗教美術としての価値である。而して其価値を産みたるものは其背後に存する既定せる宗教である、そは形ある宗教を通じて産みたる価値である、約言すれば宗教の説明的藝術である、彼等の藝術自らが宗教たるのではない、而してかかる意味に於てはロダンの彫刻は何等特殊なる宗教藝術たるの条件を具えて居ない、彼は敢て宗教に題目を択《えら》ばず、彼は其説明の為に刀鑿を執らなかった、然も彼が藝術には宗教が無いであろうか、否彼が藝術こそは新しき宗教の建設である解釈である、自分の思惟する処に従えば、藝術それ自身より宗教を産みたるものは彼ロダンの作が始めてである。「古き神々の逝きし」世に生れたる吾等にとりて、彼が藝術は如何に親しみ安きものであろう、第三王国の出現を瞻望《せんぼう》せる民にとりては、ラファエルの絵画よりもロダンの彫刻は遥かに近づき易きものである、況《いわ》んや説教壇上より与えらるる教義よりも、石に納められたロダンの宗教は活ける生命に満ち満ちて居る、ダンテが思想を現わせる「地獄の門」の扉の許に安置せらるる、かの「冥想の人」(Penseur) には漲るばかりの力が溢《あふ》れて居るではないか、かの「永遠の偶像」(L'Eternelle-Idole) を見る者は、心がとろけるばかりなるを感じるではないか、げに黙したる石に刻まれし彼が彫刻は、吾等にとりては、言葉豊かなるが如くに思われる。

さらばロダンが宗教とは如何なるものであろうか、複雑なる天才の思想を一の範疇に容《い》るる事は愚であるが、自分の信ずる所に従えば彼が彫刻の何《いず》れを取りても、高遠なる万有神教 (Pantheism) の思想が著しく現われて居る、ロダンが自然に対する崇仰の念に至っては殆どあらゆる現代の宗教家、哲学者、神学者の思想を越ゆるが如き観がある、自分はロダンの伝を繙《ひもと》いて彼が自然に対する見解に至って、遂にロダンの宗教に偉大なるものあるを認めざるを得なかった、彼が言葉には到る処に格言がある、彼にとっては「自然は常

1913年東京麻布の自宅にて　ロダンの彫刻「ロダン夫人の胸像」とともに

に完全である」「自然には一つとして醜いものは無い」「自然には美わしき形と図とが満ち満ちて居る」「一切のものは自然の裡に含まれて居る」従って「汝が自然に従うならば、汝は一切のものを得る事が出来る」。彼はかくて自然の何処にも常住の姿が宿って居るのを見た、彼にとっては凡てのものはそれ自身に於て完全である、彼は一々のものに於て神の面影そのままを見た、彼にとっては自然は抽象的実在の具体的表現である、ロダンが此高き万有神教的思想を具体化したもの、それが彼の彫刻である、嘗てコンコルドの哲人が窓下に咲ける薔薇《ばら》を顧みて「その生存の瞬間に於て完全なり」(Emerson: Self-reliance) と云ったその言葉がロダンの彫刻に刻まれてある、彼は些末なるもの醜なるものにも完全なるを認めた、かの「老いたるヘルメット造りの女」(Celle qui fut heaumière) に於て彼は年老いたる醜き嫗《おうな》の体にも美の宿れるを見た、彼にとっては一枝の花、一個の虫も意味なきものではない、彼が日本画家に対する尊敬の念も之から湧いている。今度吾等の為に贈られた写真に「最微なる或《あるい》は最大なる実在例えば大洋、雲嶽、草木、昆虫の精霊を窺視《きし》し得たる日本の藝術は又吾が踏む道なり」と書き添えられた彼が言葉は又自然に対する深遠なる思想の発表に外ならぬ、ロダンにとっては楽園は天のあなたに在らずして、ありありと地の上に宿って居る、天国を望みて地上を卑しめる宗教家は愚かである、聖書に画かれた楽園の光景は一つとして吾等が前にある自然景を越えたものはないではないか、吾等は此自然より美わしき光景を如何にして想像し得よう、天国は地の上にあり、汝等の裡にありと高らかに叫ぶものはロダンの宗教である。げにカリエールが評した様に「地上のものは常にロダンが真の指導者であった」彼にとっては自然は如何なる境遇に於ても其調和を失わない、そは「常に全き比例を保っている」、彼が此思想は又彼の彫刻の形式の上にいみじくもよく現わされて居る、読者よ、古往今来ロダンが彫刻ほど其人体の形に於て奇を極め自由を擅《ほしいまま》にしたものはないではないか、然も彼は敢て奇を衒《てら》ったのではない、「自然は如何なるものに於ても完全なる比例を示して居る」と云った此深遠なる確信の許にその形を刻んだのである、殆ど不自然とも見らる可き奇異なる彼が人体の彫刻に於て、常に美わしき調和、比例を示せるは事実ではないか、ダナイド（Danaid）の如き絶望（Désespoir）の如き皆彼が自然に対する此見解より生れたものである。

此処《ここ》に於てか彼が自然に対する宗教的思想は、明瞭に科学的正確をさえ加えて来た、彼は宇宙の凡てに理法の流るるのを見た、彼は手足の本能的なる運動が等しき法則の許《もと》に行わるるを見、「櫛梳る女の髪にも美わしき調和をなせる韻律が存する」のを見た、「感覚の表現は常に幾何学が支配せる運動によって行われて居る」とは彼自らの言葉ではないか、ここに於て彼は藝術家たると共に又科学者である、彼自ら「自分は夢みる人ではない、自分は数学者である、若し自分の彫刻によいものがあるなら、それは幾何学的なるが故である」と云って居る、かくて「自然の至る所に幾何学あり」と云った言葉こそは、殆ど自然の奥底を味識した人にして始めて云い得べき事である、彼が自然に対する此見解は又自然科学が齎《もた》らせる同一の福音ではないか、今や科学も宇宙が一系乱れざる理法の裡に流転する事を説き、一切のものはかかる完全なる数学的比例の表現である事を教えて居る、自分はロダンの宗教を高遠なる万有神教と呼んだ、今や哲学科学が広汎なる研究より帰納せる結論が、著しくかかる万有神教的色彩を帯びつつあるは明なる事実ではないか、ロダンが藝術は此処に於てか科学的にも大なる価値を有するものである、科学の法則はやがて藝術の法則である、藝術、宗教、科学この三つのものは、ロダンにとりては同一の自然理法の上に立つものである、是を認めたロダンこそは最も大なる思想家と云いつ可きである。

「ロダンの藝術は地より生れて地に帰りぬ」と云った仏の画家カリエールの言葉を以て此短き感想を終りたいと思う。

思想家としてのブレーク

今は眠りより醒むべき時なり、
夜は既に更けて日は近けり。
故に吾等暗《くら》黒き行《わざ》を棄て、
光明《ひかり》の甲を衣るべし。
羅馬《ローマ》書十三ノ十一～十二

一

狭隘《きょうあい》な信条に自らの世界を限った十八世紀の民衆には、ブレークの熱烈な信仰も只常規を逸した変形に見えた。時代が加えた排斥によって彼は埋没の歳月を長く続けている。然し抑え得ない自然の意志によって時代が彼の預言を充たす時は既に来たのである。彼の文字は恐らく英語を以て始めて綴られた今の世の黙示録 Apocalypse である。吾々が持つ人文の精華は彼の預言の時代的開発であり表現である。然《しか》も彼が包含する思想の泉は尚滾々《こんこん》としてその流水を未来に注いでいる。

沃野は彼の水を待ちわびている。太洋はその流れを抱こうとしている。自然は彼の力に未来の時代を飾る事を希《ねが》っている。預言黙示は永く埋没されるべきものではない、彼等は実現される為に告げられている。

偉大な人格は容易《イージー》な理解を排除する。ブレークに関する評価の愚昧は凡《すべ》て彼の複雑な偉大性から起っている。詩人として又画家として彼がとった道は神秘の幽谿であり象徴の森林である、その導く処は山嶽の高嶺である。彼の製作が一見して平安な領域を離れている事は自然である。事象の外装を破ってその内相を現わした彼の藝術は、その広汎な分野と多様な内容とを凡て神話的結構に托している。批評家はそれを見て只錯雑な迷誤を吾々に残すばかりだと云っている。幽玄な世界をそのままに表現した彼の藝術が平調でない事は寧《むし》ろ自明である。然し空漠と模糊とは彼の製作の何《いず》れの部分をも犯していない。彼は彼の幽妙をいつも明白性と確実性とによって現わしている。彼は簡易な接近を受けるには余りに深く且つ大きい。然し一度彼に接触し得たなら、吾々は彼に対する愛慕から離れる事は遂に出来ない。

自分は忘れられた此《この》藝術家を人々の愛に甦らすす為に彼の複雑な思想を秩序的系統においてその外廓を玆《ここ》に画こうと思う。神秘的象徴的藝術家であった彼は、彼自らの独特な辞句又は神話的固有名詞を夥《おびただ》しく用いている。従って是《これ》等の字義の明瞭な内容を理解する事は彼を知る上に重要である。自分は茲に彼の思想を叙述して思想家としてのブレークを闡明しようと思う。然し美の衣に被われた彼の直観的睿智《えいち》から真理の順次ある体系を求める事は寧ろ空《むな》しい努力に近い。且つ彼の神秘的藝術から思想内容の論理的組織を要求する事は吾々の誤りである。此一章は只彼の思想の要旨に対する秩序的記載に過ぎない。彼は偉大なテムペラメントそのものであって論理の人ではない。彼の精神的思想は幽遠なアットモスフィアーそのものであって合理的体系ではない。

彼の踏んだ人生の道は理性ではない、熱情である。彼に真理を与えたものは彼の思惟ではない、直感である。彼の信仰は冷かな理智の観察が産んだ力ではない、彼の熱い情意そのものである。彼と事相との間には完全な生成 Becoming があってその間には分離がない。彼の思想は抽象的概念によって築かれてはいない、親しい具象的経験の事実である。時として吾々は知的撞着をそこに指摘する事が出来る。然し彼等は一として明晰な意義を持っていない事はない。彼は寧ろ多くの矛盾をも自己の人格内に抱擁して一切の立言に肯定的権威を与えている。そこには知的真偽はない、只価値的是認がある。彼等はいつも論理的内容を超えた永遠な個性のテムペラメントによる確実性を具えている。

理論は理論を破り得る。然し理論が人格に指を触れる事は永えに許されていない。ブレークの思想は彼自身の偉大な人間性に基いている。真理が最も恐ろしい権威を持つ時は彼が生理的背景を持つ時にある。思想が血と肉とを経由しない時、彼には只貧しい思索の遊戯がある。ブレークの詩歌と絵画とは彼の異常な生理的動力によって、その内容に永遠な安定を得ている。――彼の後に出て此事実の明白な実例を与えているのはワルト・ホイットマンである――ブレークに対する最後の理解は必竟彼自身の人格に触れる事にある。彼の性情を離れては彼には何等の思想もない。彼の製作の内容はいつも彼の個性の内容に帰ってくる。多くの人は彼の生涯、彼の主張を異例に属するとして一般の人に対する彼の価値を卑下している。然し彼の切実な経験に基くその思想その製作は、一つとして人間性の普遍的根底に触れていないものはない。彼に触れる時吾々は人間に触れる。彼の思想の恐ろしさは凡て人間性の偉大な実現にある。

二

肉体の解放が唱えられてから、吾々の心は苦しい束縛から脱れて新しい人生に自由の喜びを感じている。然し不幸にも此喜びのうちに新しい悲劇の幕は開かれている。人は漸《ようや》く肉体の肯定が只享楽の是認をのみ意味する様に考えて、その裡に新しい宗教を求めることを忘れている。聖いもの高いものを追う心は只空想とのみ見做《みな》されて敬虔な信仰は此人生から離れようとしている。肯定の教えに喜を感じ乍《なが》ら彼等は早くも否定の思想をそこに産んでいる。吾々は何故に肯定の思想を憧がれているのであろうか、人生は絶えず人間性の完全な表現を追い求めているからである。吾々は人間そのものの根元的衝動を虐げる事は出来ない。生命は自然の切な意志によって抑え難い宗教的要求を深く内に宿している。日星がその光を抑え得ない様に人間は永遠に此厳粛な生命の衝動を否む事は出来ない。若《も》しも吾々が湧き溢れる此力に心を目覚ますならば、吾々を囲む一切のものが只宗教の為に存する事を意識してくる。吾々に与えられた此精神も此肉体も只吾々の背後に潜む絶大な何者かの力を体現する為である。人生の肯定は直ちに宗教の肯定を意味している[1]。吾々の思想、吾々の事業はそれ自身神の意志に添うものでなければならない。事実によれば一切の偉大な思想は例外なく宗教的である。宗教に迄到達しない思想は吾々の精神的要求に堪え得ない形而下の事項である。ブレークの思想にはその本質に於て特に著しい宗教的色彩がある。スエデンボルグの独立神教に育くまれた彼はもとより祈禱と斎戒とに日を送った教会的信徒ではない。然し彼は十八世紀が今日に残した最大な宗教家の一人である事を失わない。吾々にとって彼の宗教が一個の秀でた黙示である事は、彼の信仰が深い根底を基督教に持ち乍ら、尚その思想の精華が主として未来の精神的王国に対する深大な暗示を含んでいるからである。自分の信じる所によれば彼の預言は吾々が未来に画く第三王国の理想に対して更に深く明かな内容を寄与するにちがいない。

彼が自ら意識してその宣伝を自己の使命と感じた彼の根本的宗教思想は、彼が生涯説いて止まなかった「想像」'Imagination' の観念である[2]。預言書「ジェルーサレム」に彼の宗教的衷情を歌った句がある。

「自分は身を震わし乍ら昼も夜も座っている。自分は偉大な仕事を果す為に休息する術を知らない。それは永遠の世界を開く為である。人間内部の不死の眼を思想の世界に開く為である。神の御胸即ち人間の想像に、限りなく広がる永遠界に人々を活かす為である」。

彼に「狂うが如き」恍憬を与え、彼に永劫の生命を甦らしたものは常に此想像の力そのものであった。「人間の想像」とは彼にとって直ちに神の世界又は自然の根本的実在界を意味していた。人生の奥底に潜む真の生命即ち真如《しんにょ》の世界に外ならなかった。想像の生活とは自己と神との直接合一 'Immediate Communion' だった。彼の宗教的思想の核心はいつも玆に集っている。自我と自然と、心と物とが互に触れて両者が渾然とした一つの価値的事実に移る時、そこに実在の世界、云い換えれば神の世界が現われる。吾々の心はかかる時事物の内に浸り、事物は吾々の心に浸ってくる。その時両者を分つ空間的罅隙《かげき》、時間的間隔は失われて只活きた一事実が残されてくる。内と外、主観と客観との差別は消えて只純粋の意味の世界が現われてくる。入神の法悦、想像の恍憬はかかる時に吾々に与えられる。その時吾々は凡ての約束的形骸を棄てて只無限に自由な世界に活きてくる。凡てのものは生命に甦って永遠の零気に浸り、有限は無限に帰り静止は動律に移ってくる。「想像は状態ではない、人生の存在それ自身である」と彼は云っている。ブレークが想像の世界とは此純一な生命の価値的世界そのものを意味している。想像の内容は神又は実在の内容に一致する。一言で云えば想像とは実在経験である。宗教最後の精華が神の上にある様に、又哲学最終の問題が実在の上に集まる様に、ブレークの信仰の核髄はこの「想像」のうちにある。「想像」の観念は彼の認識論の根底である。

想像とは決して自己を外にした抽象的世界ではない。それは常に吾々の純粋な具象的経験である。一個の調和ある生成の実感であり、差別相を滅却した統一的事実である。心はその時無限の霊界に入り、生命は生命に帰って吾々には栄光に満ちる法悦がある。四囲に現われる一切のものは吾々の内心に活きて、此一小自我は無窮大の拡充を得てくる。我と物とには完全な一致があり主観は客観を抱いてくる。パウロが「既にわれ生けるにあらず、基督我にありて生けるなり」と云ったのは此経験を云い破った言葉である。吾々はこの時大自然に融合して、完全な「自己寂滅」'Self-Annihilation' 忘我の境に漂ってくる(3)。ブレークは云っている。

「自分は自己寂滅の境に入っている。これは人間に与えられた永遠の法則である。凡ての人は他の者に対して自己を寂滅せねばならない」。(ミルトン)

彼が自己の理想を実現しようとして神の前に身を震わした時、彼には又次の様な祈りがあった。

「主よ、御身が柔和と愛との御心を吾れに注げよ。希《ねが》わくば吾が内なる自己を寂滅して吾が凡ての生命を汝と一つならしめよ」。(ジェルーサレム)

自己寂滅とは自己の否定を意味するのではない、自我の完全な拡充である、個性の無辺な表現である、自己と宇宙との合一である。心を自然の懐に托して自らを愛の世界に忘れ去る時、吾々は只永遠な神に対する恍憬に活きてくる。吾々には宇宙意識 Cosmic Consciousness があり、自己は無限な拡張の経験に浸っている。吾々は一切の物的形体を去って大自然の生命そのものに融合してくる。凡てのものが光にゆらぐのはかかる瞬間である。一切の差別を絶滅して心は宇宙の中央に座し、彼は自由な翼をはって天空を翔けている。彼は静かなものにも生命の動くのを見、死の床から甦る霊の復活を感じている。一切の時間と空間とを越えて吾々の心はよく不可思議な事実をも体現する。耳は流れる河にも歌を聞き、眼は横わる石にも心を読む。想像の力は吾々に一切の奇蹟を果して、神秘の世界は只心の流れと共に現われてくる。既に吾々が存在しているのではない、只神が存在するのである。ブレークは「ジェルーサレム」に書いている。

「吾々地上に住む者は吾々自身では何事をもなし得ない、一切の事は只精霊の命によっている」。

想像とは従って最も具体的能動的な直接の経験である。吾々の眼が深く天の霊に開ける時、吾々は明かに事物の幻像 Vision を知覚してくる。彼等は空しい幻覚の所作ではない、最も統一された生命の経験である。それは決して空漠とした夢想の様な心情を意味しているのではない。普通想像と云う字句は単に未知の世界未来の現象に対する推察の心的状態、若しくは記憶に対する再生力を意味している。然《しか》しブレークの用いた字義は創造的作用であって未知の世界に対する生産的想像 Creative, Productive Imagination を意味している。幻像又は想像は単に寓話又は諷諭《ふうゆ》と同一ではない。彼は云っている。

「幻像又は想像は実際現存する不変化なものの表象である。寓話と諷諭とは只記憶によって生産される。然し想像は天啓を以て囲まれている。その衆団はジェルーサレムと呼ばれている」。(最後の審判の幻像)

「精霊又は幻像とは近世の哲学が仮定している様に朦朧とした煙霧又は無を意味する

ものではない。彼等は形体的死滅的性質を超越して、細かに組織され連結されている。——精霊とは組織された人間そのものである」。（目録解説第四）

彼が此想像又は幻像の世界をどれだけ強く愛したかは彼の思想、彼の製作が明かに告げている。彼はそこに永遠の世界を認め生命の復活を感じていた。彼は想像の世界に於て吾々が不死である事をも固く信じていた。彼の藝術は此厚い信仰の地に花を開いている。言葉は多く此想像の思想に及んでいる。

「想像は吾が世界である」。（公開状）

「自然には外廓がない、然し想像はそれを持っている。自然には音調がない、然し想像にはそれがある。自然には決して超自然な処がない、彼はいつか消滅する、然し想像は永遠である」。（アベルの幽霊）

「想像は人間の永遠な肉体である。彼は神自身であり、聖体イエスである。吾々は彼の同胞である。此事実は彼の藝術的事業に表現されている。永遠界に於ては一切は幻像である。吾々が見る一切のものは幻像である。想像のうちに於て一切は永遠である」。（ラオコン）

彼が死に対する強い信仰も凡て此宗教的信念から湧いている。想像の世界に住むものに決して死滅はない。死に対する吾々の解釈はいつも信仰の力に帰ってくる。ブレークの言葉には敬虔の情が溢れている。

「吾々の生命又は真の人想像の人に決して死はない。彼等は凡て永遠に存在する」。「不死とは只精霊の上にある。そうして一切のものは想像の世界に於て不死である」。「想像の世界は永遠の世界である、吾々が地上の肉体から離れた後、凡ての吾々はこの神の懐に入ってゆく。此想像の世界は無限であり永遠である。之に反して発生と生育との世界は有限であり瞬時的である。此永遠界にこそ一切のものの永遠な実体は存在する」。「吾々は此自然にその閃きを見る事が出来る。吾が救主の聖体即ち人間の永遠な想像に於て、一切の事物を永遠な形として認める事が出来る」。(最後の審判)

是等《これら》の思想は彼の性情に深い源泉を持っている。僅《わず》か四歳の折神の姿を目の前に見た時から、再び神の声を耳にして喜びに充ちて此世を去る迄、彼の七十年の生涯は殆ど幻像を以て充たされている。彼の深い洞察の眼はよく事物の匿《かく》れた内面に未知の世界を見つめていた。彼の心はよく錯雑した現象の背後に統一された世界を認めていた。彼の鋭い幻像の力はよく死者をも甦らして彼等と親しく語り合った。彼はスエデンボルグの様に身自ら天国と地獄とを逍遥した。精霊界に於ての彼の友は預言者モーゼだった、エゼキエルだった、イサイアだった、又かの基督だった、天使だった。時として悪魔だった、又彼の愛慕したソクラテスだった、ミケランジェロだった、シェークスピアーだった、ミルトンだった、又愛弟ロバートだった。否彼の眼は凡てのものが生命に動くのを見た。彼は「一ツの木片の節をすら驚きの情を起す迄に見つめる事が出来た」。想像の力に活きていた彼にとって凡ての事物は驚愕と奇蹟とに充ちていた。そうして啓示に襲われて彼はいつも永遠相をその内に見出していた。

彼の藝術の衝動を与えたものも此幻像の経験である。彼は未知の世界に彷徨ってその喜びその忿《いか》りを彼の製作に移植した(4)。彼の筆を動かしたものは既に彼ではなかった。彼の背後にはいつも精霊がいた。「吾が藝術の本質は幻像的であり想像的である」と自ら云っている。彼は屢々《しばしば》此情を手紙にも書いている。

「私の感激否狂情を知ってほしい、私は実際鉛筆なり印刀なりを手にする時、いつも知的幻像に酔わされている」。

「私は此の詩を精霊からの直接の命令で書いた。然もどう云う事を書くかと云う預期なしに十二行又は二十行、三十行を一時に書き下す事もあった。然も私の意志に反して書く事すらあった。従って書く為に費された時間と云うものは存在していない」。「私は凡ての人が此世に於て幸福たり得る事を感じている。且つ此世界が想像と幻像との世界である事を知っている。私は私の画く凡てのものを此世に見つめている。然し凡ての人は同一なものを見てはいない。守銭奴にとっては金貨は太陽よりも遥かに美しい。又金銭の為に用い破れた財布は葡萄に実る葛樹よりも遥かに美しい均等がある。動く木さえ或者には喜の涙になる、然し他の者には只路傍に立つ緑の事物に過ぎない。或者《ある》にとっては自然は嘲弄と畸形とに充ちている。又或者は全く自然を見る事さえしない。然し想像の人の眼には自然は想像それ自身である。既に人自身もそうであるから彼の見るものも亦そうである。眼はかく造られている、故にその力も亦同じである。幻像は此世に存在しないと云う者があるならそれは謬見である。自分にとっては此世界は幻像と想像とからなる一個の連続体である」。

「私はその作品を私のものだと云うが、私は彼等が私のものでない事をも知っている。ミルトンが次の様に云ったと同じ考えが私にもある、「美神が彼を訪れて彼を目覚まし東の空が晨《あさ》の紫に染まる頃彼の歌を作らしたのである」。又同じ預言者がかく云った場合とも同じである、「私は善と云い悪と云う事を神の命以外には云い得ない」(5)。

ブレークは只神の命のままにその筆を運んだのである。彼の製作は既に彼の製作ではなかった。神の作品そのものであった。天啓に襲われた彼にとっては一字一線も厳かな上帝の命であった。彼の神秘な詩、その幽妙な絵は一見して此の経験の表現であることを告げている。

彼はよく永遠界を見えないものの内に見つめていた。彼の眼には凡てを射尽す異常な光があった。彼は偉大な想像的視覚化の詩人Poet of Imaginative Visualizationである。彼がその想像の力に入る時彼はよく時間方処の束縛を破っていた。ブレークの前には過去は現在に活き現在は未来に働いている。「ジェルーサレム」に歌った次の言葉は単に字句の形容ではなかった。

「自分は上下六千年の間を歩いている、

彼等の現象は凡て自分と共にある」。

「自分は過去、現在、未来が同時に自分の前に存在する事を知っている」(6)。

偉大な想像の人として彼が未来に対して鋭い預覚を持っていた事は又自然の数である。彼の生活がその度を強めるにつれてその製作には預言的風調が加わっている。彼は自ら彼の大作に凡て「預言書」の名を与えている。凡ての藝術凡ての宗教がその高調に達する時、彼等は自から預言の権威をおびてくる。偉大な人格は常に偉大な預言者である。彼等は神の幻像に招かれて常にその声を耳に聞いている。ブレークは彼等が悉《ことごと》く幻像の人である事を信じていた。

「預言者は彼等が幻像に於て見た事を真の存在する人として書き下している。彼等はそれを凡て想像即ち不死の器官によって見たのである。凡ての使徒も同じである。その器官が明瞭なるにつれて事物も明晰になってくる」。(目録解説第四)

「ヒブルー*1の聖書又はイエスの福音は諷諭ではない。彼等は凡て実在する永遠の幻像又は想像によっている」。(最後の審判)

「藝術は凡て啓示による、ミケランジェロ、ラファエル等の優秀な製作は悉く精霊によって成し遂げられているのである」。(ロビンソンの日記)

彼は此機能が一切の人に賦与されている事を強く信じていた。然し多くの人は彼等に内在する此根本的性質を埋めている。彼にとっては人を語る事は幻像を語る事に等しかった。彼は人生の尽きない泉をいつも此幻像に見出していた。彼はそこに喉を濡して無限の力と永遠の歓喜とを感じていた。彼にとって人間の想像は無窮の存在を意味し、止む事ない生命の流動を示していた。彼の慕った神の国土ジェルーサレムは此想像の世界にあった。彼はそこに順礼の足を運んではその神殿に敬虔な祈りを捧げた。「天啓と幻像とは今迄も今も又未来にも長く止って自分の永遠の要素となり又永遠の住家となる事を希っている」と彼は云っている。

三

彼の承認した唯一の宗教又は藝術は実に此想像の宗教、藝術であった。従って彼は此生命の王冠である想像の力を認め得ない世界観を卑下して止まなかった。自然を只現象に終る自然と見、人生を只五感の作動に限る人生として見る思想は先ず彼の批評の的であった。人間の内部に潜む無限の神を認めず、自然の奥底に匿《かく》れた実在を見ぬき得ない思想を目して彼は「自然宗教」'Natural Religion'と呼んでいる。「想像」と云う言葉と同じ様に「自然」と云う言葉はブレークに於て独特の意義がある。彼は後者を常に前者の対辞 Antithesis として用いている。彼は何等の霊的意義をも認めない物質観を此「自然」と云う言葉によって現わしている。自然とは彼にとって外的な抽象の世界であって只現象に終る物的存在に過ぎない。自然の背後に遠く且つ広い霊の具像的存在を信じた彼にとって、想像の宗教に対峙する自然神教 Deism(又は自然宗教)は彼の堪え得ない異教であった(7)。彼は明瞭に云っている。

「一切の形相は詩人の心に於て完成する。彼等は自然から抽象し若しくは組織したの

ではない。凡て想像にとって生れたのである」。(レノルズ傍註)

「自然の力は絶えず破壊に向い遂に死に終っている。然も夫《それ》は永遠の死滅である」。(ミルトン)

「自然道徳若しくは自然宗教の説教者は長えに人類の友たる事は出来ない——彼等はイエスを殺戮したパリサイ人の宗教である」。(ジェルーサレム)

「自然は悪魔の業である。吾々が自然に止る限り悪魔は吾々のうちに住んでいる」。(ロビンソンの日記)

「自然事物は今迄も亦《また》今も自分のうちにある想像力を弱め鈍らし死滅さす」。(ロビンソンの日記)

彼は現象に消える自然によって此世が終らない事を固く信じていた。彼は実に想像の世界が内在する此自然を信じたのである。「自然宗教とは実に不可能な不合理を意味している。」「想像の人にとって自然は想像それ自身である」とは彼が得た最後の結論であった。「自然宗教は存在しない」と彼は屢々書いている。彼は短詩「ターザー」'Tirzah' に彼の「自然宗教」に対する思想を歌っている。詩は次の様な意味を現わしている(8)。

「吾々は永遠の世界から此世に放たれて五慾に悩む肉身によって心を縛っている。恥辱と傲慢とから造られた両性は多くの労作と涕《なみだ》とを以て晨《あした》に生れ夕べに死ぬのである。吾々の母である自然は偽りと酷さとを以て吾々の体を冷かな土に化そうとしている。然しかかる自然の桎梏《しっこく》を脱れていつか生命は自由を得ねばならない。イエスの死は実に吾々を救ったのである。彼の死は吾々を自然から想像の世界に甦らした力である」。

彼にとって基督とは完全な想像の人であった。その死は人を自然から想像に甦らす救済を意味していた。彼にとっては自然宗教は「基督教の敵」であり又「人類の敵」であった。ブレークの使命も亦此現象的自然から人々を無窮の想像界に導く事にあった。彼が生涯藝術に身を捧げたのも一つには此偉大な宗教の為であった。彼の詩歌彼の絵画は一つとして此厚い信仰の表現でないものはなかった。天空に横わる日星も地上に生いたつ生物も凡て神の栄光を現わすが為である。人生の究竟は只「神の御胸かの人間の想像界」に於てのみ果されている。生命は凡てこの法悦を追い求めている。是れは深い神の意志である。吾々の仕事吾々の思想は凡て神の御心のままであらねばならぬ。かかる時にのみ吾々は神の限りない愛を受けるのである。

想像の詩人ブレークは信仰の詩人ブレークである。彼は「想像」の力を認め得ない「自然」の思想を嫌った様に、信仰を誹《そし》る懐疑の情を非難して止まなかった。神に対して純一な心を失うものは遂に何等の思想をも捕え得ない。吾々の生命を救うものは敬虔な信仰であって、理智に基く懐疑ではない。かの嬰児の顔は何故に幸に輝いているのであろうか。彼は疑心と躊躇とを以て世に活きていないからである。彼は懐疑が無垢の信仰を傷ける罪を歌っている。

「嬰児の信仰を嘲る者は老と死とに嘲けられる。嬰児に疑いを与える者は腐れた墓を離れ得ない。嬰児の信仰を慕う者は地獄と死とに勝つ事が出来る」。(無垢の徴)

彼は又自己が経験しない理由を以てその真理の存在を否定するものの愚を笑っている。

「多くの者は「疑え疑え、証《あかし》なくしては信ずる勿《なか》れ」と云っている。然し彼等に対してこそイエスはかく云っている。「只信ぜよ、信じて試みよ。試みよ試みよ、その理由を心に介する勿れ」」。(汝は信ぜず)

「自分はかの愚かな質問者を擲《なげう》つ為に来たのである。彼等は常に問う事のみをして決して答える術を知らない。……彼等は懐疑を公にしてそれを知識と呼んでいる。然しかかる科学は只失望に過ぎない。……彼等はジェルーサレムの破壊者であり、イエスの殺戮者である。彼等は信仰を否み永生を嘲り想像を破壊し、只記憶に基いて自然の幻影を模倣しているに過ぎない」。(ミルトン)

自ら経験を持たない故を以て想像の力を疑い信仰の価を否むものはブレークにとっては済度し難い白痴だった。彼は白痴に信仰を説く事が又意味ない事を知っていた。彼は諷刺的に云っている。

「自分が認め得ない事に証明を求めるが如き者は白痴である。又かかる白痴に信ぜしめようと企てる者も愚者である。」

ブレークが深い幻想の世界に入って天の秘事密意を書いた時、愚昧な民衆は自らが経験しない故を以て彼の考想を狂気として斥《しりぞ》けている。ブレークはかかる質問者に対して激し乍《なが》ら「それは汝が馬鹿であるからである」と云っている。信仰を疑う者に対して彼はいつも「激烈な忿怒《ふんぬ》」を感じていた。天才を誇る愚者の批評は神を誇る事に等しい。天才は批評を必要としない。彼等の経験はそれ自身真理の偉大な説明である。彼等の信仰をおいて世に真理は存在しない。天才を罵る事は自己を罵る事である。彼はその疑心によって永遠の定罪を自ら招いている。

「懐疑は殊に害がある。懐疑は自己撞着である」。（手紙）

「精神的機能を認め得ない様な意見は何人の閲読にも価しない。説明し得ない故を以て事実を排する者は歴史を排すに等しく且つ疑念を吾々に残すに過ぎない」。（目録解説第五）

一切の安定な偉大な行動は決定せられた信仰の泉から湧き出ている。懐疑は逡巡を与えて前進を与えない。彼の明瞭な句に、

「見た事を疑う者は如何なる事を行っても信仰を得ない。若しも太陽と月とが疑いを起したなら彼等は直ちに消え失せて了う」。（無垢の徴）

彼の眼が閃く時そこには直接な断定があった。真理は顧慮を待つ遑《いとま》がなかった。彼には常に決然とした明断のみがあった。朦朧は彼の知らない性質だった。

「一切の曖昧は自己収縮を示している。曖昧は決して尊厳の源泉ではない、それは何者でもない。どんな目的物を追っているかを知らない人は白痴である」。（レノルズ傍註）

彼は激しい信仰の力によって何等の躊躇なく自由な行動をとった。そこには決して停滞がなかった。彼は宛《さなが》ら凡ての日星がその軌道に絶対の信仰を持つ様に、彼は只自然の衝動に一切の信頼をおいた。花の美は春の温暖に対する信仰の力が産んだのである。ブレークの凡ての壮大は彼の熱烈な信仰の上にあった(9)。

信仰は有機的激情である。凡ての均等と密着とを持つ彼の思想が、粗漏と不確実とを嫌った事は必然である。彼が呼んで「ユーダン・エーダン」*2 'Udan Adan' と云ったのは此不定な状態を指したのである。永遠なものを握っていた彼の思想が、不変化な不滅な何等の擾乱混迷をも容れない確実性を保有していた事は自明である。彼は好んで「組織された」'Organised' と云う字句を用《つか》っている。彼の尊んだのは綜合 Synthesis であって分解 Analysis ではない。有機的接合であって分離的差別ではない。凡ての不確定な疑心は人格の瓦壊である。組織されない信仰は存在しない。一切の至純な経験又は思想は凡て有機的である。その確実性は彼の根本的権威だった。彼が生きた「想像」の世界は此有機の世界だった。彼の「信仰」は組織された思想だった。彼が排した「自然」とは差別の世界だった。彼が嫌った「疑心」とは分離の思想だった。

四

実在の問題は吾々をいつも認識の問題に導いてくる。如何なる心的動因によって吾々は実在を認識し得るのであろうか。此答えに対して認識論はいつも二つの道を吾々に与えている。哲学史が示す様に此二つの道は唯理論 Rationalism と経験論 Empiricism とによって代表される(10)。前者は合理的知能によって一般的原理を求めようとする。従って彼等の住む世界は抽象的理論の世界である。後者は之に反して経験的情意に基いて特殊的事相から発している。故にその王国はいつも具象的事実にある。従って唯理論は知的理性の上に立って寧ろ人生を思想の為に解こうとする。経験論は直接的事実に基いて思想を人生の為に闡明《せんめい》しようとする。知能 Intellect と直観 Intuition と何れが吾々をして人生を理解せしめるのであろうか。哲学は之が為に長い歴史を費している。然し争論に満ちた哲学的思索を去って生きた事実の藝術に来る時、吾々の之に対する答えは寧ろ明瞭である様に思える。自分の信念によれば哲学が智能を絶対とする唯理論に止る限り、彼の画く人生は永遠にその高調である宗教的法悦若しくは藝術的恍憬を説明する事は出来ない。哲学の終局は必ず宗教であると信じる自分にとって、宗教の真意に離反する哲学的思想は只概念の遊戯に過ぎない。彼等は実在の真景を遥かに離れて抽象の理論に終っている。神の国、人間の想像を恋い慕ったブレークが「吾が幽魔」'My Spectre' と呼んだものは実に彼の霊感彼の幻像を乱す冷かな此知的理性であった(11)。

真理が吾々の生命に価値的関係を及ぼすのは只それが吾々の親しい経験を経由する時のみである。経験を離れた真理は只吾々の思惟に止って此生命の現実には何等の交渉をも持っていない。吾々が知性によって真理を求めようとする限りそれは単な叙述的智識であって、生成の智識ではない、生命の糧となり塩となるものは味識 Knowledge of Acquaintance である。然し知性は生命の要求を破っていつも真理に対して吾々を第三者の位置に立たせている。分離は必然に起る結果であってそこには只経験の破滅がある。吾々の理知がその翼を高く翔る時吾々の生命は底知れない淵に沈んでゆく。思惟が吾々に差別の世界を与える時人生には只抽象的概念の不耗がある。この「幽魔」が凡てを支配する時実在はその真景から益々遠ざかってゆく。然し生命に飢える人生は具像的事実を慕って冷静な理知の作用を除こうとする。理性は吾々に事物の明晰な個別相を与えても、活きた実存の経験を産み得ない。思惟の反省は屢々経験の美を打破して抽象の醜を吾々に示している。抽象的哲学は敵意を以て「永遠に祝福されたイエスの聖体即ち想像」に対して戦いを挑んでいる。抽象と具象とは互に反撥する様に見える。彼は鋭い論理に傲《おご》る事によって鮮かなテムペラメントを破壊してくる。理性は冷かな世界を与えて温かい人生を与えない。一般的真理と云う如きは只概括的名目であって、此特殊な個性には何の関係がない。彼は云っている。

「一般的知識は最も縁遠い知識である。特殊な者にのみ睿智があり幸福がある」。(最後の審判)

吾々の欲するものは此個性を通す直接経験であって一般的間接推理ではない。実存そのものであってその外廓ではない。動く生命であって静かな知識ではない。知的理性は生命の本質を殺す残忍な刃である。想像を憧がれ幻像を求めたブレークは屢々彼の「幽魔」に就て鋭い批評を下している。

「かの愚昧な理性家は想像の人を笑い去っている。然もその笑いは嘲りに充ちた誹謗によって人を殺戮しようと企てている」。（ミルトン）

「永遠の幻像が狭隘な知覚の理性による時、彼は貧弱な時間空間の幻像に終って終には死の溝で破滅する」。（ジェルーサレム）

「否定とは幽魔即ち人間にある理性の力である。彼は偽りの肉体であり吾が不死の霊を被いかくす外膚である」。（ミルトン）

「一切を否定するものは理性の力、抽象的反抗力である。実に神聖な理性の力は人間の幽魔である。その神聖にこそ憎悪すべき滅亡がある」。（ジェルーサレム）

ブレークは又彼が目に見、耳に聞いた幽魔の姿と声とを「ジェルーサレム」のうちに叙している。

「あの青白い霜と霧の様な幽魔はアルビオンの上に立ってかく叫んでいる。」*3

「余は神である。人の子よ、余は汝の合理的力である。余は人間に謙遜を教えたベーコンでありニュートンでありロックではないか。罪人の友は何処にいる。彼等は吾が法則の敵である。誰が人民に信仰や又あの不可知な永遠の生命等を教えたのであるか。沙漠に来て是等の石を麪麭《パン》に化すがいい。空漠な愚昧な人間よ、汝等は実証のない事を信じ吾が偉大な深淵の上にかの幻想の世界を建てようとするのであるか、あの貪慾と強慾との内に形像の世界を建てようとするのであるか」。

「固い冷い幽魔はかく叫んでいる」。

彼はこの幽魔の声に対して自己の態度を強く歌っている。

「自己を省みて我が精霊の顔を清める為に、又生命の水に浴み非人間を洗い去る為に、自分は自己を寂滅し壮厳な霊感に浸っているのである。自分は救主に対する信仰によって合理的宣言を擲ち又霊感によって腐敗した記憶の襤褸を擲ち、又アルビオンの地からベーコンとロックとニュートンとを擲ち、不潔な衣を脱ぎ棄てて彼に想像の衣を与える為に、又霊感によらない一切の詩歌を棄て去る為に自分は玆に来たのである」。

（ミルトン）

ベーコンもニュートンもロックも彼にとっては幻像を卑んだ抽象の哲学者に過ぎなかった。彼は此三人を呼んで「自然神教又はサタンの教えの三人の説教者」と云っている。彼等は理智の科学者であって霊感の宗教家ではなかった(12)。理性の範囲を越えた想像の世界を認め得ない思想は彼の堪え得ない処だった。詩人であり画家であった彼は直接経験の具象的事実を一日も忘れる事が出来なかった。彼が嫌悪したものはこの経験の自由を破る凡ての知的理性であった。従って彼は分析的知識を退けている。一切の真の知識は只統一的綜合的に於てのみ成立する事を彼は感じていた。又生命の力が創造的である事を知っていた彼は凡ての思想を只過去の記憶に求める態度を受け容れなかった。想像は永遠の未来に向う力であって過去に決定せられる働きではない。彼は必ず生産的であって再生的ではない。記憶は彼に対して又忌むべき幽魔だった。霊感の力は「腐敗した記憶の襤褸を擲つ為に」外ならない。彼は再び云っている。

「想像を棄てて理性の力に入る者は幽魔である。幽魔とは人間にある理性の力であって、若し吾々が想像から離れて事物に対する記憶の圏内に自己を包むならば、法則と道徳とは吾等の聖体である想像を破壊してくる」。（ジェルーサレム）

「想像は記憶と何等の関係もない」（ロビンソンの日記）

生命が想像界に入る時彼には完全な自由がある。生命のつきない要求はこの自由の獲得である。此自由を束縛するあらゆる教儀律法は先ず吾々の周囲から放たれねばならない。想うに人生の内容は数学的法式を越える。吾々の生命は論理的瓦石《がせき》によって建築されているのではない。科学的法則は只抽象的一般的概念そのものに止っている。ブレークが書いた反抗の預言書は凡て是等の桎梏を征服する為であった。彼は法則を嫌っている。生命が数学的規則の圏囲を越えた自由の世界である事を味識していた彼は凡てのものを定限する法則を嫌っている。

「神は真理を数学的実証のうちに限る事を禁じている。一見して真理を見ぬき得ない者は神の心を受ける資格がない」。

「一切の価値的知識はかの重量と尺度からなる実証的科学を超えている」。（レノルズ傍註）

想像の世界に無限の翶翔《こうしょう》を自ら感じた彼が有限的節約に終る法則を拒んだ事は自然である。凡ての抑圧禁制は自然の意志に叛いている。

「如何なる人も法則を守る事はいけない。彼は人間の精力の死滅を意味し、且つ生命の泉を閉塞する」。

「かの呪う可き律法を作るものは彼自身の律法によって死なねばならない」。

「イエスはかの安息日にモーゼの十戒を嘲ったではないか。……十戒を破壊しない処に決して徳は存在しない。イエスは凡ての徳である。彼は衝動によって働き規則によって働かなかったからである」(13)。(天国と地獄との婚姻)

人は長い間此法則の重荷に堪え兼ねて疲れた頭を垂れている。かの多くの信徒が信条の為にその足をさえ沈鬱に運ぶのは限りない醜さを示している。彼等の眼は天に向かず彼等の胸は前に張らない(14)。生命と法則と、天才と束縛と彼等は永えに相容れない。

「自己を束縛するものは天才ではない。天才は束縛さるべきものではない。それは彼に忿怒と激昂とを与えるばかりである。ソロモンが云った様に「抑圧は賢者を狂者にする」」。(レノルズ傍註)

彼の神話に出てくるレハブ Rahab は自然道徳又は道徳的法則を代表し、ユリゼン Uri-

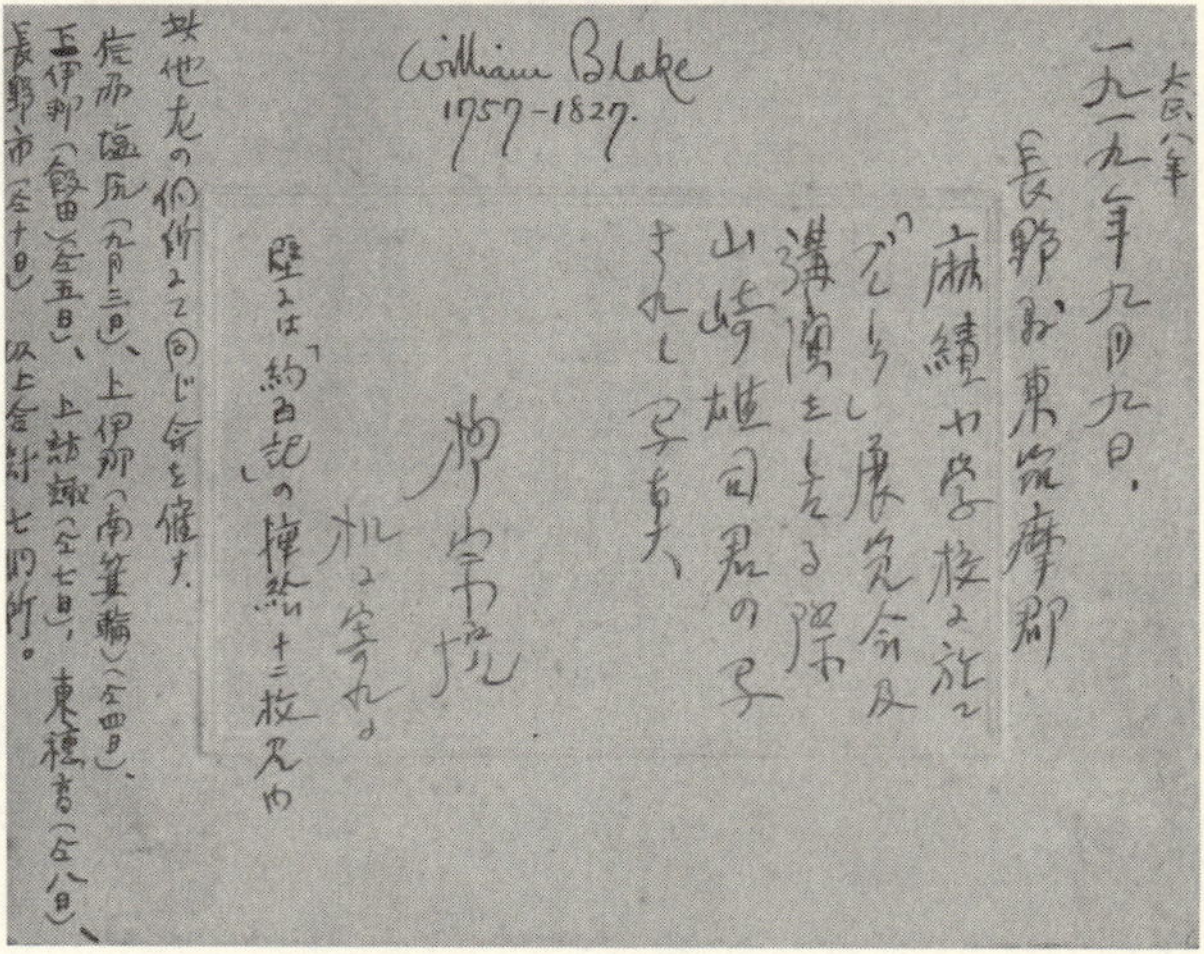

William Blake
1757-1827.

大正八年
一九一九年九月九日、
長野県東筑摩郡
麻績中学校にて
ブレーク展覧会及
講演をなせる際
山崎雄司君の写
されし写真
柳宗悦
机には写されず
壁には「約百記の挿絵」十二枚見ゆ
其他左の個所にて同じ会を催す。
佐那塩尻（九月三日）、上伊那（南箕輪）（全四日）、
下伊那（飯田）（全五日）、上諏訪（全七日）、東穂高（全八日）、
長野市（全十日）以上合計七個所。

1919年9月9日　長野県東筑摩郡で行ったブレーク展

zen は抑圧禁制を象徴した神である。是等の性格は彼の神話に屢々現われて彼の思想を語っている。

五

法則を嫌い理性を憎んだ彼が絶えず霊感を求めて自然な生命の衝動直観を重んじた事は著しい事実である。近世の哲学が明かに説いた様に実在を把捉するものは知性ではない、直観である。ブレークは彼の藝術的経験によって此真理を明瞭に指摘している。直観とは実在の直接経験である。一切の抽象差別を離れて事物の真性に身自ら触れてそのものの内に自ら活きる事である。思惟の作用は概念に止って何等実在の真相をも画いてはいない。真理の獲得はいつも直観的経験にある。経験を離れては一切のものは落寞《らくばく》である。抽象的一般的真理と云うが如きは単に一個の名目であって吾々の活きた生命とは何の交渉もない。真理の権威は只親しい経験の事実から生じる。

「特質もその表現も只彼等を親しく感じたものに依ってのみ表現し得られる」。（公開状）

経験は吾々の唯一の所有である。この経験の最も直接的であり純粋であり根本的なものは直観である。直観は実在を捕え得る唯一の力である。一切の宗教的経験、又は藝術的恍憬の高調は悉く直観的状態を示している。彼等は決して抽象的思索が生産し得る力ではない。

ブレーク自らの切実な経験である此直観の観念が彼の「想像」又は「幻像」の思想と密接な関係がある事は自明である。直観とは主客の間隔を絶滅した自他未分の価値的経験である。そこには差別記号である何等の名辞すらない。只活きた実存する一事実がある。凡ての生滅的関係を離脱した永遠の流れがある。此至純な経験の世界を指して彼は想像界と呼んでいる。幻像とはその世界の視覚化された状態である。自我と外界との合一、寂滅された個性の拡充、即ち法悦恍惚の神境は此純一な経験の高調を意味している。直観とは「想像」の経験である。「想像」の世界とは神の世界である。直観とはその真義に於て神を味う心である。

ブレークの深い藝術的作動が此直観的経験によっていた事は明かである。彼の鋭い睿智は反省の後に得た概念では決してない。彼の詩彼の絵は分析的思慮に醸《かも》された産物では決してない。彼の心は何ものか絶大な力の衝動によって密意の世界に活きている。彼はその製作の結果を意識すること無しにその筆を動かしている。彼は彼の背後に神があって凡ての命を彼に伝えている事を感じていた。その藝術は一つとして啓示であり神意でないものはなかった。彼の製作は造られたのではなく生れたのである。思惟の生産ではない。直観の表現である。

「偉大な結果は方法を顧みて得たのではない。彼等は本然に発生したのである」。（ラヴェーター傍註）

「理想美に対する吾々の知識は獲得し得るものではない。それは吾々と共に生れてくる。内的観念は一切の人にあり且つ彼等と共に生れている。否それは彼等自身である。内的観念を持たないと云うが如き人は白痴か若しくは悪漢である。彼等は良心をも内的知能をも欠いているのである」。（レノルズ傍註）

直観的経験は新創 Novelty の経験である。何ものか未知の世界を味識する経験である(15)。従って直観の方向は未来に在りその作用は創造的である。理性には反復があり制約があって自由がなく創造がない。一切の直観的経験は創造的経験である。思惟が吾々に与える結果は只叙述であり分析であり比較である。過去に決定せられた事象に対する反省に過ぎない。未来の創造新創を吾々に与えるものは只直観である、純粋経験である、個性を経由した具像的事実である、法悦である、只鋭い霊感の力である。ブレークは創造を愛した詩人である。

「自分は体系を創造しなければならない。然らざれば人の奴隷に等しい。自分は思惟と比較とを事としない。自分の仕事は只創造する事にある」。（ジェルーサレム）

彼は又新鮮を愛した(16)。

「偉大な様式はその運用に於ていつも新創であり斬新である。独創性と特質性とは偉大な様式の二つの壮大な美性である」。（レノルズ傍註）

ブレークの直観はいつも彼が云う詩的霊感 Poetic Inspiration である。彼の藝術は一つとして此霊感によっていないものはない。何等の霊感をも含まない製作は吾々の見るに堪えない死物である。藝術は理論によって造られない。理論によって構成せられた製作は何等の生気をも持っていない。彼等は単な機械的構図である。一切の偉大な藝術は悉く啓示的であり宗教的であり神秘的である。

「自分は霊感に襲われている。自分はそれが真理である事を知っている。何故ならば自分は詩的天才の霊感によって歌っているからである。詩的天才は永遠に一切を擁護する神聖な人類そのものである」。（ミルトン）

「自分の心を顧みて霊感をその内に見出し得ない者は藝術家たる事は出来ない」。（レノルズ傍註）

人類に神の世を示現し永遠の宗教を建設するものは只詩的天才である。彼等の居ない国土は不耗な曠野に等しい。人類の根本的意志は天才の創造にある。吾々の憧憬し追慕する人格は只偉大な天才である。天才は真理の泉である。「天才に誤謬はない。誤謬のあるのは白痴に限る」と彼は云っている。吾々が持つ凡ての偉大な思想は一つとして天才の所産でないものはない。彼によって時代には光りがあり、人類には呼吸がある。天才のない文明は瀕死に近い文明である。凡ての国家凡ての都市凡ての家屋に栄光を与えるものは只天才である。人類の栄誉は彼等を得る事であり民衆の義務は彼等を崇拝する事にある。英雄崇拝は吾々の抑え得ない生命の衝動である。憧憬と熱望とに渇く心には未来があり希望がある。――ブレーク自らが偉大な詩的天才である事を誰か否み得よう。又彼自らが自己を信じて詩的天才の理想を果した事を誰か疑い得よう。天才とは常に天才を愛した人である。預言者エゼキエルの言葉を借りてブレークは自己の抱負を述べている。

「吾々イスラエルの民は詩的天才が第一原理たる事を説いている。他の一切のものは単にその派生物に過ぎない。吾々は他の凡ての神々が詩的天才の属性に過ぎない事を預言している」。

「神を崇拝する事とはその天才に準じて他人のうちに彼の能力を尊敬する事にある。然も特に最大な人を最も強く愛する事にある。偉人を妬み謗る事は神を憎む事である。偉人をおいて神は存在しない」。(天国と地獄との婚姻)

彼は又野に叫ぶ声を聞いている。

「詩的天才は真人である。人間の肉体又は外形は詩的天才から派生している。それと同じく一切の事物の形相は彼等の天才から派生している。彼は古代の人に天使、精霊又は霊鬼と呼ばれている」。

「一切の人がその外形に於て類似する様に、無限の変化はあり乍ら一切のものは詩的天才に於て同一物である」。

「一切の哲学的学派も詩的天才から生じたに過ぎない」。

「一切の国民宗教はその国民の詩的天才に対する異った考えから派生している。彼は何処に於ても預言の精霊と呼ばれている」。

「凡ての同一物が同一の根元を持つ様に、真人は一切のものの根元である。彼は即ち詩的天才に外ならない」。(凡ての宗教は同じである)

「詩的天才を否定するものは地獄を造るに等しい」。（スエデンボルグ傍註）

詩的天才は彼にとって偉大な超人の理想であった。彼はその雄大な藝術的天才が人文の根元であり、民衆の霊である事を感じていた。然もその天才の世界に於て一切の宗教一切の哲学が統一される理想を抱いていた。彼は人類の和合が只その世界に於てのみ果される事をも信じていた。彼は深い洞察によって凡ての人間の内性に此偉大な力が潜在する事を知っていた。彼にとって人間は驚く可き造化の業であった。

六

詩人だった彼はその切実な経験によって神の示現が理性にあるよりも直観の中にある事を熟知していた。彼の内生活の高調である宗教的又は藝術的法悦が理知の分析によって得た抽象的結果でない事は彼にとって自明であった。彼が神のうちに自己を完全に寂滅さす為に理知よりも直観についた事は自然の数である。然し彼を理性の否定者と見做《みな》す事は全然謬見である。一事物に潜む両面の意義をよく見ぬいていた彼は何ものをも此世に棄てていない。彼は理性が存在すべき理由と価値とを明かに知っていた。只彼が憎んだのは理知の専横であった。その残忍な分解によって直観の綜合が破壊される事であった。彼は時代とその民衆とが生命の有機的価値を忘れて只理知の判決に一切の信仰を托しているのを目撃していた。彼の偉大な反抗は此「幽霊」の暴力によって蹂躪《じゅうりん》された「流出」の救済であった。彼は人類が理性に基く分離によって永遠界から長く離れた事を感じていた。人間はその原始的状態に於ては結合された一個の有機的全人だった。知性と霊性とには結合があった。然し理知の蚕食によって平均は破れ区劃《くかく》と反目とは吾々の心を犯してきた。善と悪、心と肉、天と地、かかる差別的対峙は作為されて不自然にも吾々の心を支配してきた。凡ての矛盾撞着は此分離の結果であった。人間の堕落は此愚昧な争闘によって示されている。ブレークは再び生命を完全な調和に甦らす為に新しく生命の開放を唱えたのである(17)。彼は理性を否定したのではない。直観の確立によって両者の順次を調和に齎《もた》らそうとしたのである。全人の復興、之は彼の理想の終局だった。彼が欲したのは理性に枯死しない人間の活きた生命だった。「知識の樹」に悩む人類を「生命の樹」に喜ばす事にあった。彼の愛したのは理知に自己を埋没さす事ではない。直観による個性の充実であった。性格の分離ではない、生命の有機的綜合である。真理の抽象的理解ではない。その具象的認識である。神からの隔離ではない、神との合一である。一言で云えば人間の本然な原始的意義に生命を甦らす事は彼の理想であり抱負であった。

それが墜落の状態にあるに拘わらず彼は固い信仰によって人間の内性に不滅なものが存在するのを認めていた。彼の愛の熱度は人間の一点に集注した。彼にとって最も神聖であり壮厳なものは此人間だった。彼は神そのものの閃きである人間に愛着を感じないではいられなかった。人間は彼の前に神そのものの存在を示現した。嘗て彼が基督の神性を人から尋ねられた時彼は明かに答えている。「基督は神である。故に私も亦そうであり貴方も亦そうである」。彼は彼の確信を次の数言に概括した。

「神は吾々人間になっている。それは吾々が神の様になる為である」。（自然宗教は存せず）

かかる信念は吾々が持ち得る信仰の絶頂である(18)。人生に与えられた最大な希望は此信仰の裡に潜んでいる。彼は凡ての熱情を以て人間と云う観念を恋い慕っていた(19)。

「人生は神の影像である」。（ラヴェーター傍註）

「人は人間と云う事実より更に偉大な観念を持ち得るものでは決してない。盃はその容積以上のものを保ち得ない」。（スエデンボルグ傍註）

「自分は人間の心が一切のものに勝る効果を持ち且つそれが無尽蔵である事を信じている」。（レノルズ傍註）

「人間の心は神からの賜物を越える事は出来ない」。（目録解説第五）

「天使は人間よりも幸福であると云う人があるなら彼は虚言者である」。（最後の審判）

人間の神性を確信した彼はそれを被うあらゆる埋没的行動を排斥した。彼の厳粛な理想は此神性の完全な表現にあった。「生命の実現」'Realization of Life' はブレークの尽きない根本的思想だった。彼の「流出」'Emanation' の教えは個性に潜む神の自由な流出を意味している。流出は生命の本然な出奔開放である。一切の規定に則らず制せられず直観に身を棹《さお》して想像の太洋に乗り出る時、そこには神の法光に輝く無限の大空が吾々の頭上にある。生命の充全とその祝福とはかかる時にのみ吾々に果されている。生命を開く心は神を迎える心である。流出は人と神とを結ぶ永遠の力である。彼の詩歌の題目は悉く此偉大な理想に対する人間の奮闘とその捷利との歴史だった。彼の預言書「ジェルーサレム」はアルビオンの流出即ち人間の開放を歌っている。その主題とした所は人類の起原でありその墜落であり又その復興であった。彼の「ミルトン」は自己寂滅即ち個性の無限な拡充、神と人との結合を歌っている。又彼が叫んだのは「天国と地獄との婚姻」であった。善と悪との合一であった。彼はそこに精力を讃美し、知覚の無限な開放を唱えている。「アルビオンの娘の幻像」は肉体の謳歌であり歓喜の讃美であった。生命の完全な実現を得る為に人は生命に叛逆する一切の束縛を擲たねばならない。彼は「亜米利加《アメリカ》書」「欧羅巴《ヨーロッパ》書」「ロス書」「アハニア書」に法則の離脱を歌い、新しい反抗の旗を挙げた。彼の藝術は凡て此人間に対する深い愛から湧いていた。彼は根本的な人本主義者 Humanist だった。

彼の流出の観念は神性の開発を意味している。従って個性の完全な表現は彼が追い求めた理想の必然な結果だった。「人間」が彼の信仰の源泉をなした様に「個性」は彼の思想の中軸だった。彼は宇宙の一切の秘密が只個性に内在する事を信じていた。個性は凡ての光景を反映する鏡だった。彼は万有の意味をそこに見出していた。彼の思想は疑いもなく個性中心 Self-Centric だった。神は彼の無限の意志を各個性に表現している。個性の特殊性とは各人が果すべき使命の方向である。

「特殊な著しさが唯一の価値である」。(レノルズ傍註)

「各人の主な性癖こそその人の主徳であり天使である」。(ラヴェーター傍註)

従って彼には自己の表現 Self-Expression が凡ての人の根本的任務だった。自己を傷ける事は神の使命を傷けるに等しかった。存在は意味の存在である。之を阻害する事は自然に対する愚な叛逆である。

「一切の行動は善である。然し自己の行為を抑制し他人の行為を阻止する事は行動にはならない」。(ラヴェーター傍註)

彼は自己及び他人の一切の行動の自由を讃美した。個性をおいて世には何等の宗教がなく哲学がなく藝術がない。人格の偉大とは凡てその特殊的個性にある。彼が若し自己の表現を躊躇したならば彼には何等の製作がない。ブレーク自らの価値は凡て彼の異常な性情にあった(20)。

偉大な詩人は悉《ことごと》く自己の詩人である。彼等の思想はその個性に対する肯定的立言である。その事業は個性そのものの表現である。その個性の偉大は主観的思想をして客観的価値を得せしめている。人類がもつ一般的真理は嘗ては僅かな幾つかの偉大な個性が持っていた特殊的主観的思想である。真理は最初から一般的に抽象的に得られた概念ではない。彼等は切実な個性の経験にその起原を発している。真理は天才の創作である。個性の表現である。偉大な天才は凡て自己を露出する事に無遠慮である。彼等は自己の経験が凡て普遍的真理の基礎である事を信じている。彼等の性情が絶対の自由を追慕する時自由は又一切の人々の永遠な意志である事を彼等は信じている。彼等の眼が一切の存在に肯定的意義を認める時、未来の人類の思想も亦同じ方向を持つべきであるのを彼等は信じている。かかる粗野な断定も只天才の性情を経由する時凡ての安定を得て客観的権威をおびてくる。ブレークの思想も彼自身の性格に対する肯定であり又その表現だった。彼は彼の個性に基く思想が即時に一般的妥当的真理である事を信じた人格である。

彼の行動には一つとして否定がなく消極がない。彼の生涯の壮大は此能動的態度にある。

彼の自己に対する信頼の強大にある。彼が神の声に厳粛な自己の使命を聞いた時、彼はあらゆる壮厳を以て人類に接している。彼は自ら預言者の偉大を感じて彼の藝術に神の黙示を托している。実に彼の衷心の希願はモーゼの祈りの様に、神の民が凡て預言者となる事であった。

自由は終生彼の偉大な理想だった。彼が反抗の詩人として新しい信仰を披瀝したのも彼の抑え得ない衝動によっている。彼は霊の開放、個性の拡充の為に義の戦いを叫んだのである。彼の神話に現われる「赤いオルク」Red Orc は反抗のシムボルである。自由を憧がれる熱情の権化である。多数の預言書は只人類の自由に対する栄誉の為に書き記されている。直観の詩人は霊感の詩人である。霊感はいつも自由を欲している。自由は天才の心事そのものである。自由意志は証明を要しない生命それ自身の根本的事実である。神意は束縛さるべきものではない。彼は絶えず自由な表現を欲している。凡ての天才は偉大な自己実現者である。開放の思想は無限な未来を前に見つめている。吾々の希望吾々の憧憬は現在の無限な延長の上にある。未来の是認は生命の是認である。又万有の肯定である。

七

その広汎な肯定的思想によってブレークは近代思想家中の最も近代的特色を代表する。肯定の詩人として彼が持つ権威は永遠である(21)。彼の性情彼の製作は凡て此壮厳な理想の表現である。彼の人生に対する雄大な態度は恐らく英国の凡ての思想家を越える。特に近世思想の先駆者として彼が持つ位置はその肯定的思想によって永遠に安定せられている。

自由を愛した彼が一切の抑圧的否定を投げ棄てて存在に永遠の是認を与え、人生と自然とを蹂躙の巷から開放の喜びに甦らした事は彼の思想の宏大な使命だった。彼は凡ての意力と熱情とを以て存在の意義を指摘し又自ら表現した。彼の藝術からは何等否定の調が響いてこない。凡て偉大な容積を含む肯定の音調を以て吾々に迫っている。彼は省みて眼に映り手に触れる一切のものを讃美した。陰の世として長く虐げられた闇黒世界すら彼の前には愛の戸を広く開いている。想像の世界に一切の事物が永遠の光に輝くのを見た彼は、凡ての存在に喜ばしい内性の「笑い」が潜むのを感じている。然し神に仕える宗教家はその頭をうな垂れて歩いている。善に活きる道徳家は苦行の為に「笑い」を知らないでいる。彼は早くも是等の醜さが凡て人為的禁制の教えに基く事を見ぬいていた。彼は先ず人生に対する在来の宗教的道徳的思想に向って明晰な批評を下している。思想家としての彼の鋭い睿智の力は最も多く此一面に現われている。

在来の精神的思想は多く二元的である。唯一神教を奉じるものすらその思想には二元的観念が固着している。神は一つであり乍ら天と地とは彼等の前に別れている。精神と肉体とには区劃がある。善と悪とは永えに離れている。対峙する二個の観念は調和するものではない。一つが正であるならば之に反する他のものは必ず邪である。心と物と美と醜と是等のものは何等の交通をも持たず、その間には渡り得ない罅隙がある。然も彼等にとって此世界には対立から起る絶えない争がある。永遠に違反する両者の間には何等の和合がない。在来の宗教も道徳も凡てかかる二元的見解をとらないものはない。

然し世界を一面に限ってそこに王国を見出そうとする彼等は神の前に必ずその何れかを択ばねばならない。最後の審判は常に人生を天国と地獄とに分けている。道徳はいつも行為を善か悪かに決している。吾々の凡ての努力は光ある世界に入る為に闇の世を脱れる事にある。神の王国は只悪魔の住まない浄土にばかり見出し得られる。一つなる吾々の心は離反する二個の世界を共に容れるの余裕はない。事物の真相を只一面に見る吾々は一つを活かす為に必ず他を殺さねばならない。生命の復活は排他的努力を必要としている。取るべき道は一方の抑圧排除にある。

凡ての教条は此禁圧の教えに固い堡塁を築いている。天国の栄えを得る為に地上の享楽を棄てよとは聖典の教えだった。精神を讃美してそこに至極の世界を開こうとする者は先ず之に対峙する肉体の否定を努めねばならない。吾々は善と美とを讃える為に必ず悪と醜との心を矯《た》めねばならない。一方の思慕は必ず他方の抑圧を意味している。愛の裏には苦い憎みがある。楽園への道は只地獄を避棄する道からのみ通じている。その態度には休みなく否定と禁制との陰が暗く宿っている。精進と苦行とに彼等は絶えず傷ついている。もとより人は長い間かかる態度を卑怯なものとは思惟していない。あらゆる美わしい名辞が禁制の行為に附せられていた。心に束縛の苦みを抱き乍ら、又たじろいてその行為を果し乍ら、人々は勇敢の美徳を果した如くに感じていた。そうして長い間此偽りの力が凡ての心を支配してきた。人は只暗い陰の苦みが間断なくその後を追っていた事をひそかに感じていた。

然し是等の思想態度から吾々が抽象し得られる二つの結果によれば、此自然は互に正反する二個の要素からなる葛藤であり、此人生は排他的努力からなる苦闘の存在である。然し是等の思想は各々批評の鋒を避ける事は出来ない。此自然の一切の事象が二元的対立を示している事は事実である。美と醜と、悲みと喜びと、忿りと笑いと、賢と愚と、心と物と、天と地と是等の関係は自然を編む緯経の糸である。然し彼等の思想の甚しい錯誤は此両者の間に渡り得ない溝濠を作って彼等が全然無関係な位置にあるのを主張する事にある。言い換えれば両者を互に相容れない二元的実体、若しくは一実体の両面とする事は彼等の謬見である。自然に二元的現象があるのは此自然が存在する所以そのものであって両者の間には深い相関の関係がある。若しも彼等が互に無関係ならば両者は最初から対比せらるべきものではない。若しも一方が存在しなかったならば他方は決して存在しない。地が無いならば天はあり得ない。上下、高低、深浅、寒暖、是等は凡て相互的名辞であって両者には不可分離の関係がある。一切の事象は此相対的原理によって存在するのであって、その間には密接な相互依拠がある。宗教又は道徳の教義が両者を峻別するのは只人為的分類に過ぎないのであって何等の真相をも伝えてはいない。彼等の為に虐げられた悪も地獄も肉体も凡て善と天国と精神とに対して深い存在の意味を持っている。愛と平和とを説く信仰は是等の人為的な二元的思想によって憎みと争闘との世を示している。然し事実の真景は彼等の理論からは遠く離れている。此世には決して彼等の説く様な不調和と反感とは存在しない。凡ての事象間には固い契約と親しい補助とがある。二元的事実は互に違反する二個の事実ではない、相対的依属の関係である。従って相対は自然現象の根本的原理である。対立のない処に自然はない。対立とは相互的必要を意味している。ブレークは云っている。

「対立なくば進歩を見ない。引力と反撥、理性と精力、愛と憎、凡て人類の存在に須要である。是等の対立から善と悪との宗教は起る。善は理性に従う受動の力、悪は精力から迸《ほとばし》る能動の力、善は天国、悪は地獄」。(天国と地獄との婚姻)

彼はよく対立が事物の存在要件である事を認めていた。彼にとっては一切のものはその存在に対する能動的な意味があった。彼等は必ず相互的補助の関係にある。対立とは二者の分離ではない、依存である。彼等の間に区劃を立てる事は人為的分析に過ぎない。善と悪、心と物、理性と直観、彼等は人が作為した抽象的差別である。彼等は永遠に孤立した二個の世界ではない。否一切の事物は隔離される事を厭っている。自然の深い意志は引力である、愛慕である。ブレークは彼の肯定の思想を此信仰の上に築いている。

従来の二元的思想が含む第二の重要な誤謬は、彼等が二個の対立する現象間に罅隙を認める事によって、一方を肯定する事は必然に他方の否定を意味する様に考えている事にある。云い換えればその思想内容の甚しい弱点は排他的否定的要素を含んでいる事にある。前にも云った様に互に対立する二個の事実に遭遇して、人は一つを取る為に常に他を捨てている。光と闇と、心と肉と、強と弱と是等の対比は彼等によって痛ましい審判を受けた。神の恩寵を受けるものは天国であり精神であり善行である。之に反して永遠の刑罰に処せられるものは悪魔であり肉体であり悪業である。神の意を充たす為には先ず一切の五慾を矯めて精進苦行を努めねばならない。天使は悪魔を恐れている。光は永えに陰を厭っている。神の王国の樹立は地上の国土の否定である。然し神の世界を肯定する為に否定の世界を持つ事は神を誇る心に等しい。事実によれば自然人生は何等の否定すべき要素をも含んでいない。二個の存在の対比は一方の存在の否定を意味するのではない。対比はいつも対立であって二者の是認であり両立である。神の御業に一つとして意味の欠けたもののない事を知っていた彼は地獄も天国と等しく、肉体も精神と等しく人間の生存にとって緊要である事を見ぬいていた。神なる此世に絶対の暗黒、邪悪が存在する理由がない。彼等は各々その存在の意味を内に深く潜めている。対立は必ず二者の肯定であらねばならない。

彼は明瞭に云っている。

「否定は対立ではない。対立は互に存在する。然し否定は存在しない。例外、妨害、不信仰かかるものは存在しない。否彼等は決して永遠に組織される事はない」。（ジェルーサレム）

「対立は積極的存在を意味する。否定とは対立ではない」。（ミルトン）

此対立の思想は彼を長い歴史の桎梏から離脱さして、最も光彩に満ちた肯定的世界観を彼に与えている。彼の雄大な姿は最も鮮かに彼の肯定的詩歌に現われている。人為的道徳の不自然を打破して此全称的肯定の思想を人生観上に齎らしたのは恐らくブレークを以て嚆矢とする。彼はその偉大な著書を「天国と地獄との婚姻」と名づけている。天国の柔和を守る為に凡ての信徒が忌み恐れた暗黒の地獄をすら謳歌して止まない彼の思想は、その時代の民衆にとって狂態に見えたにちがいない。然し十八世紀が今日に残した最高の記憶は、嘗てその沈滞した空気がブレークの大胆な自由な声によって震い慄いた事実である。その時彼の唇からは天国と共に地獄の声が力強く鳴り響いていた。彼の喉からは精神と共に肉体の讃歌が溢れていた。彼の眼からは善と共に悪に対する認許の光りが放たれていた。彼の言葉には壮厳な響きがある。

「天国と地獄とは同時に生れている」。（スエデンボルグ傍註）
「人は天使と悪魔とをもって生れている」。（ロビンソンの日記）
「神は外にもあり内にもあり、彼は地獄の淵にすらある」。
「自分は地獄の淵にすら神の声を聞いている。吾が耳の底知れない深みにそれが響いている。天も地も地獄も永えに調和されるにちがいない」。（ジェルーサレム）
「永遠の地獄は今甦っている」。
「人は決して精神と分離した肉体を持っているのではない。肉体と云われるものも精神の一部である」。（天国と地獄）
「一切の自然的結果は精神的原因を持っている」。（ミルトン）
「此自然界に起る罪業も精神界に於て最高の壮厳を示している」。（ロビンソンの日記）
「神は最も低い結果の裡にもあり又最も高い原因の裡にもある」。（ラヴェーター傍註）
「一切のものは神の目には善である」。（ロビンソンの日記）
「善も悪も神の前には共に善である。是等二個の対立は互に手を握っている」。（スエデンボルグ傍註）
「精力は唯一の生命であり彼は肉体から生じている。精力は永遠の歓喜である」。（天国と地獄）

「自分は神聖な想像の力を体現させる肉体と精神との自由を外にして、基督教又は他の宗教の存在する所以を知らない」。（ジェルーサレム）

是等の言葉は彼の偉大な文明の批評であり、人生の評価である。否定に虐げられた世界は今新しい光に輝いて人の呼吸には喜ばしい自由がある。地獄も甦って天を抱き、精神も肉体を恋してその手を握っている。悪も暗い世から放たれて永遠の容赦を受け、悪魔も人に睿智を与えている。汚瀆《おとく》と罪業と、煩悶と寂寞《じゃくばく》とに充ちた此世は希望と悦楽と、美と幸との世に遷《うつ》っている。人は再び原人の至純に帰って生命に新しい驚嘆を感じている。彼等は今目を開いて生存の事実に感謝の心を捧げている。世はブレークの声に新しい第一歩を踏み始めたのである。うららかな太陽は東の空を破って曙の喜びを吾々に送っている。晨に飜る肯定の旌旗《せいき》は今人類の歓喜を告げている。

抑圧と禁制の教儀はかくて開放と自由との思想に遷った。否定的受動の世は肯定的能動の世に遷った。在来の宗教と道徳とは古い殿堂を壊崩してその形骸を棄てた。新しい未来の宗教と道徳とは此自由な地の上に堂宇を築いた。ブレークは今その祭壇に立って人生の聖書を開いている。新しい讃歌は音楽を伴って彼の傍に響いている。

此対立と肯定とに関する彼の思想は又彼の性情に動かし得ない背景をもっている。ブレークは睿智に富む詩人である。単純な叙情詩すら彼の心に閃によって深い寓意を止めている。彼の偉大な直観の力はいつも事物の核心を見破ってそこに多様な真理を認めている。彼の前には広い霊界が開けていた。彼はそれを見守って豊饒な実在の零気に心を触れていた。彼は決して物を一面に於て見る事がなかった。彼のものの見方には多くの延積がある。事物は彼の前に立体的状態を示していた。裏面は表面と共に側面は背面と共に彼の観察を遁《のが》れなかった。そうして強い啓示の力によりて数知れない真理を彼はたやすく読んでいた。玆に彼が住む世界を歌った詩がある。

'What to others a trifle appears
Fills me full of smiles or tears;
For double the vision my eyes do see,
And a double vision is always with me.
With my inward eye, 'tis an Old Man grey,
With my outward, a Thistle across my way.'*4

彼の眼は見える世界を見彼の心は見えない世界を見ぬいている。人々が慄く恐怖の世界も彼には愛を送る美の世界だった。彼が住んだ人生の広さは凡ての詩人を超えている。彼の生涯とその製作とが明かに示す様に彼の見た世界は一個の局面に終らなかった。「二つの幻像」は絶えず彼を襲っている。彼にはゴシックの凄愴《せいそう》があり彼には叙情的優美がある。彼は強烈の讃美者であり又柔和の謳歌者である。彼は燃える太陽を渇仰し、咲く小花に愛を送っている。彼は嘯《うそぶ》く獅子を歌い泣く小羊を画いている。彼は忿りを讃え笑いを好んでいる。是等二つの性情は彼にいつも二つの世界を開いている。然も彼はその何れをも愛し讃えている。彼は精神の詩人であり肉体の詩人である。彼は天国の画家であり地獄の画家である。彼は何ものよりも先ず自己の性情に対する肯定の詩人だった。

彼は啻《ただ》に事象の二面を見てその両立を是認したばかりではない。凡てのものは彼に神秘の姿を現わしていた。僅かなものすら彼の心の絃を振わすに足りていた。彼にとっては平調な一事物すら無限の驚嘆に充ちていた。鳥の叫びにも獣の飢えにも彼は神の繊維がわななくのを見た[22]。一枝の花、一粒の砂も彼には底知れない不可思議があった。微細なものは彼にとって壮厳の基礎であった。彼の藝術は精緻な美の統体であった。凡ての小細な部分も驚嘆の現われであった。彼は好んで「微細」'Minuteness' と云う字句を用いた。

「一切の壮厳性は微細な部分に基礎をおいている」。

「微細な運用の霊妙がない処には壮厳は存在しない。思想の壮大は思想の精密に立脚している」。

「単一な個々の細目こそは壮厳の基礎である」。

「微細こそは凡ての美である」。（レノルズ傍註）

彼は粗漏を嫌った。「一般的」と云う如きは彼にとって空漠な概念に過ぎなかった。彼の愛は個々のものに対する密接な感情であった。凡ての部分を省みて美であると感じ得ないものは全体としての美を知り得る事は出来ない。行為の壮厳も亦微細な一々の善行を要求している。

「他人に善を為そうと思うならば微細な個々のものに於てそれを行わねばならない。一般的善と云うが如きは無頼漢か偽善者か又は諂諛《てんゆ》者である。藝術も科学も微細に組織された個々のものなくしては存在しない。彼等は決して理性力の一般的証言ではない」。（ジェルーサレム）

切実な何等の経験をも持たず只抽象的概念に基いて容易に一般的真理を語る凡ての者を彼は忌み嫌っていた。若しも精緻な個々の確実性を欠くならば美わしく語られた真理も何等の価いがない事を彼は知っていた。よし幾多の理論的矛盾を含んでもそれが切実な個性の経験を経由する時、凡ての確実性と権威とを具えている事を彼は信じていた。

「一般化する事は白痴となる事に等しい。特殊化こそは顕著な価値である。一般的智識は白痴の持つ知識に過ぎない」。（レノルズ傍註）

彼は埋れた凡ての部分を彼の個性内に抱擁した詩人だった。彼は微少な一々のものを顧みて驚嘆を感じて筆をとった画家であった。彼にとっては万有はその凡てを挙げて存在の光りに輝いていた。彼は存在する凡てのものが神聖である事を切に感じていた。一切の事物の存立理由は彼にとって既に明瞭だった。彼は此信仰に基いて彼の肯定の法鼓を鳴らしたのである。

暗黒と罪業の世界として永く地に埋もれた肉体と地獄とを光に呼び醒ましたブレークの功績は思想界に残る永遠の記憶である。万有の肯定者として彼が受ける栄誉は無窮である。彼は善と美との讃美者であると共に悪と醜との是認者である。彼の偉大は光明の偉大にあると共に暗黒の偉大にある。彼は新たなサタンの子である。故に新たな神の子である。

八

存在の肯定は存在の歓喜である(23)。存在する事は悦びであり存在するものを見る事も悦びである。吾々が呼吸し歩み食し眠り笑い苦しむ。かかる日常事すら生存の偉大な表現である。花が咲き虫が戯れ、日が照り水が流れる。かかる微細事も凡て生存の驚愕を示している。肯定とはその価値の是認であり認許である。自然人生の存立に対する永遠の確立承認である。抑圧と禁制と受動と否定と一切の消極的性質を交えない、自由と本然とに充ちる能動的積極的決定宣言である。

存在の肯定者は又存在の讃美者である。彼の眼には凡てが生命の喜びに活きていた。一つとして神意を現わしていないものはなく、一つとして祝福を示していないものはなかった。彼はイエスの様に「明日爐に投げ入れられるもの」にすら深い神の摂理を認めていた。彼は耳を欹《そばだ》てて凡ての自然の声が存在の讃歌である事を聞いていた。「凡て活けるものは神聖である」と彼は繰り返し繰り返し云っている。彼の心もその福祉に感激せざるを得ない。彼の口からは洩れ溢れる喜びの叫びがあった。肯定の詩人ブレークは歓喜の詩人ブレークである。歓喜 Joy は彼の人生観の著しい色彩である。彼は内を省み四囲を顧みて何事よりも先ず喜びの心に浸っていた。喜ぶ彼の唇には絶えず大きな笑いがあった。歓喜の詩人は祝福の詩人である。彼は此世に不浄と汚瀆とを認めず只福祉に溢れた人生を感じていた。喜びと笑いと幸いとを代表する嬰児は彼の熱愛するものの記号だった。彼は無垢な嬰児の顔に神の王国を最も鮮かに認めていた。「天国にていと大いなるもの」は彼に限りない教えの泉を与えていた。彼は又柔和の姿を示す小羊を愛している。神は自らを「神の小羊」と呼んでいる。緑の野に草食む彼等の姿には平和と愛との神がいる。彼は彼の詩集を「無垢の歌」と呼んだ。「喜ばしき日」は彼の画題だった。「小羊」「嬰児」「揺籃」は彼の心を語る詩題だった。「吾れは幸なり、喜びとは吾が名なり」と彼は唄っている。笑いを彼は又愛している。喜ぶ彼の唇にはたえず大きな笑いがあった(24)。彼は云っている。

「自分は貧弱な笑いを嫌う、自分は笑いを愛する」。(ラヴェーター傍註)

彼は又生命に溢れている若者の心に無限の光栄がある事を知っていた。「美しい歓喜の心は決して汚されるものではない」。若者の熱烈な喜びには晨の輝きがある「晨の喜びは夕べの喜びに優っている」(25)。彼は若い喜び無垢な笑いをすら肉の汚れと見る僧侶の心を忌み嫌っていた。彼は鋭く云っている。

「丁度青虫が卵を産みつける為に一番奇麗な葉を択ぶ様に、坊主は彼の呪いを一番奇麗な喜びの上におく」。(天国と地獄)

「冬枯れの寒い空にも二人の若い者が逢えば収獲は栄える。然し二人の若い者が逢う前に先ず王と僧侶とを縄で繋ぐ必要がある」。(マーリンの預言)

神は僧侶の呪いよりも若者の喜を愛している。喜には幸いがある。幸には生命がある。

生命には神がある。喜びの時を失うものには永遠の悔みがある。

「熟する前にその瞬間を捕えれば人は悔の涙を拭い得る。然し一度その熟した瞬間を失えば人は永く痛みの涙を拭い得ない」。

彼の伝記が示す様に彼は生涯「若者の心」を失わなかった。天才は生涯若者である。時代を刺激し新しい未来を造るのは彼等に永遠の「若い心」があるからである。若者の心にはいつも福祉がある。生涯貧であったブレークは心に於て凡ての人よりも幸だった。凡ての苦痛を越えて安定な幸福はいつも彼を去らなかった(26)。その行為には何等の陰蔽《いんぺい》がなくその言葉には完全な自由があり、凡ての誹謗と嘲弄とを省みず只自己を信じ神と共に働き努めた彼は、その内心に於て凡ての人に勝る満足があった。彼は一生を通じて幼児の様に自然であり若者の様に熱烈だった。彼の異常な死は彼の生涯の完全な幸福と完全な信仰との最後の表現だった。「アルビオンの娘の幻像」に書いた次の句は彼の性情を最も明かに示している。

'Infancy! fearless, lustful, happy, nestling for delight
In lapse of pleasure: Innocence! honest, open, seeking

The vigorous joys of morning light, open to virgin bliss.*5

九

ブレークの声は吾々の心を激させないでは止まないでいる。彼の声は強く彼は強きものを歌い吾々の心は強い力を憧がれているからである。節制と禁慾と因循《いんじゅん》との教えによって柔軟な心に養われた人々にとって、偉大な反抗に渇した彼の声は無限の自由と開放とを与える強者の福音である。長らく不浄の名によって虐げられた悪の力、慾の望み、又は笑いの声、忿りの情も彼によって神の面影を今示している。彼の声は凡ての人の声であり、彼の喜びは人類の喜びに帰っている。彼を読むものは彼と共に彼と等しい言葉を叫ばざるを得ない。彼は吾々のうちにいつも活きている。凡ての天才は万民に内在する共通の普遍的人格である。

肯定の詩人ブレークは先ず肉体の詩人である。彼は肉体から迸る凡ての精力を讃美した。長い呪咀の歴史をもつ肉体から彼は先ず一切の歓喜と祝福とを見出している。「肉体から溢れる精力は唯一の生命であり永遠の歓喜である」と彼は云っている。彼にとって肉体は精神と分離さるべきものでは決してなかった。彼等を峻別した宗教道徳の思想に彼は人為的分析の罪過を認めていた。肉体も亦神から与えられた高貴な賜物である。そこから迸る凡ての精力は又精神的光華に充ちている。彼は一切の自然現象が精神的原因を持っている事を信じていた。精神も肉体も神の御業に於て一つである。神に仕えた僧侶が凡ての呪いを肉体の上においた時彼の声はかく叫んでいた。

「余は余の肉体に神を見る」。(ジェルーサレム)

「女の裸体は神の御業である」。(天国と地獄)

「神の賜物である肉体を尊重する事は神及び人に対する吾々の一つの義務である。吾々を人間以上のものと考えるべきではない。然し吾々を不滅なものとして敬愛すべきである」。(一八〇二年一月十日バッツ宛手紙)

肉体の謳歌者はその美の讃美者だった。「裸体の美なくして藝術は存在しない」(ラオコン)と彼は云っている。自分の知る範囲ではミケランジェロと、ブレークと、ロダンとは肉体にひそむ強大な力を表現し得た唯三人の藝術家である(27)。ブレークが筋肉の美にどれだけの憧憬を持っていたかは彼の絵が明瞭に告げている。彼の製作は此肉体の美に対する彼の驚嘆の表現だった。

彼の絵画の精華は彼の画いた筋肉に集っている。彼等は凡て人間に潜む底知れない力のシムボルである。内に湧く強大な精神の無限の発作である。彼の画いたあの健全な四肢の形態と筋肉とには宗教がある。

彼は「赤裸々」"Nakedness"の情を愛した人である。自由であり奔放であり無遠慮であり自然であるその姿は凡ての美があり力がある。彼はその藝術に於てもその行為に於ても此「赤裸々」を忘れなかった。肉体は彼にとって常に強と美との権化だった。[28]

肉体の美の讃美者だった彼は肉体から迸るあらゆる精力の讃美者だった。熱情、慾望、情慾、忿怒是等のものは彼の「永遠な歓喜」だった。彼の眼に映じた神の美はいつも強烈なものの内にあった。彼は「強者」を讃えている。

「強者は人間の壮厳を代表する。彼は一切の卓越性を信じて行動し、預言的精神の天啓に激怒を感じ乍ら、何等の恐れる所なく一切を神命に托している」。(目録解説第五)

是等の言葉は彼自らを云い現わす最良の文字である。彼は凡て熱烈なものを彼の讃美の対象とした。彼の絶唱「虎」の詩は最も明かに彼自身を語っている。彼は獅子の叫びに尽きない讃辞を捧げ、鷲の強大に天才の姿を見つめている。又は狼の嘯く声に神の力を聞き蛇の鋭さに睿智の美を認めている。是等のものは絶えず彼の詩句に繰り返えされて彼の熱情を語っている。「地獄の箴言」に次の句がある。

「獅子の怒号も、狼の咆吼も、嵐海の狂乱も又破壊の剣も人の眼に余る永遠なものの一部である」。

かの熱情の表現である焔は彼の殊に愛した画題だった。恐らく彼程好んで焔を画いた画家はない。自分の知る処では此焔を画いて人生の深い熱望を象徴し得た画家は只ブレークである。炎々として燃え上る焔には生命の無限な渇仰があり情熱がある。あおるが如く凡てを焼き尽す熱度は神の絶大な力そのものを表現する。その鮮かな色に輝く緋の紅いには人生の活きた激情が閃いている(29)。彼は又渾沌とした雲を好んで画いた。その暗澹とした色には原始の力がある(30)。天に心を仰ぐものはあの朦々たる雲を永遠に愛するであろう、雲の画家として彼はエル・グレコと共に幽玄な神秘な然も力ある印象を吾々の胸に与えている(31)。彼は又光りを画いた。八炫に輝くその無限の放射は神の眼である。偉大な愛の流出である(32)。彼は又宏大な大空を画いた。無限の空間は壮大な心の国土である。彼の画くものは実にエレメンタルである。火と雲と光と気と凡て事物の根本である素因である。

彼は又光と熱との根源である太陽を切に讃美した。宇宙の本元、事物の起元そのものである太陽は熱情の焦点生命の王冠そのものを代表する。彼はヴァン・ゴオホの様に輝く日輪に無限の渇仰を寄せて飢える者の様にそれを画いている(33)。太陽は天帝の御座である。彼はそれを仰いで神の活きた姿をありありと見つめていた。彼の最も美わしい詩句は又太陽の讃歌にある。短詩「日向葵」は彼の渇望を示している。宗教的短詩として最も優れている「黒人の小供」に彼は太陽の国を歌っている。輝く光を指して神を説いた彼の言葉には力があり美がある。

彼は熱情を歌っている。

「激烈な熱情は真の善と完全な音調とを産出する」。
「熱烈な追慕は知識の第一原理であり又その最後である」。
「熱情と表情とは美それ自身である。熱情と表情とを持ち得ない顔は畸形そのものである」。（レノルズ傍註）

彼は熱情の高調である「忿怒」を謳歌せざるを得ない。忿怒は彼にとって天の力だった。地獄の箴言に彼は又歌っている。

「獅子の忿怒は神の睿智である」。
「激怒する虎は訓練された馬よりも賢い」。

忿怒を制する事は愚昧な所置に過ぎない。彼は又云っている。

「激怒しながらそれを沈黙して人に示さない事を汝は知識と呼んでいる。
自分はかかる知識を呼んで愚昧と云う」。（ミルトン）

彼の画いた神は忿る神であった。彼が愛した生命は激怒を知る生命であった。彼の最も偉大な立言が忿怒の間に書かれた事は事実である(34)。

彼は又傲る風情を見て謙《へりくだ》れよとは決して云わなかった。彼は権威あるものの尊大を謳歌し、天才の傲慢を讃美した。彼は此大胆な思想によって彼の「永遠の福音」を書いた。彼は基督が卑下、謙譲、貞潔を与えなかった事を知っていた。彼の見た基督は傲然とした尊大な基督だった。権威はその胸に刻まれた厳かな文字だった。彼は神に激する者が貧弱であるべき筈でないのを知っていた(35)。彼は地獄の箴言に「孔雀の傲慢は神の栄光である」と云っている。

偉大なものは決して彼の偉大を匿す愚を学んでいない。尊大は威力に活きるものの必然な結果に過ぎない。太陽は何等の逡巡なく強い光を発している。基督の偉大は自ら神のメッシヤを以て任じた尊大な能動的態度にある。

彼は又活動を讃美した。

「活動はそれ自身唯一の歴史である。活動の存しない作は読むに堪えない」。

「思想は活動である」。

「欲して働かないものは疫病を産む」。

「労働しないものは貧弱な悪魔である」。

「人間性と活動性とを示し得ないものは貧弱な悪魔に過ぎない」。(レノルズ傍註)

ブレークの生涯が異常な活動の歴史であった事は著しい事実である。心に充実を持つものに空しい休息はない。生命には永遠につきない活動の意志が内在している(36)。ブレークは又豊富なるものを凡て讃美した。


「饒多は美である」。

「充分若しくは過度」。(地獄の箴言)

大は小を摂受する。一切を抱含しようとするものは無限大を必要とする。繁茂しない土地とは不毛の荒土を意味している。

肉体の凡ての精力を肯定した彼は又あらゆる人情の発露に神の摂理を認めていた。彼にとっては嘆きにも涙にも恐れにも限りない人間の秘密があった。「余は恐怖に神の御手を見る」と彼は云っている。微妙な心の働きによって彼は凡ての性情に対立の意味を窺っている。

「喜びと悲みとは美わしく編まる
そは聖き霊の衣である。
凡ての哀れ痛みのもとに
絹の糸もて喜びは縫わる」。（無垢の徴）

「かの涙も亦知能である、
嘆きは天使の剣である、
又は殉教者の痛ましい呻きも
神の弓から放たれた矢である」(37)。（ジェルーサレム）

「残忍に人間の心は宿る、
嫉妬は人間の面影である、
恐怖は聖い人間の形である、
秘密も亦人間の衣である」(38)。

彼は凡ての人情が意味なくして造られていない事を知りぬいていた。彼にとっては凡ての情熱の発露心情の要求は与えられた人間の美装に外ならなかった。人情の優秀を追慕した彼にとって賢は又その憧憬の的であった。

「知識に働く事はジェルーサレムを造る事であり、知識を嘲ける事はジェルーサレムとその建設者とを嘲る事である。他人に存する精神的才能を拒け罵りそれを傲慢、利己、罪過と呼ぶ者はイエスを嘲る者である。愚昧を愛する偽善家にとってはそれは罪悪の如くに見做されている。然し酷な人間の目にうつる罪悪も温い神の目には異って見える」(39)(ジェルーサレム)。

ブレークにとって善か悪かは既に問題でなかった。寧ろ彼の質したものは賢か愚かにあった。彼は大胆にその心を吐露している。

「自分は人間が善であるか悪であるかを顧慮しない。自分の顧慮する所は彼が賢者であるか愚者であるかにある。神聖を脱ぎ棄てて睿智を纏《まと》え」。(ジェルーサレム)

彼は宗教の「神聖」を嫌った。そこには只人為的偽善がある。彼は之に対して「睿智」を尊んだ。天国に栄える者は善人であるよりは寧ろ賢者である。「永遠を求める心、之は常に賢者のうちにある」と云っている。天を失う者はいつも愚者である。彼の嫌った者は悪者ではない。是等の思想を理解し得ない愚者である。「愚者は天国に入る事は出来ない」[40]。「賢者の誤謬は愚者の完全より尊い」と彼は云っている。

彼の詩想は広汎な世界に縦横し、彼の生命は無限に開放された王国に活きている。然もそれは凡て美わしい色、楽しげな笑いに充ちている。彼の眼には底知れない神の力がいつも映っていた。多くの人が伝習の重荷に堪えかねて痛ましい苦行に身を窶《やつ》した時、彼は原人の至純に帰って自由な雰気を呼吸して人生の領土を闊歩した。彼はよく幸に身を激して喜びの歌を唱った。声は遠く谿《たに》と森とに響いて力ある反響に帰っていた。彼は天を仰いでは勢に突き進む太陽の烈しさを画いた。燃える焔は波打つ如く自然を包んだ。彼は一切のものに再生を見、復興を感じた。彼は四囲を顧みて凡てのものが正しい位置についているのを見た。有るがままの自然がそれ自身完全である事を認めた。怠りと笑いと涙と嘆きと彼等が凡て神の知識を示す事を感じた。日が東から西に移り、夜が昼に継ぎ、花が咲き鳥が歌い、秋が来葉が落ちる。是等は凡て一糸乱れない神の理法摂理に対する信仰の現われである。凡てが善きにあると彼は強く感じた。彼は一々の事物に向って存在の肯定を確立した。彼は起って肯定の筆をとった。

十

完全な自由を要求した彼は、先ず自由を妨止する一切の行為を排斥した。従来の宗教道徳の教儀に対する鋭い態度によって、彼はその堡塁である禁慾に対して反抗の旗を挙げた。禁慾は人間を狭陋《きょうろう》にする貧弱な行為に過ぎない。あらゆる抑圧は美の人性を破って彼等に老と醜とを与えている。神は此世に不自然なものを愛していない。

「人は彼等の情熱を矯め抑え又は熱情を持たない為に天国に入るのではない。その熱情に対する理解を養う事にある。天の宝は熱情の否定にはない。否それに関する知性の実現にある。吾々はそれによって熱情を流出し自ら永遠の栄光に入るのである」。

(最後の審判)

強者は完全な自由に活きる。禁慾は弱者の道徳に過ぎない。

「吾々の慾を禁制しようとする者は、それを禁制しなければならない程彼等が弱い人間だと云う事を示すに過ぎない。禁慾は単に受動的行為に止っている」。

彼は歌っている。

'Abstinence sows sand all over
The ruddy limbs and flaming hair,
But Desire Gratified
Plants fruits of life and beauty there.'[*6]

茲に又禁慾の峻厳を冬に譬えた短詩がある。

Soft Snow

I walkèd abroad on a snowy day:
I ask'd the soft snow with me to play:
She pray'd and she melted in all her prime;
And the winter call'd it a dreadful crime.[*7]

彼は又情慾を讃えている(41)。

'What is it men in women do require?
The lineaments of gratified desire.
What is it women do in men require?
The lineaments of gratified desire.'[*8]

罪悪と汚瀆とは人の思惟が作為した人物的判断に過ぎない。悪も亦善につくの道である。彼は罪悪に対して著しい見解をとった。彼にとって「悪は肉体の精力から迸る能動の力だった」。彼は貧弱な天使の翼よりも強大な悪魔の叫びに神の力を感じていた。

「能動的罪悪は消極的善為に優る」。(ラヴェーター傍註)

「道徳的善は存在しない」。(最後の審判)

彼にとっては「此自然界に起る罪悪も精神界に於て最高の壮厳を示していた」。凡ての事は神の前に善であった。彼が忌み嫌ったものは只理性のもとに安価な道徳の堡塁を築いて身を避ける消極的態度だった。彼の見る事を厭ったものは苦行の重荷に堪え兼ねて首をうな垂れている姿だった。彼は彼の強い信仰に基いて神の此世に絶対の罪悪不浄が存しない事を確信していた。

「何等かの秀れた善を持たない悪人を見た事がない」。（ロビンソンの日記）

「凡ての娼婦も曾ては処女である。凡ての罪人にも嘗て幼児の愛があった」。（ジェルーサレム）

「悪を為し得るものは又善をなし得る」。（ラヴェーター傍註）

人為的律法又は刑罰は彼にとって人類の偽善と残忍とを意味していた(42)。彼は先ず処刑に反抗した。そうして罪の容赦を懇請して止まなかった。刑罰は彼にとって虚偽を意味し残酷を意味し卑怯を意味していた。罪に対する容赦は彼の道徳の精髄だった。彼は繰り返して之を説いている。

「罪を赦さなければ愛も亦死である」。

「復讐をなす者は摂理に対する唯一の罪人である」。（ジェルーサレム）

「悪に対する相互の寛恕、

そは楽園の門である」。（楽園の門）

「基督の精霊は罪に対する不断の容赦である」。

「友愛は罪に対する不断の容赦なくしては存在しない。基督教の光栄は容赦によって一切を征服する事にある」。(ジェルーサレム)

従って彼は「贖罪の教えを恐るべき教義だ」と云っている。彼の見るカルヴァリー[*9]の家は「同情と愛憐」とを以て出来ていた[43]。彼が神に祈願してその除去を乞うたのは「罪の記憶」と「罪の譴責」とであった[44]。

彼にとって天に住む唯一の術は罪に対する「忘却と容赦とであった」。彼は許す心を歌っている。

'And throughout all eternity
I forgive you, you forgive me.
As our dear Redeemer said:
"This the Wine and this the Bread".'

From 'The Rossetti MS., II'[*10]

罪を赦す喜びは罪を持つものの喜びである。容赦は又神の与える恩恵である。ブレークは自ら云っている。

「自分は恐らくは最も罪深い人間である。自分は聖浄である事を装わない。然し日々人を愛し彼等を見彼等と語り特に罪人の友である事を希っている」。「若しも自分が純潔であったなら自分は罪に対する容赦の喜びを味い得なかったであろう。若しも自分が清浄であったなら、自分は決して愛の涙を認め得なかったであろう。」又「若しも自分が清浄であったなら、神の神聖を讃え得ず又その救いにも喜び得なかったであろう」。(ジェルーサレム)

彼は精緻な心の働きによって凡ての陰が光の一面である事を感じていた。罪は罪を赦す喜びを産み悲しみは喜びに帰る望を含み、悪は善につくの道を備える。埋もれた世界は彼の前に発掘せられ自然はその凡ての門を開いて天に向っている。人の行為には自由がある、彼等の心には愛がある。同情の風は柔らかに吹いて地の面を温めている。

彼の罪の容赦に対する思想は彼が所謂「状態」'States' の観念に基いている。善悪正邪の樹の実を知らなかった原始の無垢な生活は今失われて、人は人為的道徳の支配に悩んでいる。生滅の此世界に生れるものは此善と悪又は凡ての精神的領野を経由して進まねばならない。吾々は人生の旅路を歩く順歴者である。吾々の踏む地はあとに長く残されてゆく。過ぎゆくものは人であり残るものは人生の土地である。彼は永遠な此領野を指して「状態」と呼んでいる。

「順礼者は過ぎてゆく、然し土地は永遠に後に残る。人は亦かくの如く過ぎてゆく、然し状態は永遠に残されている」。（ジェルーサレム）

状態は常住である。個人は変遷する。吾々は此二者を区別しなければならない。過ぎてゆく人間を罰する事は残忍である。吾々は人を憎むべきではない。罪そのものを咎むべきである。譴責《けんせき》し得るものは状態である。個人は容赦されねばならない。

「霊の精神的状態は永遠である。吾々は人間とその状態とを区分しなければならない」。

「神よ、降り来って罪の譴責を除けよ、状態を造り、永遠に個人を釈放せよ」。（ジェルーサレム）

人は活きねばならない。存在するものを定罪する事は自然の意志を殺すに等しい。「サタンは状態である」。然し「想像は人間の存在そのものである」。吾々は状態を難じる事は出来る、然し存在を犯す事は出来ない。

ブレークは此容赦が基督の死によって明かに示されている事を感じていた。「彼等は何を為しているかを知らないのである」とは又彼の自らの切な感じだった。彼の「最後の審判」に関する思想が罪人に対する譴責を意味していなかった事は著しい事実である(45)。彼の審判は虐げられた義人の救済だった、その復興だった。悪者に対する刑罰よりも寧ろ罪せられたものの釈放だった。

「基督は悪漢の為に虐げられた者を救いに来たのである。悪漢を救う為ではない。彼は譴責された者を救いに来たのである。譴責者サタンを救う為ではない。サタンは罪の為に譴責されてはいない。彼は只不信仰の為に、又それによって人を罪に導きそれを譴責しようと企てる故に神から譴責されているのである。最後の審判とは此意味に外ならない。即ちサタンの譴責から人を救済する為である。サタンは罪が神を悩ましていると考えている。然し神を悩ましているものは何ものもない。只不信仰と、善悪の樹の実を食べた事とのみである」。(最後の審判の幻像追補)

神は罪を考えてはいない、又咎めてはいない。神の悲哀は人間の残忍な譴責にある、その虚偽にある。神の喜びは容赦である、寛恕の徳である。基督教の栄光は罪に対する不断の容許である、同情である、愛である。

十一

自然に聞える凡ての声は存在の讃歌である。自然にある凡ての形態は情愛の表徴である。谷は山を抱いている。花は蝶を招いている。川は海を尋ねている。地は天に向い星は星を互に引いている。事物には温い追慕があり固い密着がある。世界は愛の園生である。美は愛の国である。美を追う心は美に住む心である。真は愛の家である。真を求めるのは真を抱こうとする心である。善は愛の庭である。善を慕うのは善に喜ぶ心である。此の世に分離と罅隙とは存在しない。孤立とは吾々の思惟し得ない構想である。想うに自然は愛に飢えている。人は人を待ち物は物を引いている。吾々の精神は他人の精神を慕っている。吾々の肉体は他人の肉体を恋している。かの争う心には互に和する心がある。闘には愛の飢えがある。宗教は神の前に凡てを一つならしめる力である。藝術は凡ての人を美の会堂に集めしめる。哲学は一切の心を真理の世界に結ばしめる。思想の終結はいつも愛である。

ブレークの思想がその高調に達した時彼にも此偉大な理想があった。彼は同胞の愛が人生の帰趣である事を感じていた。彼は全自然が只愛の宗教の為である事を強く感じていた。精神の自由も肉体の開放も更に広汎な愛の本能に活かす為であった。流出とは神に対する愛であった。肯定とは事物に向う愛であった。ブレークはその思想の終結に於て愛の詩人であった。彼はその理想を書いている。

「愛は生命である」。（ラヴェーター傍註）

「余は汝の裡にあり、汝は余の裡にある。互の愛は神意である」。

「同胞の愛は宗教である」。（ジェルーサレム）

「完全な統一はエデンの汎愛《はんあい》がない処に存在しない。普遍的人格、彼には永遠の栄光がある」。

「友愛と普遍の愛とを利己の土に擲つ時、純な心の翼は閉ざされている」。

「人は只友愛と普遍的愛とによって存在する」。

「人は只自己の為に活きるのみならず他人の前に活きている」。

「永遠の友愛を失う時吾々は死に終って又起つ事が出来ない」。（四ゾア書）

「吾々は一つに結ばれた人として活きている。吾々が無限の感覚を縛る時、そこにはひとり分離がある。只それを放つ時吾々は宇宙の一家族として、一つに結ばれた人を見る事が出来る。その結ばれた一人をこそ吾々はイエス・クリストと呼んでいる。彼は吾々の裡に住み吾々は彼の裡に住み、生命の地エデンに完全な調和を得て活きている」。（ジェルーサレム）

和合は救済である、分離は反目である。彼はイエスの死が愛の絶大な光である事を信じていた(46)。彼は信じて云っている。

「若しも神が人の為に死なず又彼を永遠に人に与えなかったならば人は決して存在しない。神が愛である様に人も亦愛である。他人に慈愛を持つものは凡て神の影像に活きる。人は友愛なくして存在しない」。(ジェルーサレム)

是等の思想が明瞭に示す様に彼の信念には著しい神秘的本質があった。彼の鋭い睿智の働きはよく事象の内裡に統一された本体の存在を直観した。彼は変化に終る自然の現象がその内部に於て永遠の生命を含む事を味識していた。風に揺ぐ木の葉も地に微笑む草花も凡て深い神の姿の現われであった。吾々が心をその内部に浸すならば、一切の事物は驚愕を示し、一切の精神は奇蹟を果してくる。かの埋もれた土塊にも朽ちた木片にも神意は欠けていない。彼は凡てのものに人間の愛を感じていた。彼は云っている。

「神は一切である。彼は吾々の伴侶であり友である。神は自ら云っている「汝は吾が兄弟、姉妹、慈母である」と。又聖ヨハネは云っている。「吾々は神の裡に住み神は吾々の裡に住む」。かかる統一は只愛によって感じ得られる。……一切のものは神の言葉でありその本質に於て神自身である」。(ラヴェーター傍註)

「神は存在する凡ての事物及び吾々のうちに作動し実在する」。（天国と地獄）
「永遠界の一切の事物は自己内部の光に輝いている」。（ミルトン）
「存在する凡てのものは神聖である」。

彼は一切の存在が永遠であり無限である事を感じていた。如何なる現象も失われる為に与えられていない事を知っていた。自然には消える事のない生命の燈火がある。

「一瞬の時間も失われてはいない。又空間の一現象すら永遠でないものはない。上下六千年の堂宇は凡て安定である。吾々はその始めを見又終りを見ている」。（ミルトン）

「人間の慾望は無限であり彼の所有も無限であり彼自身も亦無限である。一切の事物に無限を認める者は神を見ているのである」。（自然宗教は存せず）

無窮を知る心は神を知る心である。神を知る心は凡てに神を見る心である。是等の詩句は深い神秘な信念の最も著しい閃きである。

'Seest thou the little winged fly smaller than a grain of sand?

It has a heart like thee: a brain open to heaven and hell,
Withinside wondrous and expansive: its gates are not clos'd.'

From '*Milton*' f. 18. ll. 27–29 *[11]

永遠の詩句として自分は次の四行を再び引用したい。

'To see a World in a grain of sand,
And a Heaven in a wild flower,
Hold Infinity in the palm of your hand,
And Eternity in an hour.'

From '*Auguries of Innocence*' *[12]

彼は自然の凡てに心を寄せて神の姿を見たのである。その心には完全な汎神論の信仰があった。凡ての神秘家が厚い此信仰にどれだけ深く活きていたかは彼等の生涯が告げている。ブレークは事物の存在に酔った人であった。

彼は自然に愛を送り、彼は顧みて又人の愛をそこに感じていた。彼は静かに沈黙する此大自然が限りない人情の発露に躍るのを感じていた。木も草も山も川も人間の笑い喜び、悲み忿りを示していた。彼にとって宇宙は人間の一大家族であった。彼は人間に於て凡てのものの結合を見た。彼にとって自然は人間そのものだった。彼の言葉には著しい思想がある。

「各々の砂粒も凡ての岡にある石も、凡ての岩も凡ての丘も凡ての泉も、凡ての小河も凡ての草も凡ての木も山も丘も地も海も雲も隕星《いんせい》も又星も遠くから見た人間である」。（手紙より）

「草が生え葉が萌え出る処には凡て永遠の人間を見、聞き、感じる事が出来る」。（四ゾア書）

「凡ては永遠界に於て人間である。川も山も町も村も、彼等は凡て人間である。汝が彼等の胸に入る時汝は天と地とに歩いている。宛ら汝の胸に汝自身の天と地とが宿る様に。かくて外に見るものも凡て汝の想像に於て内部にある」。

「ジェルーサレム」にある次の詩句は又此思想を最も鋭く云い現わした実例である(47)。

「余はロンドンを見る。かの神に対する人間の恐ろしい驚愕を！　彼は云う。帰れ、アルビオンよ帰れ！　吾れは吾れを汝に贈る。吾が町は吾が想像の智識、醒めよ、アルビオンよ、醒めよ！　吾等をして共に醒ましめよ、吾が家は思想、吾が住民は情愛。思想の子は吾が血脈に流れている。……かくロンドンは吾れに語る。かの不死の守護神は！　余はラムベスの陰にそれを聞き、余はフェルハムにアルビオンの幻像を見る。余は人類の領土ロンドンの公道に於て見聞きたる事を今南モルトン街に於て書きつつある。かの都は人間である、民衆の父である。川も山も亦人間である。一切のものは強大な壮厳な人間である」。

如何に彼は心を激して叫ぶ人間の霊を自然に聞いたのであろう。彼にとって一切の事象は活きた生命そのものに動いていた。形体は既に形体ではない。彼等は呼吸する精霊そのものである。一切の自然は想像幻像の世界に活きている。彼等は実在をそのままに露出して無限の光を放っている。既に事物があるのではない。神なる人が活き動いているのである。

かかる熱情をそのままに表現した彼の藝術が象徴的色彩に強く然も擬人法に夥しいのは最も自然な結果だった。彼は象徴的藝術家として全然ユニークな位置を保っている。恐らくは完全な人間性そのものを表現し得た事に於て彼の象徴的藝術は一切の人の製作に勝っている。彼の象徴的製作は只寓話、諷諭を示す作品ではない。人間の最も根本的性情そのものの象徴であり、宗教的法悦即ち「想像」それ自身の表現である。吾々は彼の象徴に於て人間と藝術との最も完全な融合密着を見る事が出来る。
一切の自然の外相を越えて幽妙な幻像の世界を画こうとするものは、空しい写実に筆を終え得るものではない。実在、物如、神、かかる無限の世界を歌い画こうとした彼が自ら象徴的表現に筆を托した事は極めて自然である。常規を逸した奇怪とさえ見做されている彼の藝術は、凡ての自然性と必然性とを具えた製作である。凡ての藝術はそれが事象の背後にひそむ深い生命を画こうとする限り、その表現は自ら象徴的たらざるを得ない。ブレークは彼の壮大な生命の要求によって遂に自ら神話をさえ創造して彼の偉大な精神的抱負を表現したのである。ヴェーダの神話、ギリシャの神話、イスラエルの神話、彼等は凡て人間の恐ろしい想像が産出した偉大な藝術である。その宏大に於て神話の壮厳に勝る創造的製作はない。ブレークは近世に於て神話を創造し之を完全な象徴的藝術に移植し得た唯一の人である。

十二

その広大な範囲と幽玄な内容とによってブレークの思想は無限な暗示を吾々に与えている。彼の性情彼の信仰彼の藝術は未来に向って預言の権威をおびている。記された彼の預言を承ぐ者は誰であろうか、ヨルダンの川は今も黙して流れている。水注ぐ者の声は既に野に聞えている。誰が新しくガリラの天に降る鴿《はと》を見るであろう。

原註

(1) ホイットマンは最も明瞭に此思想を歌っている。自分の好む彼の詩に、

'Each is not for its own sake,
I say the whole earth and all the stars in the sky are for religion's sake.
I say that the real and permanent grandeur of these states must be their religion,
Otherwise there is no real and permanent grandeur;
(Nor character nor life worthy the name without religion,
Nor land nor man or woman without religion.)

肉体の開放を唱えた近世の思想家が悉く最も深い宗教家だった事を忘れるわけにはゆかない。

(2) ホイットマンの思想に就ては「ブレークと彼の前後」第四節（第三八二〜三九〇頁〔『柳宗悦全集』第四巻、一九八一年、筑摩書房。以下「全集」。本コレクション未収録〕）を見よ。

(3) 此「想像」と云う観念の最も発達しているのは仏教である。

「自己寂滅」の思想の最も深く主張されたのはやはり仏教である。然し今は主として此字句は自我に対する否定的意味にとられている。ひいては自己の犠牲、殺滅を聯想させる。然し本来の意義には何等消極的内容を持っているのではない。ブレークが云う自己寂滅は自己充実、即ち完全な個性の表現を意味しているのである。

(4) 彼の「ミルトン」又は「ジェルーサレム」その他彼の多くの詩が幻像の力で出来た事は事実

である。彼の絵「蚤の幽霊」「天帝」等が直接此力によっている事は前にも書いた。

(5) 始めの二つの手紙は本文第一八七頁（全集。本コレクション未収録）に既に引用した。第三の手紙は一七九九年八月二三日トゥラスラー Trusler 宛である。第四のは一七九九年八月十六日同じくトゥラスラー宛である。

(6) 彼の時間に関する思想に就ては屢々書いた。本文一九七頁に引用したミルトンの句、又は一八六頁に引用した彼の手紙及註(166)（以上全集。本コレクション未収録）の終りの部分を見よ。

(7)「自然」と云う字をブレークは普通の意味と全然異った意味に用っているから、此事は彼の詩を読む上に注意しなければならない。

ブレークの同時代に自然詩人として既に名のあった Wordsworth に対してブレークが批評した言葉も多く此の「自然」と云う意味に及んでいる。ブレークはオルズオルスの詩を愛してはいたが、「オルズオルスは自然を愛してはいないかを恐れている」「彼は基督教徒ではない。プラトニストだ」「彼は異教徒だ」「彼は自然を崇拝している」と云っている。

(8) ‘Tirzah’ は詩集「経験の歌」に含まれている。サムプソンの研究によれば此詩集は一七九四年の出版であるが、此詩だけは後年の追加であって少くとも一八〇〇年以前の作ではない。ターザーと云う名の出てくるのは「四ゾア書」及最後の二大預言詩だけである。従って該《その》詩集出版時代には此詩はまだ書かれていなかったのである。(Blake's Poetical works. Edited by J. Sampson. (The Oxford Poets). 1913. p. XXVI)。

イエスの死に就ては尚本文第一〇八頁引用のジェルーサレム（同書九六頁、二三〜二八行）の句を参照せよ。
(9) 第二五三頁(全集。本コレクション未収録)引用の「永遠の福音」中の句を見よ。
(10) 近世哲学、殊に独逸に栄えた哲学は殆ど皆唯理論である。経験論は英国に起ったが其主張が権威を得て来たのはごく最近と云っていい、特に Pragmatism が現われて以後その勢を得ている。ブレークと近世哲学との関係に就ては最後の章(第三六七〜第三六九頁(全集。本コレクション未収録))を見よ。
(11) 「幽魔」に就ては第十六章「流出の歌」を見よ。(第二一五頁等(全集。本コレクション未収録))。
(12) 彼がニュートンの肖像を画いて「理性」を象徴した事は前にも書いた。第一四二頁及び挿画第二四を見よ。又理性を象徴した画として「ネブガドネザール」挿画第十五及び註(93)(以上全集。本コレクション未収録)参照。
(13) 然し彼は又基督を評して云っている。「基督は余りに法則に従い過ぎていた、此点で彼は最悪な人の一人だ」(ロビンソンの日記)。
(14) 短詩「ロンドン」に彼が桎梏の哀れを歌っている事は前にも書いた、第八二頁引用(全集。本コレクション未収録)。
(15) 'Novelty' と云う字を始めて哲学的名辞に用いたのはジェームスである。彼の遺著 'Some Problems of Philosophy' 第九〜十二章を見よ。
(16) 新鮮を愛した彼は又模倣をきらった。彼は云っている。

「羊が犬の歩く真似をしたり、牛が馬の様に速く歩いたりするのを見たら滑稽である。それと同じ様に人間が他人を摸倣するのは滑稽である。人間と人間との間には異種の動物相互の間よりも著しい差違がある」（レノルズ傍註）。

彼が「発見の藝術」を尊んだ言葉に就ては第二四三頁の引用文〔全集。本コレクション未収録〕を見よ。

(17) 是等の思想を特に明瞭に歌ったのは「ジェルーサレム」である。第十六章「流出の歌」〔全集。本コレクション未収録〕を参照せよ。

(18) 特に此思想を歌った詩句で最も偉大なのは「永遠の福音」中にあるヤーエがイエスに告げた言葉である。第二五三頁引用。又第六八頁に引用した詩集「無垢の歌」にある'The Divine Image'は同じ此思想を歌った名句である〔以上全集。本コレクション未収録〕。

(19) レノルズ傍註に彼は書いている。「人間は植えられ又種蒔かれたりするのに備えている庭の様なものに生れている」。

(20) 第二八八〜九頁〔全集。本コレクション未収録〕参照。

(21) 肯定の詩人としてブレークの後に出てその思想を徹底さしたのはホイットマンである。「ブレークと彼の前後」第四節（第三八二頁以下〔全集。本コレクション未収録〕）参照。

(22) 「無垢の徴」には此心を歌った対句が非常に多い。第一七三〜四頁〔全集。本コレクション未収録〕にその内の僅かを抜粋した。その他彼の心を語る句は、

'A robin redbreast in a cage

Puts all Heaven in a rage.
A dove-house fill'd with doves and pigeons
Shudders Hell thro' all its regions.
A dog starv'd at his masters gate
Predicts the ruin of the State.
A horse misus'd upon the road
Calls to Heaven for human blood.
The Game-cock clipt and arm'd for fight
Does the rising sun affright.
The wild deer, wandering here and there,
Keeps the Human soul from care.[*13]

「最後の審判の幻像」に彼は又かく云っている。

"What," it will be questioned, "When the sun rises do you not see a round disk of fire something like a guinea? Oh! no! no! I see an innumerable company of the heavenly host crying—'Holy, holy, holy, is the Lord God almighty!'"[*14]

(23) 第六章「歓喜の歌」〔全集。本コレクション未収録〕参照。

(24) 第六二〜四頁〔全集。本コレクション未収録〕にある「笑い」の詩参照。

(25) 若者を讃えた詩として第八三頁〔全集。本コレクション未収録〕に引用した句を見よ。

(26) 彼の生涯の幸福に就ては「人としてのブレーク」(第二九二頁(全集。本コレクション未収録))を見よ。
(27) 「ブレークと彼の前後」第三節(第三六九頁以下(全集。本コレクション未収録))参照。
(28) 彼が画いた「古ブリトン人」はその理想を体現した作品だった。第二三八頁(全集。本コレクション未収録)を見よ。又彼がラムベスの東屋で裸体のまま「失楽園」を読んでいた逸話に就ては既に書いた。第一六五頁(全集。本コレクション未収録)を見よ。
(29) 挿画第二一、二二、二八、三五、三七、三八、三九、四二等(全集。本コレクション未収録)参照。
(30) 挿画第二、四七等(全集。本コレクション未収録)参照。
(31) ブレークとグレコに就ては「ブレークと彼の前後」第三節(第三七二頁(全集。本コレクション未収録))を見よ。
(32) 挿画第二、四等(全集。本コレクション未収録)参照。
(33) 挿画第二、二八、四二、四七等(全集。本コレクション未収録)参照。
「四ゾア書」第九夜曲「最後の審判」にも彼は太陽を歌った。第一五九〜一六〇頁(全集。本コレクション未収録)引用。
(34) 彼の散文「目録解説」「公開状」「最後の審判の幻像」は悉く忿怒によって得た名文である。忿怒を叙した彼の詩句として最も優れているのは「ジェルーサレム」第九五頁の五〜一七行にある次の句である。

'The Breath Divine went forth over the morning hills. Albion arose
In anger, the wrath of God, breaking bright, flaming on all sides around
His awful limbs; into the Heaven's he walkèd clothèd in flames,
Loud thund'ring, with broad flashes of flaming lightning and pillars
Of fire, speaking the Words of Eternity in Human Forms, in direful
Revolutions of Action and Passion, thro' the Four Elements on all sides
Surrounding his awful Members. Thou seest the Sun in heavy clouds
Struggling to rise above the Mountains; in his burning hand
He takes his Bow, then chooses out his arrows of flaming gold;
Murmuring, the Bowstring breathes with ardour; clouds roll round the
Horns of the wide Bow; loud sounding winds sport on the mountain brows,
Compelling Urizen to his Furrow, and Tharmas to his Sheepfold,
And Luvah to his Loom.'[*15]

又彼の忿怒の画として挿画第四二〔全集。本コレクション未収録〕を見よ。

(35) 第十八章「永遠の福音」（第二四八〜九頁〔全集。本コレクション未収録〕引用）参照。

(36) 「人としてのブレーク」第二八九〜二九〇頁及び第十四章「太洋の岸辺」第一七〇〜二頁〔以上全集。本コレクション未収録〕参照。

(37) 此四行は彼自ら愛した句らしい。「ジェルーサレム」の他に、'I saw a Monk of Charlemaine'

及び 'The Grey Monk' の二個所に同じ句が出ている。意味の必要の為に訳したのであるが玆にその原文を載せる。

'For a tear is an intellectual thing,
And a sigh is the sword of an Angel king,
And the bitter groan of the martyr's woe
Is an arrow from the Almighty's bow.'*16

(38) 此四行は 'A Divine Image' と題された詩の始めの一節である。「無垢の歌」に同題の詩がある。(第六八頁〔全集。本コレクション未収録〕引用)。詩の意味も両者とも同一な思想を現わしているから、此四行を性情を肯定した思想を現わした詩と見るのは誤りかも知れない。(第六四〜六頁及び註(18)参照)。然し自分の引用した個所にも適切な詩句になるから此処に入れたのである。

(39) 彼が尊んだ知識 'Knowledge' とは知性 Intellect 又は理性 Reason ではない。睿智 Wisdom である。是等の言葉は「ジェルーサレム」四章の序「基督教信徒に」と題した散文にある。之と同一な思想を彼は又手紙に書いている。第二八四〜五頁〔全集。本コレクション未収録〕引用。

(40) 第二六八頁〔全集。本コレクション未収録〕に引用した「最後の審判の幻像」からの抜粋参照。彼は又レノルズの傍註に書いている。「白痴の天秤は標準にはならない。よし重い方が下ったにせよ吾々はその中に彼等が何を入れたかを見る必要がある」。ブレークが人々から嘲られた時、彼が彼等に酬いた称号はいつも Blockhead, Fool, Idiot の字だった。

(41) 性 Sex に対する彼の思想に就ては第十章「肉体の歌」（全集。本コレクション未収録）を見よ。

ブレークには一夫多妻 Polygamy の考えがあった。一八二六年六月十三日ロビンソンの日記に

……朝早くブレークを訪ねた、彼は例によって野生的《ワイルド》だった。……彼は聖書から「女は共有すべきものだ」と云う事を学んだと私に話した、然し、私は彼に結婚は神聖な組織だからと云って反対した、然し彼は聖書から言葉をとって「始めからそんな事はないのだ」と云っていた。

嘗て彼はキャザリンの外にもう一人妻を持とうとして、その事を彼の妻に相談した。キャザリンはそれを聞いて激しく泣いた。ブレークはそれ以来此事を思い止ったと云われている。彼の詩 'William Bond' は或は此時の経験で出来たとも思える。

(42) 刑罰、譴責《けんせき》に対して彼は根本的に反対した。第七六～七頁及び二九四頁にある逸話、又挿画第十三を参照せよ（以上全集。本コレクション未収録）。

(43) 第二一九頁（全集。本コレクション未収録）に引用した「ゴルゴヌーザ」を叙した詩は最も秀でた彼の愛の歌である。

(44) 「ジェルーサレム」第六一頁は「罪と容赦」に関する彼の思想の最も明瞭な表現である。又本書二一八頁（全集。本コレクション未収録）に引用した詩句を参照せよ。

(45)「最後の審判」に関する思想に就ては第二六四〜八頁〔全集。本コレクション未収録〕を見よ。

(46)基督の死に対する彼の考えは最も簡明に短詩'Tirzah'に歌われている。第四四〜五頁参照。

(47)「ジェルーサレム」の第三八頁は殆ど此思想の結晶である。引用したのはその一部である。同書最後の雄大な結文も同じである。第二二二頁〔全集。本コレクション未収録〕引用。

校註

ここでのブレークからの引用は、すべて *The Complete Writings of William Blake*, ed. by Geoffrey Keynes, The Nonesuch Press, 1957. (One vol. Indian Paper Edition) によった。引用文末カッコ内の「K」は、このケインズ版を示し、続く数字はページ数を表わす。

＊1　ヘブライ。

＊2　予言書に出てくる事物の誕生以前の、未生の、無形体の状態をさす。

＊3　原文では「白黴《しろかび》」の意味。

＊4　What to others a trifle appears
Fill me full of smiles or tears;
For double the vision my Eyes do see,
And a double vision is always with me.

With my inward Eye 'tis an old Man grey;
With my outward, a Thistle across my way. (K, p. 817)

*5 "Infancy ! fearless, lustful, happy, nestling for delight
"In laps of pleasure: Innocence! honest, open, seeking
"The vigorous joys of morn inglight; open to virgin bliss. (K, p. 193)

*6 Abstinence sows sand all over
The ruddy limbs & flaming hair,
But Desire Gratified
Plants fruits of life & beauty there. (K, p. 178)

*7 I walked abroad in a snowy day:
I ask'd the soft snow with me to play:
She play'd & she melted in all her prime,
[Ah, that sweet love should be thought a crime ! *del.*] (K, p. 176)

*8 What is it men [of *del.*] in women do require ?
The lineaments of Gratified Desire.
What is it women do [of *del.*] in men require ?
The lineaments of Gratified Desire. (K, p. 180)

*9 キリストがはりつけになった「ゴルゴタの丘」のこと。

*10 & Throughout all Eternity
I forgive you, you forgive me.
As our dear Redeemer said:
"This the Wine & this the Bread."　(K, p. 417)

*11 Seest thou the little winged fly. smaller than a grain of sand ?
It has a heart like thee, a brain open to heaven & hell,
Withinside wondrous & expansive,: its gates are not clos'd:　(K, p. 502)

*12 To see a World in a Grain of Sand
And a Heaven in a Wild Flower,
Hold Infinity in the palm of your hand
And Eternity in an hour.　(K, p. 431)

*13 A Robin Red breast in a Cage
Puts all Heaven in a Rage.
A dove house fill'd with doves & Pigeons
Shudders Hell thro' all its regions.
A dog starv'd at his Master's Gate
Predicts the ruin of the State.
A Horse misus'd upon the Road

Calls to Heaven for Human blood.
Each outcry of the hunted Hare
A fibre from the Brain does tear.
A Skylark wounded in the wing,
A Cherubim does cease to sing.
The Game Cock clip'd & arm'd for fight
Does the Rising Sun affright.
Every Wolf's & Lion's howl
Raises from Hell a Human Soul.
The wild deer, wand'ring here & there,
Keeps the Human Soul from Care. (K, p. 431)

*14 "What," it will be Question'd,
When the Sun rises, do you not see a round disk of fire somewhat like a Guinea ?" O no, no, I see an Innumerable company of the Heavenly host crying 'Holy, Holy, Holy is the Lord God Almighty.' (K, p. 617)

*15 The Breath Divine went forth over the morning hills. Albion rose
In anger, the wrath of God breaking, bright flaming on all sides around
His awful limbs; into the Heavens he walked, clothed in flames,

Loud thund'ring, with broad flashes of flaming lightning & pillars
Of fire, speaking the Words of Eternity in Human Forms, in direful
Revolutions of Action & Passion, thoro' the Four Elements on all sides
Surrounding his awful Members. Thou seest the Sun in heavy clouds
Struggling to rise above the Mountains; in his burning hand
He takes his Bow, then chooses out his arrows of flaming gold;
Murmuring the Bowstring breathes with ardor! clouds roll round the
Horns of the wide Bow, loud sounding winds sport on the mountain brows,
Compelling Urizen to his Furrow & Tharmas to his Sheepfold
And Luvah to his Loom: (K, p. 742)

*16 "For the tear is an intellectual thing,
"A tear is an intellectual thing,
"And a sigh is the Sword of an Angel King,
"And the bitter groan [for another's *del.*] of the Martyr's woe
"Is an arrow from the Almightie's bow." (K, p. 420)

ホイットマンとエマソン

イエスは大工であったと云うが、ホイットマンも父の業を継いで大工であった。然《しか》しブルックリンで彼が家の設計や板を削る事に忙しかった頃——丁度イエスが彼の声を挙げたその同じ三十歳の時、彼は突如として作詩を始めた。何人も綴らなかった「自己の歌」は繁忙な市街や劇場や又は渡舟の中や馬車の上や、又は海辺や野原の中で書かれた。凡《およ》そ五年間の用意と、五度の書き直しとの後で、彼は自らクランベリーの町にあったロームの活版所に行って、自身で活字を拾い始めた。彼は大きな紙と大きな活字と十二個の詩を選んだ。彼はそれを『草の葉』と題した、名は入れなかったが版画の自画像をその中に挿んだ。そうして長文の序を添えて、彼の使命を宣言した。詩の最初の行は実に「余は余を讃美する」と云うのであった。

その詩集が世に出たのは一八五五年七月の初旬であった。その月の十一月に父のワルター は此《この》詩集の未来を知る事なく六十六歳で長逝した。詩集は凡そ千部程印刷された。著者は九十五頁の薄いその本に四弗《ドル》の価をつけた。彼は厚い自信を以て、その幾つかを新聞社に届け、又他の幾つかを当時の知名な文学者に贈った。その中にはエマソンがいた。トローがいた。ホイッティアーがいた。

今でこそその初版を得るのに人は幾百弗《ドル》を払うのをおしまないが、四弗《ドル》のその本は一週間を経ても一冊すら売れない、第二版が出る迄には僅《わず》か十一部だけ売れたと云う事が分った。もとより此詩集は人々から冷に取り扱われたばかりではない。罵倒はあとをついで彼にふりかかった。当時ロングフェローのハイアワーサーが世に出たが、彼の母はそれが美しい詩歌なら、ワルトのは泥の様なものだとだけ云った。彼の兄弟のジオーヂも、少し指でいじくったと云うが、結局それを読むに堪えない本だと云った。贈った彼の本をつっ返してくる者は一人ではなかった。ホイッティアーは怒ってストーブにくべて了《しま》った。もとより新聞や雑誌があびせた罵倒は甚《はなはだ》しかった。「彼が藝術を知らないのは豚が数学を知らないのと一般だ」。「彼はカリバンの様な奴だから、公衆が宜く鞭打つべきだ」。「利己的で俗で無意味な誇言に過ぎない」。「プリアプスを崇拝する淫猥さの得意げな鉄面皮」と荒々しい言葉を続けさまに受けた。

然しそう云う罵詈の矢の中で只一つ次の様な手紙が彼を尋ねた。日附は同月の二十一日であって、書いたのは実にその当時の霊の柱であったエマソンその人であった。

「驚く可《べ》き贈物『草の葉』の価値に対して私は盲目ではありません。私はそれが米国が嘗《かつ》て貢献し得た精神と智慧との最も、異常な作品であるのを見出しています。偉大な力が吾々を幸福にさすのと同じく、私はそれを読んで非常に幸福に感じています。今迄その性質に於《おい》て余りに技巧に過ぎ病毒に過ぎた事が西欧の精神を痴鈍にし卑賤にし、かくて自然を貧しく乏しくした事に対して、私が常に欲していた要求をそれが満たしています、私は貴方に貴方の自由な勇敢な思想に対する歓喜をお伝えします。私は実に偉大な歓喜をその中に感じています。比較できない事柄が、比較されなくなく立派に表現されているのを見出しています。吾々を悦ばせねば止まないその勇敢な取扱い、又は大なる知覚のみが感じ得る事柄を私はそこに見出しています。

私は偉大な経歴の最初に於ける貴方を祝福します。かかる出発は必ずや長い過去を何処にか持ったにちがいありますまい。私は此太陽の光が若しや眩惑ではないかと思って私の眼を強くこすりました。然し此書の厳然とした意義が既に鞏固《きょうこ》な確証です。それは吾々を堅固にし鼓舞する最良の価値を持っています。

私は昨夜新聞でその本の広告を見る迄は、その名が郵便局で確かめられ尋ね得るものであると云う事をすら知らなかったのです。

私は私の恩人に逢いたく、暫《しばら》く私の仕事を止めて、私の敬念を払う為に紐育《ニューヨーク》を訪ねたく考えています。

一八五五年七月二十一日　マサチューセット州コンコルドにて

アール、ダブリュー、エマソン」

ホイットマンとエマソンと此二人の幻像が此場合程明かに吾々の前に立つ事はあるまい。吾々は今ホイットマンの偉大を想う時に、エマソンの姿も眼に浮ぶのである。エマソンはその時五十二歳であった。その文名は既に海をさえ越えていた。ホイットマンは名なき三十六歳の大工であった。『草の葉』の美を想う者は又此手紙の美をも感ぜねばならぬ。かかる異常な理解は淋しい此世では悦びの涙に価いする美しさがある。二人の友情は此美しい出来事から永く固く続いたのである。

『草の葉』の誕生にエマソンの思想が浅からぬ感化を与えたと云う事は否《いな》む事は出来ぬ。後年ホイットマンの記憶が薄らんだ時、彼が『草の葉』の出版以前にエマソンを読まなかったと云ったに拘わらず、彼が敢てその初版をコンコルドに届けたのも、エマソンを既に愛していたからであった。「自恃論」や「自然論」が自己を讃美し、自然を愛着したホイットマンに如何なる関係があったかは誰も解き得る処であろう。『草の葉』の第二版に跋《ばつ》を添えて、「師エマソン」に送った言葉も茲《ここ》に加えねばならぬ。亜米利加《アメリカ》の存在が彼の新道徳に安泰された所以《ゆえん》を説いて彼はエマソンにこう書いた。

「それ等の岸辺は貴方が見出されたのである。私は貴方が一国をそこに導き——又私をもそこに導いたのであると云わねばならない。私は誰も貴方の行為より、より偉大な行為を一国に献げ得た者もなく又献げ得る者が他にないと考えている」。

燃えかかった彼の焔に油を更についだのは実にエマソンであった。ホイットマン自身の言葉によれば「自分は煮えかかり煮えかかり煮えかかっていた。エマソンは遂に自分を沸騰させた」。「エマソンが無かったら「草の葉」が無かったとは思わない。然《しか》し多少後れて出たであろう」と彼は云った。

エマソンは彼自らが望んだ様に後にホイットマンを訪ねる為にブルックリンに来た。又エマソンの勧めによってコンエイが訪ね、又トローが訪ねた。「米国人は外国から家に帰ってほしい、吾々の間に一人の人がいる」とエマソンは後日こう人に話した。「一つの本が去年の夏紐育から現われた。名状し難いモンスターだ、驚く可き眼を持ち、バファローの様な力に満ち、まがいもない亜米利加人」とエマソンはカライルにこう書いて態々《わざわざ》「草の葉」を彼に届けた。

吾々が二人を想い起す第二の出来事は、『草の葉』が第二版を重ねた時に起った。是《これ》は多くの人々には当時も亦《また》今も尚解き難い寧《むし》ろ醜い出来事として記憶される。然し二人の姿を想う時吾々はその意味を知らねばならぬ。

ひどい非難が四面から迫った時、誰も彼の美さを知ろうとだにしなかった時、名もないホイットマンが異常な味方を只一人得たのは、彼が最も敬愛したエマソン彼れ自身であった。七月二十一日附の彼の手紙が若い無名の人にとって、どれだけの喜びと涙とに価し、如何《いか》に厚い慰みと望みとを与えたか、誰もその事実を疑う事は出来まい。彼は人間の深い愛をその場合程じかに感じた事はないであろう。凡《すべ》てが敵である。然し米国での最大な人のみが彼の味方である。更に二十個の詩を加えて彼が翌年即ち五十六年に草の葉の第二版を出した時、彼は金文字を以て彼の表紙に次の句を印刷した。「私は偉大な経歴の最初に於ける貴方を祝福する、エマソン」と。かくして彼は再び詩集を世の中に送ったのである。

然し予期しない新な誹謗が此エマソンの私信の引用によって再びホイットマンの上にふりかかって来た。かの詩集とさえ呼び得ない醜い本に何の価えがあるか、私信を断りなく公開する彼の如きに何の道徳があるか、然も表紙にさえそれを金文字に刷った彼の稚気は笑うにさえ堪えないのである。況《いわ》んや人の讃辞に自らを広告する彼の醜さをどうして許し得るか。エマソンの困却さをだに思い得ない彼は何たる愚漢であろう。此書が不道徳の名に於てかく罵られた時、出版者も驚き迷って、その出版の継続を断って了った。詩集はその後四年の間此の世から埋没された。然し詩人に是等の不幸が来たのみではない。エマソンさえも多くの彼の信奉者から疑惑の眼を受けた。基《キリスト》教徒にとって不敬の歌に過ぎない彼の作をエマソンが讃えたとは解き難い謎であった。理解ないものは是等の出来事に思い惑った。

然しホイットマンとエマソンとがその間に於て変りない友情を続けた事を否むわけにはゆかない、エマソンの信奉者は此第二版の為にエマソンの喜ばしい顔が曇ったと云うが、エマソンはホイットマンを訪ねる事を忘れもせず、後年自身が云った様に彼が詩人に対する考えに少しの変りもなかった。

勿論エマソンも彼とホイットマンとの性格が甚しく異っているのを感じていた。エマソンはコンコルドの聖者と迄云われた程、静な平和な湖水の様な清さがあった。之に比してブルックリンの大工は粗野な自然な迸《ほとばし》る流れの俤《おもかげ》があった、前者の謹ましい美に比べては原始の荒々しい美しさであった。地を歌い土を讃え性を愛したホイットマンの遠慮ない句が、エマソンの静けさにそのまま調和しなかった事は事実である。然しそれ等の凡ての溝を越えて活きた亜米利加の精神が二人の間に固く結ばれたのを疑うわけにはゆかぬ。私信の公開が或《あるい》は礼を失したと感じたかも知れぬ。然しかかる事がエマソンの理解をも覆さしたと誰が云い得るであろう。

人は道徳の尺度を以て『草の葉』第二版の出来事を批判する。然し自然の子ホイットマンに何の道徳があったであろう、善と悪との争いがあったであろう。悦《よろこ》びあふれた無心な彼には、エマソンの言葉の引用が罪であるとどうして考え得たであろう。実に四面からの罵りはホイットマンには夢にだに予期しない驚きであった。

余はホイットマンの此場合を思う毎に、クラーヴォーの聖ベルナルドの一つの逸話を想い起さないわけにはゆかない。彼は十二世紀の修道僧であったが、外出する毎に金襴の袈裟を纏ったと云う。或日人が彼を詰《なじ》って僧の身であり乍《なが》ら何故しかく傲奢《ごうしゃ》な風情をするのであるかと問うた。驚いたのは聖者であった。そう云う事にもこだわらねばならぬのであるか。彼は翌日から注意されるままに貧しい衣に着更えた。丹霞天然《たんかてんねん》がある寒い日薪木が無くなったので木仏を焼いて身を暖めたと云う話がある。人はよく古代の宗教画家がその作に落款《らっかん》をしなかった事を賞《ほ》める場合がある。然し彼等が意識してかかる事をしているなら、それは醜い小さな道徳に過ぎない。余は大きな金文字を以て自分を祝福してくれたエマソンの句をそのままに書きつけたホイットマンの無心な自然の美さこそ愛するのである。世の批判は汚れた貧しい道徳に過ぎぬ。

エマソンとホイットマンとが共に想い浮ぶ第三の場合は一八六〇年二月の事であった。二十一年の後にホイットマンは当時の事を想い回して次の様に書いた。

「今から二十一年前の輝き澄んだ二月の真昼に、今も同じ楡の古木に被われたビーコン街の広場を往きつ戻りつして、私は二時間の間エマソンと話し続けた。彼は当時肉体的にも精神的にも力強い絶頂にあった。凡ての点に於て準備されて、心が向く時には知識的にも感情的にも彼は優れた振舞を示した。その二時間の間、彼は話手であり自分は聴手であった。それは自分の詩「アダムの小供」の構想の主要な部分に関する立論であり視察であり、批評であり攻撃であり、又（宛《さなが》ら砲兵、騎兵歩兵と順次に迫る軍隊の様な）心を圧する肉迫であった。自分にとってはこの講話こそは金よりもより貴くあった。――それは自分にはいつも次の様な不可思議な奇異な教訓を与えた。エマソンの立論の何れの点も不可答である事と、如何なる審判者の攻撃も、それ以上に完全であり正確ではあり得ず、又それ以上に要点をよく捕えた言葉を自分は聞いた事がないこととである。――だが自分は自分の霊に於て、凡てに服従せず、余自身の道を進もうと云う明瞭なまがいもない確信を感じたのである。「扨《さて》、是等の事に関して貴方はどう云われるだろうか」と句を結んだ時エマソンはこう私に尋ねた。「私は結局それに就て貴方にお答えする事が出来ません。然し今迄よりも一層私自身の主義を遵奉しそれを実現しようとする決心を感じています」と私は正直に応えた。かくて吾々はアメリカン・ハウスに行って快い食事をとった。その時以来私は決して疑念に動かされ又近づかれる事がなかった。（私は玆に二、三度嘗てかかる事があった事を表白したい）」。

美しく大きな会話である感じが切に心に迫ってくる。吾々は二人の不動の姿をまともに見る感じがある。ホイットマンは後その折の事を回顧して、「自分には彼の教えは温く又浄い。それは兄が弟に対する個人の情愛があった」と書いた。吾々の前には今美しい三つの真理がある。深い教えと、勇敢な反抗とそれに楽しげな友愛である。二人の友は永遠に二つの霊であるが、然も一つの心に楽むのである。互を解し得、互を讃美し得、然も互に

『草の葉』第二版背及び前表紙　ホイットマンが1856年に出した『草の葉』第二版の背及び前表紙の写真である。色とか大きさとか頁数とかに就いての委細は本号所載私の記事を参照されたい。此本は初版と同じ様に全く稀覯書に属した。それに保存のいいのが大変に少ない。幸い良い一冊を見つけ昨年私が持ち帰ったものから此写真をとった。ホイットマンの本を愛する者にとって忘れ難い版本の一つである。何と云っても背に金文字でエマスンからの私信の一節を刷った事が此本を問題にした。エマスンがカライルに贈ったのも此版である。ソローがホイットマンに感心し始めたのもこの版からである。当時はPuritan の思想で固まっていた時代であるから、此詩集が汚ない事を汚ない言葉で歌ったものと片附けられて了ったのも無理はない。ホイットマンの眼目がやはり宗教の世界にあったことはどうしても通じなかった。只エマスンの様な人だけが之を見ぬいたに過ぎなかった（柳宗悦「ホイットマン研究入門」より）。

犯される事なく、互の使命を果し得た彼等二人にこそ今米国の名誉は集るのである。

此美しい邂逅《かいこう》があって以来境遇は暫くの間彼等を近づけずに了った。ホイットマンは内乱の為に傷ついた人々を看護する為に久しい間家を離れた。続いてカムデンに彼の長い居を定めた。然しエマソンは彼の為に病院への醵金《きょきん》を集め又職を勧める為に自ら紹介の労をとった。一八八一年九月詩人はコンコルドに今は七十八歳のエマソンを訪ねた。如何にいつもの如く浄く美しいエマソンの顔が、深い印象をホイットマンに与えたかは彼の日記が語っている。彼は此当時の訪問を「光栄ある出来事」であったと書いた。次の年一八八二年五月六日エマソンの墓の前に佇む迄彼等は尽きない此世での友情を交した。彼が友に書き送って「自分は何人よりも、よりよくエマソンを知っている」と書いたのは事実であった。丁度エマソンが『草の葉』の価に就て何人よりも深く又何人よりもいち早く知って居た様に。

(エマソンとホイットマンの事を知ろうとする人は此の興味深い記録を読むべきであろう。第一はホイットマン自身の書いたSpecimen Daysに散在するエマソンに就ての回顧である。次にはKennedyの貴重な記録である。(同書七十一頁以降)。近くはCarpenterが彼の「ホイットマン」の終りの一章である。もとより凡てのホイットマンの伝記者も彼等の交情に就て書かないわけにはゆかないでいる)。(四月二十一日)

宗教哲学の再建

「カイザルのものはカイザルに、
神のものは神に納めよ」。

共観福音書に記された此言葉《この》を以て、私は此一篇を書き起そう。既に幾度となく言い古された言葉ではあるが、なぜ私が再びそれを引用するかに就ては、此篇を終る頃読者の点頭を得るであろう。私はそこに言い現わされた主旨を新しく宗教哲学の上にも活かしたいのである。なぜなら私にとっては、神の所有であるべき此学問が、誤った勢いの為に、現代ではカイザルの手に納められているからである。

宗教哲学は今危期にあると私は想う。なぜなら今そこには人間の不当な権利が躊躇なく主張されているからである。そうして聖なる権威が見失われようとしている。その失われているものの栄誉の為に、宗教哲学は古い塵を掃って、新しく再建せられねばならぬ。

一

神に就ての何等かの思想が可能である為には、そこに必ず究竟的基礎があらねばならぬ。相対的根拠は無上なものを支える力とはならぬ。神は究竟者 The Ultimate である。究竟でないならば神であるとするいわれを持たぬ。神的と云う時には之に究竟的内容が含まれている。或《ある》ことが宗教的と云われるのは何かそこに無上な根柢があらねばならぬ。宗教性とは究竟性との謂である。故《ゆえ》に究竟性の問題は、宗教哲学に於ける最も本質的な問題である。否、究竟性の問題を離れるならば残る宗教哲学上の問題はあらぬ。

併《しか》し相対の世界も宗教哲学に於ける重要な問題であると云うかもしれぬ。併しそれが宗教的問題となる為には、やはり宗教の相に於て解する相対界と云う意味を持たねばならぬ。例えば生滅する此相対の自然を考えてみよう。私達はそれを科学的に見る時と、宗教的に見る時とを明確に区別しなければならぬ。前者は単に事実として自然を取扱うのである。後者はその意味や実在の問題に触れるのである。宗教的問題となる為には、それが神と如何なる関係にあるかと云う事を考えねばならぬ。言い換えれば自然の存在の究竟的根拠が当面の問題である。かかる根拠を見失うなら、残る自然の宗教的問題はあらぬ。純にそれが相対的問題のみであるなら私達は科学に凡《すべ》てを任せねばならぬ。

例えば又宗教哲学上の重要な問題として罪の問題を挙げてみよう。或人は罪は究竟の問題と関わりがないと云うかもしれぬ。進んで究竟とは縁なき故の罪であるとさえ考えるかもしれぬ。併し私達は神とか完全とか云う事を離れて満足に罪の問題を解決し得るであろうか。完全とは縁なき故の罪であると云う事を主張するかもしれぬが、併しかく云い得るのも、完全と云う事を想うから可能となるのである。一としての究竟を離れる二の行いを罪と呼ぶのであろう。罪を宗教の問題とする時、究竟の世界をその理解から取り除く事は出来ぬ。究竟と係わる事によってのみ宗教の問題は成立する。丁度一切の科学的現象が相対性原理の上に依存する様に、一切の宗教的問題は究竟性原理に基礎をおくのである。この原理を離れては凡ての理解は不純に終る。

併し究竟性とは何を意味せねばならぬか。宗教哲学は之を吟味せねばならぬ。併し私達は此問いそれ自身が正しい問いであるかを最初に考えねばならぬ。「何であるか」を尋ねるより前に、果して吾々は究竟なものを吾々の問いの対象としていいのかを省みねばならぬ。嘗《かつ》てデカルトは凡てを疑う事によって、基礎的な出発を得ようと欲した。又凡てを疑うべきであり、疑い得るものとして彼の思索を進めた。即ち一切は彼にとって疑いの対象であり、凡ては「何であるか」と尋ねられねばならぬ。併し一切が思惟の対象であるとする彼の予想に少しの誤りもないであろうか。私は只一事に於てそれは只一つではあるが、此予想に許し難い僭越があるのを感じている。それは疑いの対象に、「究竟なもの」をも入れると云う一事である。

対象となり得る一切のものは相対界を出る事が出来ぬ。思う事と思わるる事との二によって思惟は成立する。而《しか》も思惟それ自身も、二元的性質を出る事が出来ぬ。思惟とは分別である。分つ事なくして思惟する事は出来ぬ。思惟の世界は相対である。吾々はその限界に就て忘れるところがあってはならぬ。プロティヌスが云った様に究竟なものは「一」であるが故に、それを対象とする時、人は「一」を二に降す矛盾を犯さねばならぬ。而も分《ふん》別《べつ》によって判く時、人は「一」を二に分つと云う撞着に陥らねばならぬ。判《さば》き得る究竟は何処にもなく、判かれつつある究竟は究竟ではあらぬ。

宗教的と云われるものの凡てに究竟性が働くなら、それは思惟を越える何ものかを常に含むと考えねばならぬ。併し今日の宗教哲学を省る時、殆ど此事は見逃されている様に見える。何故なら人は全く彼の思惟によって宗教哲学を建設しようとしているからである。否、思惟の本質に依存すればする程、その学は確実さを加えると考えられる。現在の宗教哲学が思惟の学である認識論を根柢としている事は事実である。宗教的真理の問題が、宗教哲学の主要な問題である事は屢々論述された。併しどこ迄思惟への信頼は確実であろうか。又思惟の道が正しき宗教の理解へ吾々を案内してくれるであろうか。

人は彼の思惟を以て、躇いなく神の世界を判いている。併し宗教的真理は判かるる真理であろうか。又判き得るものであろうか、更に判かねばならぬものであろうか。判いていないのであろうか。真理が宗教的と云われる為には、曩《さき》にも書いた様に、そこに何等かの究竟的基礎がなければならぬ。若《も》しないならそれは科学的真理と区別される理由を持たぬ。人は是等の二つの真理を、真理と云う名に於て同一の体系中に並在するものと解している。併し宗教の世界は「神聖」なる世界との謂であろう。神聖なるものは無上であって、比ぶべきものを左右に許さぬ。他の真理と並在し得る真理は宗教的真理ではあらぬ。宗教の相に於ける真理を解そうとするものは、思惟の審きにそれを委ねる事が出来ぬ。思惟を越えた何等かの理解がここに要求される。思惟を離れるならば学は成立せぬと人は評するかもしれぬ、だがかく速断する前にもう一度他に道がないかを深く省みねばならぬ。

知識は究竟なものの前に、その権利を主張する事が出来ぬ。主張するのは「不当な要求」である。故に思惟の法則によって宗教哲学を基礎附けようとするが如きは僭越な欲望ではないか。宗教哲学がその基礎を、論理的認識論に見出そうとするのは許し難い誤謬である。

確実なる知識に対する理解よりも、かかる知識すら尚不満足であるとする理解の方が、一層根本的であろう。かくして私達に与えられる第一の道は、思惟の力の限りなき開展にあるのではない。思惟に対する無限の否定にこそ最も本質的な道があると云わねばならぬ。併しここに否定と云う事を、不合理とか反理知とか云う意に解してはならぬ。知識にすら満足し得ない者が、知識にすら背く道に満足するいわれがない。宗教の理解は知識以下であってはならぬ。併し知識に止ってもならぬ。知識を越える為に先ず知識を空しくせねばならぬ。宗教の理解は所謂《いわゆる》Via Negativa「空観」から出発する。思惟によって、究竟なものを判く時に、究竟に関する知識が成立するのではない。判き得ないと云う事が、新しい認識の出発でなければならぬ。

併し一見するとそれは逆理の様に見える。判かずしては何等の学も成立しないと考えられるからである。実際吾々の二元的思惟から出発しては宗教の世界に関する学は成立しない。併し其《それ》は吾々の思惟のみが唯一の審判者であると考えるからである。併し判くものを他に求めたなら、新しき宗教哲学は成立するであろう。「否定道」は審判者としての吾々の僭越な位置を放棄せよと命じている。実に私達は私達の宗教哲学を、新しき他の無上な審判者の手に委ねる事によって成立せしめねばならぬ。思惟を越える事は学の瓦解にはならぬ。否、却てより確実な基礎を得る為の発足である。

二

或学が成立する為には、それが依って立つ方法が明らかにされねばならぬと云われる。方法と云う事を別の言葉で云えば立場である。今日最も進んでいると云われる宗教哲学は、即ち批判的立場を選んでいる。併し私達はもう一度考えてみなければならぬ。果して宗教哲学に於ても、或立場を採らねばならぬか。又採るべきであるかを。

判くと云う事は或見方で判くと云う事である。併し見方とか立場とか云う事はそれ自身多くの制限を受ける。第一に吾々は凡ての見方を採ると云う自由を許されていない。互に矛盾する二つの立場があるなら何れかを棄てねばならぬ。第二に立場は或立場であって、必ず他の立場の可能をも反面に予想する。換言すれば立場は一個の立場であって唯一な立場ではあらぬ。第三に選ばれた立場は、他の立場よりよき立場であると云う主張の上に発足する。併しそれは比較上の意に止って絶対である意味を持たぬ。立場に究竟的立場はあらぬ。一切の論争は実に立場の相違に起因する。否、立場がある所には必ず論争が伴わねばならぬ。哲学が論争の哲学である事を誰も知りぬいている。解決する事なき論争の無限の連続が、解決を求める為に起る出来事である。

併し此哲学的苦悩から離脱し得る哲学は不可能であろうか。吾々は永えに此循環から遁《のが》れる事は出来ないであろうか。何故私達は立場を守らねばならないのであるか。人は矛盾する二つ以上の立場を同時にとる自由は許されていないと云う。併し凡ての立場を放棄して了《しま》う自由は与えられているではないか。進んで立場を棄てずしては究竟を解する事が出来ぬと云い得ないであろうか。人は立場を選び、選ばねば学は成立しないと云う。併し立場を選ぶ事よりほか吾々には道がないであろうか。私は究竟な世界の問題に来る時、よりよき立場すら何等の意味もない事を考えざるを得ないのである。私は私の宗教哲学を建設するに当って、凡ての立場を放棄する自由を選ぼうと思うのである。

併し人は笑うであろう。立場なき学は成立しない、否、それは立場を選ばないと云う一つの新しい立場ではないかと。私はこう云う誤解を避ける為に次の様に弁明しよう。ここに立場を棄てると云う事は、単に立場を否定する意ではない、況《いわ》んや立場に背く意では決してない。立場にすら満足し得ない時、立場を持たず立場に反するものを愛するいわれがない。越えねばならないのは立場にまつわる二元的性質である。之は凡ての立場の放棄を求める、言い換えれば之のみが唯一の立場に至る道である。一個の世界を越えると云う事は、唯一な世界に入る謂である。凡ての立場を放棄するとは、単なる立場の否定ではなく、唯一な立場への肯定である。

究竟とは唯一なるものとの謂である。唯一なるものを只一個の見方で解する事は出来ぬ。唯一なものへの理解は唯一なる立場に帰らねばならぬ。併し吾々の立場は一個の立場であって唯一な立場ではあらぬ。私達は私達の宗教哲学を一個の立場の上に建設してはならぬ。それを唯一な立場の上に基礎づけねばならぬ。かくしてのみ吾々は正当に神や人生や又は永生の問題を満足に解く事が出来るであろう。

併し唯一な立場とは如何なる立場であるか。それがもはや吾々の有する、又有し得る立場でない事は明らかであろう。吾々の立場は如何に優れるとも只一個の立場に過ぎぬ。それなら誰が此唯一の立場をとり得るのであるか。私は卒直に云おう、それは神のみが採り得るのであると。唯一の立場と云うが如きものがあれば、それは神のみが所有し得る立場である。神の立場に帰る事によってのみ、神に就ての知慧を学び得るのである。吾々の一個の立場で神を判く時に、神が認識されるのではない。又吾々の立場による理解によって、宗教哲学が基礎附けを得るのではない。人知が神を保証する時に、宗教哲学が成り立つのではない。神の知慧に保証される時に、宗教哲学は不動の基礎を得るのである。神に帰らない間、知り得る神はない。神を通さずしては見得る神の姿はない。

かかる意味に於て宗教哲学は「聖なる哲学」と云われねばならぬ。宗教哲学は人間の思惟の所有であってはならない。神の有に帰る時、此哲学は正しく構成されるのである。カイザルのものはカイザルに返すべきであり、神のものは神に納めねばならぬ。来るべき宗教哲学は神のものであらねばならぬ。人は長い間、自からの知慧に於て神を知ろうとする不敬を犯している。併し人の知によって知り得る神はなく、知らるる神は神ではあらぬ。ポーロは美しく云う、「世は己の知慧をもて神を知らず、これ神の智慧に適えるなり」と(コリント前一ノ二一)。吾々は吾々の知識によって神を知る事は出来ぬ。知る事は出来ぬとすら云う事が出来ぬ。

三

併しかかる考えは学的に見て許し難い独断を含むと評されるかもしれぬ。神の立場に帰って神を見ると云うが如きは、結論を前提に於て予想する無批判的な考想であると難じられるであろう。而も亦《また》カントの「物如」の考えに加えられた批評と同じ様に、神を許す前に既に神と云う思惟が働いていると評されるであろう。神を許しておいてそれによって神を知ろうとするが如きは矛盾であり背反であり独断であると。私は是等の二つの重要な質問に対して次の様に答え得るであろう。

私は実に一切の独断を去りたいが為にこそ神に帰るのである。神に帰ると云う事は或前提に依る意味では決してない。前提として考えられている神と云うが如きは、もともと吾々の思惟が画く神たるに過ぎぬ。前提たる神は神ではあらぬ。それは或思想によって画かれた局限せられた内容に過ぎぬ。凡て前提を越えずしては神に帰る事は出来ぬ。最初から神を許すのは独断であると云うけれども、独断的に許す神と云うが如きものは神の何ものでもあらぬ。私が神と云う時、それに或性質を許しているのではない。性質は凡て吾々の思惟が画く性質であって神の性質ではない。若し神と云う事が一つの前提であり且つそこに或性質を予想しているなら、それは云う迄もなく独断である。併しかく考えるのは吾々の思考がそこに働くからであって、思惟なく立場なき世界に帰るなら、前提として考えられる神はあらぬ。神にしかじかの属性はあらぬ。

第二に神と云う時、既に神と云う何等かの思惟が働いていると考えられる。併し曩《さき》にも書いた様に思惟される凡てのものは対象の世界に在る。併し対象化される凡てのものは、相対界に在ると云う意味を伴うではないか。故に思惟さるる神は、相対化された神に過ぎぬ。相対的神は究竟な神ではあらぬ。故に思惟さるる神はなく、思惟されている神は神ではあらぬ。神を思惟していると云う時、人は神ならざるものを思惟している矛盾に陥っている。私が神と云う時それは思惟された神を指すのではない。否、思惟し得る神はない。故に神と云うもそれは思惟の言葉ではあり得ない。実に神を思惟すると云う事それ自身が矛盾である。神と云う時思惟が働いているなら、かかるものを最初から神と認めてはならぬ。

今日の宗教哲学は宗教的真理の基礎を先験性に求める。A priori の念は特に批判哲学に於ける金科玉条である。併し私は宗教の問題に来る時、幾許の力がそれにあるかを甚だ疑う。経験に先後を別ける如きは、分別《ふんべつ》する思惟の性質から必然に導かれるまでであって、経験を純粋に考える時、本来かかる区別があるであろうか。批判哲学は又経験と規範とを峻別する。併しそこに何等かの作為がないであろうか。又いつも価値と事実とを区分する。併し未分が究竟の相であろう。かかる分別は相対の問題に於ては力がある。併し「一」の境に於て幾許の意味があろう。先験性に於て宗教性を保証するが如きは、二元によって一元を基礎附けようとする如き無謀な考想ではないか。先後未発の真理を理解するのが、宗教哲学の任務であらねばならぬ。私は宗教哲学を建設する上に於て、A priori と云う様な考えに執着する事が出来ぬ。A priori と A posteriori とは人間の持つ批判である。併し神にかかる前後の二はあらぬ、二相は神を測る尺度とはならぬ。

今迄の宗教哲学者は、立場や見方を持つ事に於て何れかの学派に所属する。今日では批判主義が最も優れた立場であると考えられる。併し私は特に宗教哲学に於て、何々の主義を選ぶと云う事は、許すべからざる事であると考えている。人は何れかの主義を主張する前に、主義そのものの性質に就て、深く内省せねばならぬ。主義とは種々なる主義の一個であって唯一の主義ではあらぬ。私達は更に根本的な出発を持たねばならぬ。主義のうちに解し得る究竟はあらぬ。一個の立場を以て唯一なる世界を判く事は出来ぬ。その為に私達は先ずあらゆる主義から自由であらねばならぬ。許し得る主義があるなら、それは「唯一な主義」と云うが如きものでなければならぬ。併しかかる唯一な主義を得ようとするなら、「一個の主義」を離脱せねばならぬ。

ここに於て私が神秘主義と密接な関係に立つと云う事が知られるであろう。不注意な批評家は神秘主義の主張は、言下に一個の主義を標榜していると云うかもしれぬ。併し神秘主義とはあらゆる主義からの離脱を求める思潮へ下した批評家の言葉であって、それは主義の主張ではあらぬ。主義と云う言葉を用いるなら、それは「唯一な主義」に立とうとする意味がある。神秘主義は、一個の主義ではあらぬ。主義であるなら、それは既に神秘の道から離れる。禅家は禅宗と云う字を悦ばない。禅の真意に於て宗派はないからである。究竟の深さは思惟によっては測り得ないが故に、それは思惟にとって永えに匿《かく》された不思議である。人はかかるものを神秘 mystery と名づける。語源を溯れば眼を閉じ口を被う意である。見えず又語り得ぬ無上なものを指すのである。「人の智慧」に於て、即ち思惟に於て神を語る事は出来ぬ。只神秘に於てのみ神を語る事が許されている。ポーロは巧みに告げた。「我等は智慧を語る。されどそは此世の智慧に非ず。我等は神秘に於て神の智慧を語る」と。

理性を重んずる人にとって、神秘と云う言葉は不明とか不合理とか云う意に響くかもしれぬ。併し私は簡略にこう云い添えておこう。神秘とは暗きが故ではなく、知の挿入を許さぬ自明さを持つからである。故に神秘こそ全き理性であると云わねばならぬ。人は嘗て主義を守る事に於て、己れの主張に破り得ぬ堡塁を築こうと求めた。併しいつか人は主義の拘束を脱して自由な世界に入らねばならぬ。如何に精しく又正しいとも、私は宗教哲学を批判主義に止める事が出来ぬ。

四

吾々は神を経由せねば、神に就て何事をも知る事は出来ぬ。吾々を経由する時に、神に関する吾々の正しき認識があるのではない。真に正しき究竟の認識は、神が神自からに加える意識の裡にあらねばならぬ。美しくプロティヌスが譬えた様に、太陽の光を持たずしては太陽を見る事は出来ぬ(Enneades I vi. 9)。「神及び美を見んと志す者は、先ず自からを神の如く又美しきものになさねばならぬ」(Ditto)と彼は書き添えた。神に自らの思想を浄める時に、浄められた思想に神が現われるのである。吾々は吾々の眼に於て神を見る事は出来ぬ。神を見得るのは神の眼である。私はアラビアの詩人であったイブン Ibn al-Arabi が次の様に歌った句に、尽きない味いを感じている。

'When my Beloved appears,
With what eye do I see Him?
With His eye, not with mine,
For none sees Him except Himself'

「吾が恋人たる神が、吾が前に現われる時、如何なる眼で彼を見るのであろうか。それは私のではなく、彼の眼で彼を見るのである。何故なら彼のほかに彼を見得る者はないからである」。

併し或人は詰るかも知れぬ。神を以て神を見ると云う事は、神に関する何等の解明にもならぬ。それは依然として、神と云う仮定を最初から許す独断に過ぎぬ。少くとも宗教に関する学は、かかる仮定を先ず以て許す事が出来ぬ。吾々は未だ知らざるが故に神を探求するのであって、知られているが故に神を説くのではない。若し知られているなら何故それが知られているかをこそ探らねばならぬ。神を許しておいて、神を語ると云うが如きは真理を求めるものの態度であってはならぬと。

誰でもそう思う。併し神の事に関してはもう一度深く顧みてみなければならぬ。神を通してと云う事は、仮定せられた神と云う意では決してあらぬ。否、何等かの思想に於て仮定せられているなら、それはもともと神ではあらぬ。神と云う時、人は常に或る思想の内に神を画く。併し或思想に定限せられる神はあらぬ、思想に於て仮定せらるる神と云うが如きは最初から何等純粋なる意味を持たぬ。神を通して神を見ると云う事は、無仮定より発すると云う意味である。神は仮定ではなくして、一切の仮定を絶するものが神であると見ねばならぬ。神を通してと云う事は、或仮定を通してと云う意では決してあらぬ。却て何ものををも通さぬと云う事を裏書する。神と云う字が学的でないなら、又神と云う字に独断的意味が伴うなら、それを「無」と云う字に書き更えてもらえばいい。神を通してとは、無を通してと云う意味である。無を通してものを見る事が、究竟の姿を見る所以である。少しく東洋の思想に親しみある人は「無」と云う字に躓かないであろう。併し或人は此真意をも見誤るかもしれぬ。神は「無」ではないと声高に云うかもしれぬ。併し私達はもうそう云う粗雑な批評に拘る事なく、その真意を了得しておらねばならぬ。有に対する無、実に対する虚と云うが如き事を考えてはならぬ。「無」を虚無であるとか無意味であるとか評する如きは、「虚無」とか「無意味」とか云う「或もの」を考えているのであって、かかる性質があるならば、それはもともと「無」ではあらぬ。

真に本質的な学は無仮定であらねばならぬ。今日まで、此無仮定を標榜してあらゆる学の基礎学と云われているのは、認識論である。凡ての学は真理を求める。併しそれよりも前に真理そのものが何であるかを知らねばならぬ。認識論はかかる問いに答える。それ故認識論はあらゆる学の基礎学である。基礎学であるなら、或前提の上に立ってはならぬ。無仮定であると云う事がその学の力強い根拠である。併し今日の認識論は真に無仮定となり切ってはいない。此弱点に対するリッケルトの弁明は巧みである。

「認識論は既に屢々《しばしば》唱えられた如く、仮定せられたる前提の上に立つ科学とは異り、「無仮定」でなければならぬ。但し玆《ここ》に所謂無仮定とは絶対的に仮定のないと云う意味ではない。無を以て発足しようとする思惟は永久に進行する事の出来ないのは明かである。ただ認識論は、出来るだけ其の前提を制限すると云う意味に於ての無仮定でなければならない。」（「認識の対象」、中川氏訳第十一～二頁及三七六～七頁参照）

即ち認識論は、真に無仮定ではなく、能う限り局限した前提を許している。その前提とは云う迄もなく「思惟すること」である。デカルトが嘗て主張した様に、思うとか疑うとか云う事は、疑うとも疑いようのない事である。何となればそれを疑う時、やはり疑いと云う事が残るからである。もとより思惟の学としての認識論が、この仮定ばかりは許さねばならぬとするのは、必然な結果であると云わねばならぬ。併し私はリッケルトの此弁明に一つの見逃す事の出来ぬ弱点があると考えている。彼によれば真に無仮定な学は否定される。それはあり得べからざる学であると云われる。彼の言葉によれば「無を以て発足しようとする思惟は、永久に進行する事が出来ない」からである。

併し彼が茲に云う「無」とは何であるか。彼は果して無を純粋な意味に解しているであろうか。彼の云う無には最初から許すべからざる独断が入ってはいないであろうか。それは考えられた無ではないだろうか。近代の殆ど西洋の思想家は、無を有の否定であると解している。有に非るものが無であると考えている。彼等にとって有無は対辞に過ぎない。併し対辞である故に、かかる無は相対的無に過ぎない。「何ものもない」と云う事を「無」の性質として画く時、実に「何ものもない」と云う一つの性質が有る事を許しているのである。併しかかる無の思想はそれ自身許すべからざる独断ではないか。「何ものも進行しない」と云うが如き無は、もともと無ではあらぬ。若しもかかる不純な理解を去ってエックハルトが云った「無」であるとか、龍樹が解した「空」であるとか云う真意に来るなら、吾々の思想はここに根本的な一変化を受けるであろう。「創られず創らぬ」神性を解する事によってのみ、創る神を解する事が出来ると云ったエリゲナの理解の深さを想う。老子が「無名は天地の始」であると云った事に、真に正しい哲理が含まれていると私は思う。無は何ものをも発足しないのではない。無こそ一切の発足であると考えねばならぬ。無仮定に一切の学の基礎を求めねばならぬ。宗教哲学を思う時、私は前提に立つ今日の認識論に満足することが出来ぬ。認識の意味は今後拡大されねばならぬ。否、拡大と云うよりも、もう一歩深さを加えねばならぬ。来るべき宗教哲学は無仮定の上に立たねばならぬ。無の正しき認識によって一切は開展せられるであろう。神を理解しようと思う者は無を理解せねばならぬ。無を理解する為には、真に無仮定であらねばならぬ。宗教哲学は無仮定に基礎づけられる事にその意義を見出さねばならぬ。或仮定に立って見得る全き神の姿はあらぬ。

今日の認識論は所謂「循環論証」によって、思惟の可能を許している。併し思惟が何であるかは、同一な循環範囲を越えたより深い見地から、もう一度吟味されねばならぬ。思惟によって思惟を思惟するなら同一の結果が反復する。併し思惟する事が認識の凡てであると誰が定めたのであるか、知解が理解の一切であるとどうして云い得るのであるか。論理性が唯一の合理性であると如何して云い得るのであるか。思惟の作用よりも、思惟の能力に関する理解の方が、一層思惟に対する本質的理解を与える。知識が吾々の凡ての世界ではない。又それが最も基礎的な世界ではない。思惟能力の限界に関するカントの理解は、彼の思惟作用に関する学説よりも、一層深刻である。吾々は限界ある思惟によって、無限なる神に関する学を成立さす事が出来ぬ。

五

神は神を通じて理解せられねばならぬ。併しここに神とは前提ではあらぬ。或思想に於て前提せられる神は神ではあらぬ。前提なき境にこそ神が在るのである。古人の言葉を借りれば「無住処」が神の住処である。ベーメの所謂「万有未住」Keine Creatur wohnet の境である。もとより玆に云う「無」と云う事を有に対しての無と考えてはならぬ。又「未」と云う事を前後をもつ時間の出来事と考えてはならぬ。無前提とは前提を許さぬ謂であって、単に前提を持たぬと云う意ではあらぬ。

併し或人は重ねてこう思うであろう。神を通して神を見ると云う事は、丁度色硝子を通して自然を見るのと等しい。或人の色は緑であり或人の色は赤である。而も最初から定められた色であるから、彼が見る自然も最初から定められて了うに過ぎぬ。神を通して神を見ると云う事は神の何ものをも見ないのと等しいと。

併し批評家にもう一度考えてもらおう。神と云う時人はそこに属性を画いてはならぬ。彩どられた神と云うが如きものは神ではあらぬ。それは人の知を通して考えられた神に過ぎぬ。知を越えるなら何処に彩どられた神があろう。神と云う彩どりは私達の画く神にあるのであって、神が神自からを画く彩どりではあらぬ。丁度科学者が、ユークリッドの幾何学的世界のほかに、非ユークリッドの世界をもう一つ考えた様に、宗教哲学者は人を通して見た神（前提せられた神）のほかに、神を通して見る神（前提を許さぬ神）を認めねばならぬ。私達の画く神には色があろう。併し神自身にかかる色はあらぬ。色附けられた神は既に神ではあらぬ。神に色彩はあらぬ。云い得べくば神は透明である。神を通して見るとは、透明なものを通して見るのである。之ほど独断なき神への見方はないではないか。

澄み切った秋の空気を通す時、自然が鮮かにま近くに見えるのと同じである。神を囲む色硝子はあらぬ。神に帰るとは透明な世界に入る謂である。「自然論」に書かれたエマソンの次の句を意味深く想う。

'I become a transparent eyeball; I am nothing; I see all; the currents of the universal Being circulate through me; I am part or parcel of God.'

「私は透明な眼球となる。私は無となる、かくして私は一切を見る。普遍的実在の流れが私を貫いている。私は神の一部分であり一分子である。」

ブレークの神秘な次の句にも尽きない味いがある。

'And leads you to believe a lie
When you see with, not thro', the eye.'

ここにwithとは人の眼を以て、或は眼に依ってと云う意である。thro'＝throughは眼を透《とう》してと云う意であって、透明な世界を暗示する。前者による者は欺かれ、後者による時は信の世界に入る。他の個所で詩人はこうも書いた、「私は肉眼と云うものを、外を見る窓の如きもの以上には考えていない。私はそれを通して見るのであって、それを以て見るのではない」。眼と云う字の代りに思惟と云う字を之に置き換えればいい。人は思惟を以て神を見てはならない。否、見得ると思うならば欺かれるであろう。私達は思惟を動かし得ない固体とする。併し私達はそれを透明な無に戻さねばならぬ。思惟こそ一つの彩どられた硝子である。思惟による時神は彩られて見える。併し神は或る色に限らるる神ではあらぬ。透明な世界に来ずしては、現わるる神の顔はあらぬ。透明な道を求めるなら、吾々は無の境に帰らねばならぬ。無に帰ると云う事が神に帰る謂である。無仮定が宗教哲学の出発であらねばならぬ。

六

神の問題は思惟の保証に依存しない。精確な人知によって神の存在や性質を闡明《せんめい》する事に宗教哲学の任務があるのではない。かかる事は思惟の不当な要求に過ぎぬ。長い間人は已れの知識によって、究竟な世界を審こうと求めた。併し吾々はかかる僭越な権利を神の前に主張する事は出来ぬ。審判の座にあるべきものは常に神彼自身であらねばならぬ。神に保証せられた真理をこそ宗教的真理と云わねばならぬ。宗教を哲学で基礎附ける事が宗教哲学ではなく、宗教に基礎附けられた哲学を宗教哲学と云わねばならぬ。究竟の相に於て解される真理を宗教的真理と云うのである。相対的な思惟によって保証される宗教的真理は何処にもあらぬ。神の事は神のみが保証し得るのである。吾々は宗教哲学の直接な根柢を神に見出さねばならぬ。神の上に築かれる学を宗教哲学と云うのである。宗教的真理は人知の後にあるのではない。神自身がそれを保証する事によって、吾々は之に人知を挿む時間を持たぬ。宗教の世界は証明せらるる世界ではあらぬ。自証の世界が宗教の世界である。

人は自からの観念の中に神を持つ事は出来ぬ。却て神の観念の中に自らを見出さねばならぬ。全き神の観念は人が所持し得べきものではあらぬ。神のみが神の観念を意識し得るのである。プロティヌスが云った様に「唯一から唯一への飛躍」にのみ宗教の世界がある。

私は以上の考えを下の様に約言しよう。宗教哲学を知の権利の主張の上に築いてはならぬ。知の挿入を許さぬ神そのものの上に建てねばならぬ。(一九二二・一二・三)

※それ故私が神を想うと云う事が意味を持ち来すなら、それは神が私の中に神を想うのであると解さねばならぬ。更に又私が神の中に在って神が神を語る声を聞くのであると解さねばならぬ。神から離れて私は神を想う事は出来ぬ。

考えると云う事を出発として神を判くべきではなく、考えるを許さぬ神そのものから出発せねばならぬ。考えられたる神と、神自体とは区別されねばならぬ。宗教哲学は考えられたる神を説くべきが任務ではなく、神自体に帰る事によって神自体を明らかにすべきがその本務である。吾々の思惟によって神を判くべきではなく神の中に吾々の思（脱字）を見出さねばならぬ。神を吾々が見るべきである、神に吾々を見るべきである。

バーナード・リーチへの手紙

一九一五年十一月八日　千葉県我孫子

親愛なるリーチ

寂しげな雨が毎日この静かな片田舎に降り注ぎ、万物を空想的なものにしています。よく貴兄のことが彷彿《ほうふつ》と思いだされます。貴兄との楽しかった想い出が急にわいてきて、僕の研究や散策が何度中断されたことでしょう。——恐らく貴兄の日本の友人達の誰もがこのような心なごむ追憶にとらわれているに違いありません。——静かだと精神がより活発になるのではないでしょうか。我々東洋人が孤独の精神を楽しむのは、その中で愛を享受するからです。

親愛なるリーチ、その後いかがおすごしですか。有島が先頃、北京の貴兄を訪ねたそうで、僕は彼に会える日を楽しみにしています。亀ちゃんの手紙からは、貴兄の様子が少ししか伝わってきません。人間というのは、途端に友が欲しくなるものなのです。貴兄の近況を知りたいし、貴兄の仕事も拝見したい。それに僕の方の生活や仕事の話も聞いてほしいのです。となったら、貴兄の手紙を所望する前にまず僕自身のことから書き始めなくてはなりませんね。

幸いなことに健康も回復し、心機一転新しい仕事に着手いたしました。このことについて何よりも先にお話ししたいのです。

すでに御承知の通り、僕は一つには僕自身の性格から、また一つにはブレークの研究からキリスト教神秘主義に深い興味を抱くようになりました。僕はあまりにも長い間、この世の二元性の問題に取組み、精神と肉体、天国と地獄、神と人間といった甚だしい分離の状況に悩んできました。これらの二元性からいかに逃れるか、或いは解放されるか、いかにそれらを融合し、または秩序づけるか。この模索に僕は知的及び感情的欲求にかられて弛みない努力を重ねてきたのです。そういう時にブレークに出会いました。その結果は、この風変わりで偉大な世界的天才に関して、苦労しながらも楽しく書いた僕の著書に述べてあります。その時僕は新たな出発点に立ったのであり、僕はより深淵な解答を神秘主義の花の咲き誇るキリスト教界に求めたのです。古代から中世をへてベルグソンに至るまでの宗教哲学をじっくり研究しました。僕は確実に何かをつかんだのですが、それでもやはり神は教えにある通り天上におわし、我々は神を激しく慕いながらも下界にいるのでした。キリスト教は神と人の合一を説きますが、やはりどこか不自然なところがあります。彼らが奉じるのは一神論であり、それ故にこそ汎神論を否定します。だがここで改めて「一」

と「多」が相克し、我々は再び二元論に陥らざるをえません。彼らの態度は「一つか多数か」であって「一つの中の多数」でも「多数の中の一つ」でもないのです。それは二元論の単なる拒絶にすぎず、解放ではありません。いかにして一元論は可能か、いやむしろ、いかにして二元論の中に一元論をみいだしうるか、というのが僕の知的緊急課題でした。〝すべては物質か〟（一元的唯物論）否！　〝すべては精神か〟（一元的唯心論）否！　では〝物質と精神は一つの実体の二つの局面か〟（実体的一元論——ヘーゲルとスピノザ）やはり否！　そうであるためには実体はあまりにも超越的でかつ概念的だからです。では、〝物質は精神と等しいか〟（同一的一元論——マッハとアヴェナリウス）未だ不適当！　なぜか。それは二元性の単なる否定であって解放ではないからです。すなわち、二元論は消滅するかもしれないが、一元論も不可能になってしまうのです。何故なら多様性のない所に合一はない。されば！　二元論の中にこそ合一は存在するのです。二人の人間の出会う所、愛があるはずに違いないのです。

神秘主義という言葉で僕は真実との直接的合一——すなわち帰一の存在との直接的親交を主張する宗教的気質を意味しています。神秘主義者の中に、人間がこのような経験をしたという驚くべき例証をみることができます。もっとも、時として彼らの理念が偏狭な場合もあります。しかし大概は、キリスト教神秘主義によって、我々は、自己と神との直接的合一をめざす気質なるものを理解します。神とは一般的に超越神のことで、思うにこれが人間にとって一番不利な概念なのです。天国と極楽はこの神の理念に通じる同一の超越的意味をもっています。当然、この超越性とは独立性に他ならず、彼らは、神が人間とは別個の存在であり、神自身のイメージに似せてこの世を創ったと言います。「天地創造」という概念は、「創造者」と「被創造者」という概念を暗示しており、ここでもまたはっきりと二者に分かたれております。故に、神という概念は不幸にもそれ自身が二元性を孕《はら》んでいるのです。しかし、神の宇宙における内在性をぬきにして超越性は可能でしょうか。これがまさしく問題です。僕が目のあたりにしている世界は、神の創造物でも投影図でもなく、神自身の顕示であり、表現なのです。発展すなわち内展であります。神は世界と別個のものではなく、まさにこの世界におわすに違いない。では何故、神は帰一神であるだけでなく、汎神的であると言えないのか。種々の疑問に対してこのような結論に達した時、僕は幸運にも禅に出会ったのでした。これは火に油を注いだも同然です。東洋の精神をこれほど力強く新鮮に感じたことはありません。僕は日本に生まれたことを感謝いたしました。禅を東洋の神秘主義と称してもよいと思いますが、それは自己の中の真実を、また物の中の自己を明らかに把握しているものです。それは知的探求と、究極的な深い直観力をもって達成されうるものであり、彼らは自己の内なる真実をより深く、もっと更に更に深く探ろうとします。遥か遠く離れた天国におわす神を慕う代わりに、真実の泉が迸《ほとばし》る究極の根元まで自己を深く掘り下げてゆくのです。(神の遍在という概念は東洋の宗教において大きく発達しました。従って汎神論的色彩が濃く、このような傾向は西洋の宗教では比較的希薄です）。禅とは二元性から最後には解放されること、まさに自然界の主根を把握することに他なりません。人間の原始の姿（自然な人間）に戻ることこそ、禅の熱烈な主張なのです。禅は徹底した自然主義です。ここで自然という言葉で僕が言おうとしているのは、自然界の現象ではなく、その土台をなしている根本的な自然のことです。このような原始の自然は神の意志ということもできます。我々の意志をその真実の意志に合致させたい、というのが我々の心の叫びです。これは単なる神格化ではありません。我々はこの意志の顕示として生きねばならない。

禅の語源上の意味は「静慮《じょうりょ》」であり、それは自然の平和と統一の状態を示します。僕はキリスト教神秘主義に「愛とは何か」を教わり、東洋の神秘主義から「帰一とは何か」を教わりました。そしてこの「帰一とは何か」という思想のもっとも優れた形の一つを示しているのが、めざましい発達を遂げた禅の象徴主義なのです。御承知の通り、殆どすべての神秘主義は究極的な合一に達するために否定道《ヴィア・ネガティヴァ》を用いています。禁欲主義、涅槃《ねはん》、自己滅却等の修行や、無、無量、無限、絶対、神の沈黙などの言葉は神秘主義者達と切っても切れない方法、用語となっています。神秘主義者とは語源的には「口を閉ざす者」という意味であり、つまり、神秘主義の奥義は言葉では表現しえない、言語を超絶した所にある、ということなのです。禅にも似たような語句「不言の教」があります。だから人は言葉にならない何かを表現したいと思う時は、無限、無名、などの否定的な形容詞を用いるようになるのです。しかしそのような否定法では不十分なので、禅家たちは肯定語句——すなわち象徴的表現をとります。勿論、象徴主義はキリスト教神秘主義においてさえもよく展開されていますが、最も深く究められたその奥義は禅の文献の中にみいだされるのです。僕にとってこれは本当に興味深い発見でした。

有名な禅家たちは、人間の声を自分のうちに聞くばかりでなく、樹木や小川、いや一つの動作、一つの色彩のうちにさえ聞きとります。森羅万象は自己の象徴であり、自己はさらにそれ以上のものなのです。

僕は禅の組織だった研究に着手いたしました。その奥義があまり深いので、実に大変な仕事です。が、ひとたび鍵を発見すれば、門は開かれるでしょう。

神秘主義とは決して難解な哲学のことではありません。太古の自然状態に戻ること、この宇宙の意味を把捉し尽すことは、神秘主義の支配的な特性です。説明など必要ない位、明らかになるのです。それは聖なる沈黙に他ならない。だからこそ我々は口を閉ざすのです。

神秘主義は一つの学派につけられた名前ではありません。残念ながらこの言葉の語尾には三つの文字 ism がついていますが、正確には、宗派とは無関係です。学派、宗派、主義主張から悲劇的な離反が始まるのです。神秘主義とは、いろいろな宗教の精髄に他ならず、神秘主義の前にはいかなる宗派もありません。真の禅もまた宗派ではなく、派を忌み嫌います。僕が最近知るようになったクエーカー主義は〝主義〟かもしれませんが、あらゆる主義に対立する主義です。人間は世界中どこでも人間であり、その根本的性格は同一でなければなりません。二足す二は普遍的に四であるように、我々の神秘的本質も普遍的であるに違いないのです。神秘主義という観点を通して我々はすべての宗教を受け入れることができます。いかなる宗教もその真髄は常に神秘主義的だからです。最近僕はイスラム教神秘主義——スーフィー教を研究しています。その文学は素晴らしいの一言につきます。何人かの詩人、例えばジェラルディンやジャーミーはブレークに劣らず深淵で僕を夢中にさせました。これらの文学の研究をお勧めいたします。というのは、スーフィー教の中に、帰一と多数の思想の最も明確な発想がみいだせるからです。神秘主義のエロティシズムもまた強くみられます。

リーチ、何故僕が新しく神秘主義に取組んでいるかは、貴兄にもおわかりいただけると思います。この仕事は大変な努力と労力を要しますが、希望をもって楽しみながら続けたいと思います。今度の本は恐らく僕の前著の二倍もの量になるでしょう。この中で僕は自分の思考の複雑な流れを体系だて、僕の宗教的、哲学的かつ美学的信念の理にかない、中正だと思われるところを披露したいのです。この大仕事を三年で完成できれば上出来でしょう。

リーチ、三十歳にもなれば何か有意義なことをしなくてはいけないというものです。貴兄が禅の何たるかを十分に知らぬまま日本を離れたのはいかにも残念です。

人間のこの深い知識の流れについて、今ここで貴兄にお話しできたらどんなに喜ばしいでしょう。きっと貴兄でさえ大声で叫びだすに違いありません。

禅宗が起こったのはインドですが、中国において興隆しました。中国の禅が現在いかなる状態にあるか知りませんが、貴兄が中国の現代の禅僧から何か教えを受けることができると確信しております。またいつの日か当地にいらっしゃる時には、禅を研究なさらなくてはいけません。禅は日本文化の精華です。そしてご存知のように俳句も茶の湯もみな禅の精神から生まれたのです。

十一月十九日

今朝の便で貴兄の長い、親しみあふれるお手紙が届き、非常に嬉しく思いました。まず最初に、僕が前の手紙にうかつに記した短見をお許し願わなくてはなりません。実際、日本を出発して中国に行ってからの貴兄の思想の著しい進展ぶりには感嘆いたしました。貴兄のことでは僕も盲というわけではないのです。不自然な言いまわしをお見逃し下さい。もっとも僕からそうお願いする筋合ではありませんが。

親愛なる友よ、このような手紙を英語で書いている僕の姿をご想像下さい。考えが浮かんでもそれを表わす適当な言葉がみつかりません。外国語で微妙な事柄を表現しようとするのは恐ろしく難しいことです。まるでコートの上から痒《かゆ》い背中に手をやるような気がします。でも僕は大胆不敵にこの長文の手紙を書いております。我々は同じ人生の大道を二人して手を携え歩んでいるのだと気づくのは嬉しいことではありませんか。ヨーロッパ文明の現状が道を踏み外しているという貴兄の認識は正しいと思います。さらに傑出しているのは、「自然な人間本性の法則」を未だ人類が充分に実現していない、という貴兄の考えです。貴兄の当然の疑問、「ヴァン・ゴッホの輝かしさはつまるところ正しく、自然なものか？」この点に対する僕の立場をこれから述べますが、賛成していただけるのではと思います。

ゴッホよりもセザンヌの方を確信をもって支持するという点で貴兄と僕は一致するようですが、セザンヌについて貴兄がどうお考えかは、僕にははっきりしません。

真実、神、我々の故郷、我々のエルサレムは、この現世の生活の中で我々が戻ってゆき、そこに向かって巡礼するところですが、その故郷への道は、個人の気質（性格、内的原因）とその環境（外的原因）によってかなり異なります。明らかに、ここには我々が考えるべき二つの点があります。一つは、我々が登ろうと目指している頂きは普遍的な「一つ」のものだということ、もう一点は、その頂きに至る道程は「多数」あるということです。貴兄の藝術的な鋭い感性は、我らが健全なるセザンヌ（僕が「健全な」と言う理由は後で説明します）と頽廃的なロートレックには、それぞれ取った道は正反対だったにもかかわらず、ある遭遇点があるということを認めるに吝《やぶさ》かでないと信じています。唯一の真

1955年頃日本民藝館にて　リーチと柳の交流は生涯続いた

実に行きつく為に、親愛なるゴッホは「苦悩の道」を通り、才能豊かなビアズレーは「デカダンスの道」を、わが愛するブレークは「神秘的な幻影の道」を、わが兄弟たるホイットマンは「仲間の道」を、立派なシャヴァンヌは「理想の美の道」を辿りました。彼らは皆それぞれに人為的束縛の解脱者であり、一つなる自在の真実の表現者だったのです。ある者はそれを道徳的あがきを通じて表わし、ある者は苦痛と煩悶をもって表現しました。ある者にとっては砂と花が真実の象徴となり、いやワインや売春婦でさえも神の具現者となったのです。我々は真実が一つであること、そして世界が複数であることに感謝すべきです。

しかしここで我々はもっと微妙な問題に立ち入らなくてはなりません。この唯一の真実とは何か。それに至る道は何か。貴兄のお手紙とも直接的に関ってくるので、まず第二の問題の方をここで取上げます。

道は多岐にわたっています。しかしいずれが正しく、自然な道なのでしょうか。大雑把に言えば、二種類の道、特殊なものと普遍的なものがあると思われます。ロートレック、ヴェルレーヌ、ビアズレーは疑問の余地なく前者に属します。彼らの気質（精神的かつ肉体的性格）は特殊であり、彼らの環境（文明）もまた特殊でした。ヴァン・ゴッホ、ストリンドベリ、ニーチェもまた特異な人間でした。彼らの気性、彼らのエネルギーは甚だユニークで真似のできないものでした。ではこれらの傑出した人々の特徴は何か。彼らは偉大ではありましたが、彼らのその偉大さはすべて特殊で応用の効かないものなのです。あまりにも個人的であるために、我々の理想や原理とはなりえません。デカダンスも苦悩も我々の理想とするものではありえないし、そうあってはならないのです。悲しむべきは哀れなる模倣者です。忌むべきは似せロートレック！（ワイルド――彼は小ヴェルレーヌだったのです！）これら特殊な道を応用できないのは、それが第一には個人の天性の気質から、第二には精神文明（道徳、宗教など）及び物質文明（金銭、奢侈、機械力など）の重荷に対する反撃から生じたものだからなのです。彼らは皆勇敢な闘士であり、アンバランスな文明の高価な犠牲者でした。犠牲者や生贄を必要とする世界は間違いなく不完全で悲劇的な世界です。従ってこの闘士たちの勇気と誠意は疑うべくもないにもかかわらず、この特殊な道は不自然なのです。

十一月二十四日

まことに遺憾ながらアンバランスな現代文明は、放蕩者から片輪が生まれるように、次々と殉教者を生んでゆきます。我々はしかしながら、この世界に住んでおり、いずれかの道を歩まなくてはなりません。これまで特殊な道――脇道――に言及してきましたが、大道である主要道路のことも述べ忘れてはなりません。

この本道を普遍の道と僕は名づけます。ここで普遍とは、我々本来の自然が主張する一般理念という意味です。そして本来の、とはどのような両極端にも存在するに違いないバランスだと僕は解しています。すなわち、バランスのとれた生とは統合力のある生に他ならず、これまた自然の意志だと僕は考えるのです。（この点に関して貴兄の手紙は実に明快に思われます。貴兄のいわゆる「自然の法則」も同じ事です）。しかし不思議なのは、片や特殊の道があれほど栄えながら、大道である普遍の道は長らく忘れ去られているということです。その理由は二つあります。まず第一に、二元性におけるバランス（統合性）の理念が人々にとって明快ではなく、次に、我々の文明における人為的諸伝統が人をして過度に反撃的にしているのです。貴君のいう「正しくない」「不自然だ」等の語句は、かような状況下における不可避の産物に違いありません。僕は、この現代のアンバランスな世界で「自然さ」の意義を説く貴兄に全面的に賛成です。まさしくそれこそ今世界が強く必要とし、めざしているものに他なりません。なぜならこれが普遍の道、大道だからです。かくして、僕が何故ヴァン・ゴッホよりもセザンヌの方が好きだと述べたかが、貴兄にはもはやお判りと存じます。ゴッホがセザンヌより劣っているというつもりは決してなく、貴兄の言葉を借りれば、セザンヌは悲劇的なゴッホよりも「自然」だったという意味です。同じ理由から、僕はカーライルよりもエマーソンの方をとります。セザンヌとエマーソンの他に、誰が現代における代表的なバランスのとれた精神の持ち主といえるでしょうか。それは断然、僕の大好きな詩人ホイットマン、「大道の歌」の詩人、健全なる心のホイットマンです。レオナルド・ダヴィンチ、レンブラントもこの系統に入るかもしれません。しかし何と、我らが健全で自然なセザンヌもホイットマンも同時代人からは病的で異常な藝術家と称されていたのです。そうです、この大道、統合の道、「自然の法則」はあまり長く忘れ果てられていた為、病的で不健全なものとさえ思われるようになっていたのです。親愛なるリーチ、貴兄の考えは素晴らしく、正しく、自然だ。それでも人は「彼は異常だ、不自然だ」と言い続けるでしょう。くたばれ、批評家ども！

さてここで、この問題を更に深く掘り下げてみたいと思います。貴兄はお手紙の中でブレークとその藝術について触れておられますが、それには二、三言葉を補わねばならず、或いはこの点でわずかながら貴兄とは意見を異にするかもしれません。

貴兄は、ブレークが偉大な先覚者であり、予言者であったにもかかわらず、「現実の生活を否定し」、「物質的且精神的に調和のとれた自然な生活」は表現せず、また神秘主義者としても「四重の霊的生活の奥に自らを封じこめ」、「全体験を土台にした予言はできなかった」と述べておられます。

まず第一に、「現実の生活」とはどういう意味でお使いなのですか？　今の現実生活が完全なものだとは貴兄も考えておられますまい。彼がそれを否定したと貴兄は述べましたが、そうではないのです。彼はただ、それに満足できなかっただけです。というのも、彼は世間のうかがい知らぬ彼独自の現実生活を信奉していたからに他なりません。事実、多くの批評家がブレークを攻撃するのは、その幻視性、霊性が彼らには正常というより病的としか思えないからです。かくしてブレークは「狂人」と呼ばれたのです。しかし我々はそう不用意にブレークを批判できません。何故なら、我々の今の現実生活は未だ内展の状態（ダーウィン用語でいえば進化）にあり、通常の人間は（ブレーク流にいえば）一重の幻視者、ごく少数の人が二重の幻視者だからです。とすれば、ブレークが三重の、いやたとい四重の幻視者だったとしてどうして彼を不自然だといえましょうか。僕はブレークが現代の生活に対する提言者として大きな意味を持つと拙著の中で繰返し強調しました。というのは、ブレークは過去の時代に生きたが未来の人でもあるからです。彼の未来性を否定する人はあまりに無謀かつ盲目です。心霊現象研究学会及び数多くの宗教人、藝術家の示す膨大な量のデータは、何よりの動かし難い心理学的事実です。（マイヤーズの大著『人格と死後のその存在』は人間の心霊力の記念碑といえます）。禅やスーフィー教に於ては、そのような所謂「異常」な現象はむしろありふれた、いやもっとも自然な出来事とさえなっています。ブレークは事実未来に生きていたのであり、それ故実際の現実生活に満足できなかったのです。彼は決して現実生活を否定したのではありません。彼の四重の霊的生活は欠点ではなく勝利でした。また我らが健全なるセザンヌが二重ないし三重の幻視者でなかったと誰が言えましょうか。実際彼は可視現象の中に潜む目に見えぬ真実を見極める能力を備えていました。「彼にとっては沈黙の瓶が踊り、唖の机も笑い声を上げた」。すべての宗教的または藝術的な偉大な経験は、何らかの方法で、神秘的な幻覚によって特徴づけられているのではなかろうかと思います。そういう経験の直観的な状態というのは幻覚の一種なのです。彼らは皆ある時期は直観主義者だったのであり、ブレークは生涯直観主義者たることに徹していたのです。たとい今はそう見えなくても、いつの日にか人々が彼を健全な心を持つ自然な藝術家と呼ぶ日が来ることを僕は信じて疑いません。僕は、彼が合理主義を非難して妖怪と名づけたことを知っています。しかしこの事で彼が偏狭だ（アンバランスだ）というのは不当だと思います。彼が真に攻撃していたのは合理主義であって合理性ではなく、主知主義であって知性ではないのです。実に彼が知性より直観（インスピレーション——詩的天才）の方を重んじていたのは単に、知性とは結局は直観に行きつくものであるからにすぎません。彼は知的世界を解放したかっただけで、決して排除したのではないのです。彼自身こう述べています。「相反する事物が無くては進歩はない。理性と活力、愛と憎しみ……」。

もし彼が我々の今の現実生活からひどくかけ離れていると言えば、それは確かに正しいにしても、彼が「自然ではない」ということにはつながらないのです。(我らがホイットマンもセザンヌも共にかつては「自然でない」と誤解されました)。

僕は、神秘主義者とは真実と直接の親交を体験する人々、合一経験論者であると言いました。頂きは一つですが、そこに至る神秘主義の道は多岐にわたっています。その中で最も好まれてきたのが、禁欲主義、静寂主義、否定道です。しかしこれらは果して自然でバランスのとれた道でしょうか。僕はここに於て貴兄の人生や藝術に対する態度に完全に共鳴いたします。そしてこの問題と充分に取組みたいという僕の願いが一つの章に結晶すれば、それは何より嬉しいことです。神秘主義者達によって〝否定の否定〟の方法が肯定形の代わりに用いられてきました。僕は神秘主義の原理における活動的、積極的、肯定的な方法の可能性を示そうとしております。これが僕の批判であり、仕事の結論ともなりましょう。僕の著書の草案をお知りになりたいですか。ごく大まかですが、次のようにするつもりです。

「神秘体験の原理」

第一章　神秘主義の哲学的基盤

（この章では哲学者達に否定されてきたこの主題の成立する可能性を十分に立証するつもりです。なぜ神秘体験があらゆる経験の中で最も純粋なものなのかという問題がとり扱われます）。

第二章　神秘主義の心理学的意味

あらゆる心霊現象の実際について論じます。潜在意識、催眠状態、テレパシー、千里眼等々科学的領域

第三章　神秘主義の宗教的意義

あらゆる宗教的神秘体験の解釈、天上への階段、悟り、浄化、啓示、幻像、法悦、自己寂滅、合一、究極の愛

第四章　神秘主義の美的表現

この章では藝術体験を取上げます。擬人法、象徴主義、自然、（プラトニックな、及びエロティックな）愛、藝術の中の性、自己表出等々

第五章　神秘主義の歴史

原始的神秘主義、インドの神秘主義、ギリシアの……、キリスト教の……、中国の……、イスラム……これが一番大変な章です。

これは僕の手に余る大きなスケールであり、測り知れない困難が伴うことでしょう。しかし、これは、与えられたやり甲斐のある仕事だという信念の下に、僕はやってみたいのです。貴兄はこの計画についてどうお考えですか。

僕の事ばかり書き連ねました。ウェストハープ博士の著作『反キリスト的中国――あらゆる価値観の再検討』をいただくのを楽しみにしています。注意深く、そして素直な心で読ませていただきます。スコット氏一家が来週ここにみえる予定で、たぶんその時その原稿と、彼に来た貴兄の手紙とを持ってきてくれるでしょう。その本の内容をめぐっていい議論ができるのじゃないかと思います。実の所、本の題、特に〝反〟という言葉の意味が僕にはよくわかりません。過激なるニーチェにも『反キリスト』という同名の著作がありますが、彼が真に攻撃したのはキリストではなくキリスト教だったので『反キリスト教』と題していた方がよかったのです。僕の今の考えでは〝反〟という言葉を用いるのは好みませんが、題名にこだわる軽率な批評家にはなりますまい。ましてや、貴兄のご苦労のほどに目をつむるわけはありません。

お嬢さんのご誕生、心からお祝い申し上げます。子供が生まれるというのは素晴らしい

ことじゃありませんか。二人の息子さんはいかがですか。皆様の未来が祝福されていますように。うちの赤ん坊と家内も幸いにとても元気にしております。まだこの子の名前をお知らせしていません。宗理と名づけました。「宗」は僕の名の最初の字をとったもので、「起源」という意味です。「理」はロゴスを意味し、僕の父のペンネームの二番目の字をとりました。僕はこの子にいろいろな事を教わり、我ながら驚いたことに、新しい直観の人間になってきております。そして自分の世界が広く大きくなったように感じます。道にて、今までむしろ他人扱いにしていた子供達が今や会う度に私に挨拶します。僕は何度彼らを見守り、祝福したことでしょう。これは僕の新しい愛の経験です。

僕はこの土地にますます愛着を感じております。志賀一家が新しく我孫子に越してきたため、生活も一層にぎやかになりました。長与一家が赤坂、福吉町の貴兄の前の家に引越した事、ご存知ですか。彼は全く知らずに入り、貴兄がかつてそこに住んでおられた旨聞いて大いに驚いています。面白いじゃありませんか。文展、二科展、院展など多くの美術展は、いつもながら人々に何の藝術的衝撃も与えずに、終わってしまいました。中では、パリから帰国したばかりの安井という画家が五十点以上の作品を一挙に披露し、最近の展覧会では一番見ごたえがありました。彼の画にはセザンヌとグレコの影響が顕著に表われています。やや精気に欠けますが、筆使いは確かです。岸田は非常に熟達した、やや骨の折れそうな労作を画いています。彼はますますドイツ的になってます。彼の追随者の突然の増加は意外な現象です。

英国政府が徴兵制度を起案したとは何と恥知らずなことでしょう。しかし英国民は従来の名誉ある自由な志願兵制を維持していくものと僕は信じています。ハーグローブ氏が前線に出たとうかがいましたが、まことに遺憾です。勿論貴兄は英国の若い世代のうちでも、一番道理のわかる方に違いありません。キリスト教徒は一体何をしているのですか。キリスト教信仰も哀れなものです。

ギルバート・バウルズ氏がどういう方か御存知ですか。それともお知り合いですか。スコット氏の紹介で、彼は親切にもクエーカー主義に関する書籍を僕に送ってくれたのです。彼が、日本にあるアメリカ平和協会の事務官だという事しか知りません。いつか彼を訪ねて、戦争に関する氏の意見をうかがいたいと楽しみにしています。

夜は寒く、時計は一時を打ちました。この長い手紙の筆を置かねばなりません。
貴兄の人生と仕事に祝福あれ。
強い友情と愛情をこめて。
奥様にも僕たち二人からくれぐれもよろしく。

M・柳

聖者と乞食との対話

以下に私が引用する物語は、或時《ある》はエックハルトが伝えたものだとも云われ、或時は「師タウレルと乞食との会話」とも題されている。何れにしても之れ等の「神の友」の間に起った事であると思えばいい。時は十四世紀であって、基教《キリスト》の魂が人々の生活に活き切っていた頃である。とも角中世紀の香りの高い一つの挿話である。話はごく単純であって別に彩どりもないが、それだけに深さに於て透き通っている所がある。私達は中世紀を何か縁遠い時代の様に思っているが、併《しか》し省るとどうしてこう卒直に私達の胸を衝く様な心に富んでいるのであろうか。それは時間からすれば過去の時代であるが、時間を越えた或ものが強く流れているからではあるまいか。私達はその鮮かな或ものに触れる時、現代とか中世とか云う区別を忘れる事が出来る。只吾れに再び帰る時、私達はまた時間の生活に戻されてくる。併しいつか此《この》束縛を断って、永遠界に活きる事を私達は求めねばならぬ。そうして過去とか未来とかを許さない「永遠の今」に、凡《すべ》ての宗教的生活がある事を悟らねばならない。次の短い物語にも、その「永遠の今」の美しさがある。よき読者はそれを過去の心に過ぎぬとは云ってくれないであろう。

＊

「ここに名高い一人の学者があった。彼は真理への道を示してくれる人が、彼に与えられる様にと、八年間神に禱っておった。然《しか》るに或る日のこと彼が此求めに心を熱していた時、天から声があって彼にこう告げた。「会堂の入口に行け、お前が尋ねているその人に逢う事が出来る」。その場所に彼は出掛けたが、そこで彼は一人の乞食に逢った。哀れな様をして、足は坭によごれ、その破れた着物は三文の値打もない。師は彼に挨拶してこう云った。

「好き日を神が貴方に与えるように」。

乞食は答えた、「私は今迄の生涯に、悪い日を一日だって持った事を覚えておりません」。

師、「神が貴方に好運を与え給うように」。

乞食、「私は決して不運であった事がありません」。

師、「それなら、神が貴方に幸いを与えますように」。

乞食、「私は決して不幸であった事がありません」。

師、「ともあれ、御救いが貴方の上にあるように。だが私は貴方が云う意味を解し兼ねる。も少し平易に私に話してみて下さい」。

乞食、「喜んでお話します。貴方は私に好き日を望んで下さった。併し私に一つの悪い日もないとお答えした。なぜなら私は飢える時でも神を讃えています。寒くとも霰が降るとも、又は雪や雨が降るとも、又は空が晴れている時も霧がある時も、私はいつも神を讃美しています。私が人から温くされようが、嫌われようが私は等しく神を讃美します。それ故《ゆえ》に私は一日でも悪い日を持った事がないのです。貴方は私に幸運が来る様にと祈って下さった。併し私には不運と云う事がないと貴方にお答えした。なぜなら私は神と一緒に暮しているのです。そうして彼が為す凡ての事は最善なものであると確信しています。それ故に私に起る凡ての出来事が悦ばしいものにしろ、然らざるにしろ楽しくとも苦しくとも、それは神が私に与えてくれる最上のものだとして受けているのです。貴方は私に幸いを希って下さった。併し私は不幸だった事は嘗《かつ》てないとお答えしました。なぜなら私は一切の私の愛情を只神の御意にのみ注ぐ様に決心しているからです。それ故私は只神の欲する事のみを欲しているのです」。

師、「併し、神が貴方を地獄に投げる事を欲したら貴方はどうなさいますか」。

乞食、「神が私を地獄に投げるとおっしゃるのですか。若《も》しも神がそうしたら、私は二つの手で神に抱きつきます。一つは謙遜の手をもって神の聖なる人性を抱き、一つは愛の手を以て彼の神性を抱きます。そうしてどうしても神を地獄に一緒につれてゆきます。なぜなら、神なくして天国に居る事よりも、神と共に地獄に行く方が遥かに幸いです」。

師はここで深き卑下と結ばれる一切のものの放棄が神に至る最も近い道である事を悟った。彼は又乞食に尋ねた。

「貴方は何処から来たのです」。

乞食、「神からです」。

師、「何処で神を見出されたのですか」。

乞食、「私が一切の事物を棄てて了《しま》ったその所に於てです」。

師、「神は何処にいるのですか」。

乞食、「浄い心や又はよき志の人の中にいるのです」。

師、「貴方はどなたなのですか」。

乞食、「私は王様です」。

師、「貴方の王国は何処にあるのですか」。

乞食、「私の霊に在るのです。なぜなら私は私の内なる能力や外なる感覚を統御し又支配する事を学んだのです。そうして私は一切の私の感情や又私の心に於ける力の主になる事が出来る様になったのです。勿論此王国が地上の如何なる王国よりも、望ましきものである事は確実です」。

師、「どう云う方法で、貴方はその様な完全な程度にまで達する事が出来るようになったのですか」。

乞食、「沈黙と、静慮と、神との結合とによってです。神よりも少ない如何なるものにも、私は安息を見出す事は出来ません。私は神を見出したのです。そうして彼の中に安息と永遠の平和とを見出したのです」。」(Martensen Eckhart, p. 107. Tauler's Sermon (Elliot), p. 49)

＊

中世の書を繙《ひもと》くと、こう云う場面が私の前に屢々《しばしば》現われてくる。私は胸を圧せられるような感じがする。どうしてここ迄イエスの教えや生活を己が身に徹する事が出来たのであるか。中世を「暗黒の時代」だと史家は云うが、併しそれは時間の上に起った歴史の相に過ぎない。暗黒と云われるその時代に基教は最も驚くべき眩い光を内に匿《かく》している。

その時代の人々は凡てを神の上に置いた。一つの思想でも一つの行為でも、神の保証に依る事を求めた。神から発足しない凡てのことは、まもなく死滅すると彼等は正しく信じた。彼等にとって神は一切であった。否、一切なものが神であった。彼等は凡ての注意を神に集めた。神の深さや美しさに比べては、地上の如何なる良いものも尚貧しい事を知りぬいていた。それ故彼等が求めるものは神であった。神より少しでも少ないものを彼等は棄てた。地上の諸々の慾望は彼等に意味淡く思った。それ等のものの凡てを棄てて神のみを愛するのは、彼等に許された深き運命の密意であると思った。更に進んで神のみが愛すべきものの凡てである事を知りぬいていた。神のほかに彼等の霊の安息の場所がない事を解していた。

彼等は凡てを神の光にてらしてみた。彼等の知識では、何ものをも明かに見えない事を知っていた。彼等は神に交る為に、彼等の心と彼等の身とを浄めようと欲した。浄めるのは神の凡てを受け容れたいからである。全てなる神を受け容れない者は神の全てを棄てるに等しい。彼等にとって真に存在するものは神のみであった。よくエックハルトが云った様に、「我れありと云い得るのは神のみである」。我れ欲すとか我れ行うとか、吾れ活くとか云い得るのは、只神ばかりであると深く解した。それ故神の前に主張し得る彼等自身の意志や行為はなかった。「完全な霊は神の欲する以前の事を欲せぬ」と彼等は真に信じた。彼等は神のみを是認した。是認し得るものは神のみである事を知っていた。神は彼等の愛の凡てを集めた。否、強く烈しき愛の凡てを集めた。神は想われた神であった。神は恋人であった。

私達は今強い自我の意識に活きる。併し中世の信徒は強い神の意識に活きていた。神を離れては自我も生活も思想もない事を知っていた。故に凡てを棄てても神を選ぼうと思った。否、凡てを神に棄てるに於て、始めて凡てが活きるのである事と考えられた。フランシスが解した様に貧が一つの徳であった。心の貧しきものが心に富む者であった。彼は凡てから離れる事によって全きを得るからである。聖書が記した様に、「得るものは失い失うものは得るのである」。

それ故彼等には、神を離れては何物をも許し得ないのと共に、更に神より少しでも少なきものは彼等の霊の住家ではないと考えていた。神のみが始であり終であった。アルファでありオメガであった。かかる神に活きる事に彼等の唯一なそうして永遠な安息があった。

私達は此純な強い神への意識を解する事によって、古い中世の時代を、今の吾々に活かす事が出来る。何故彼等が罪を恐れたか、それも何故あんなに恐れたか、私達は神を想う時、その必然さを知る事が出来る。只罪を恐れたのではない。神を愛したいからだ。己れを浄めずして、神を迎える事は出来ないからだ。律の尊さをここで私達は解する事が出来る。それは消極的な恐怖が産む生活ではない。神と交ろうとする積極的所置であった。修道院に彼等の幸いな生活があった。それは冷たい生活であったのではない。熱い烈しい神の愛慕の生活であった。中世に於て多くの修道僧は詩人であった。讃歌が自ずから彼等の口にのぼった。あのフランシスは悦びの詩人であった。

私達は又何故彼等が、かくも沈黙を愛したかの理由を知る事が出来る。神の言葉を残りなく聞こうとする者は、静かであらねばならぬ。彼等は只黙しているのではない。絶え間なく神と語る悦びを得たいのである。沈黙は多忙である。多忙であってそこに吾々の言葉を挿む暇を持たない。

私は過日ディオニシウスの本であったかに次の言葉を見出した。「テモテは全く受け容れる心を持っていた」と。言葉は単純であるが、意味深く思う。テモテはパウロの書翰に出てくる信徒であるが、固有の名に係わらなくてもいい。只之を信徒と云う字に置き換えればいい。「受け容れる心」とは、持たねばならぬ信徒の心を表示する。即ち神を求める者は先ず神を受け容れる心を養わねばならぬ。神を迎える心の室は、浄くあらねばならぬ。彼の全てを容れる為に、それを空しくしておかねばならぬ。神をして神の能の全てを働かしめる為には、吾々は吾々の心を以て、彼を妨げてはならぬ。吾々が受動であると云う事は、神の能動に吾々が活きると云う意がある。神は私達に常に働きかける。休む暇なく私達を想い私達を愛する。だが私達は自身の不明によって、彼の訪れを受ける室を、吾が心に設けておかない。併し私達は凡ての瞬間に於て、神を待つ様になさねばならぬ。折角の彼の訪れを無にしてはならぬ。彼は私達を訪れる事を一刻でも忘れてはいない。併し私達は此事を忘れている。私達は神が私達の心の凡てを彼の能で充たそうとする心を邪魔してはならぬ。思想や行為や又は言葉を吾々が名に於て現わしてはならぬ。それが神の名に於て現われる様に、私達を空しくし、かくして私達をその位置にまで高め得る様に準備せねばならぬ。神の全てを受け容れる様になす事が、神に至る道であると悟らねばならぬ。

木喰上人発見の縁起

一

繰り返さるる質問に対して、簡単に御答えしようと思います。どうして私が上人を研究する様になったか、又どう云う風に調査して来たか、又どうして今日の結果を得るに至ったか。是等《これら》くさぐさの事に就て。

不思議な因縁に導かれてここ迄来たのです。私とても昨日迄上人に就て全く無智であった事に於て、他の方々と何の異る所がありません。時が満ちたのだと云い得るでしょう。当然現わるべきものが現わるるに至ったのです。私が此《こ》の研究を選んだのではなく、此研究に偶々《たまたま》私が招かれたに過ぎないのです。

併《しか》し私自らを顧みて云えば、上人に心を引かれる迄に、三つの準備があったと云い得るかも知れません。(之とても私にのみ用意があったのではないのです。それは恐らく程度の問題に過ぎないでしょう)。ここに三つの準備と云うのは次の事を指すのです。私は長い間の教養によって、真の美を認識する力を得ようと努めてきました。私は漸《ようや》く私の直覚を信じていい様になったのです。（直観が美の認識の本質的な要素だと云う見解は、もはや私にとっては動かす事の出来ない事実となってきました）。それに私は美の世界から一日でも生活を離した事がないのです。幸にも美に対して私の心は早く速に動く様になりました。かくして之迄此世に隠れた幾つかの美を、多少なりとも発見して来ました。（十年前私が「ブレーク伝」を書いたのも、又此数年来朝鮮李朝藝術の美を擁護しようと努力して来たのも、私の心を動かして止まないものがあったからです）。驚くべき上人の作が、私の眼に触れた刹那、私の心は既にその中に捕えられていました。私には躊躇はなかったのです。其日友人に宛てて「上人は幕末に於ける最大の彫刻家だ」と書かないわけにはゆきませんでした。それ程上人は私の眼を覚まさせました。私が上人を見出したと云うより、上人に私が見出されたのだと云わねばなりません。

第二に私は民衆的な作品に、近頃いたく心を引かれていました。日常の実用品として製作されたもの、何等の美の理論なくして無心に作られたもの、貧しい農家や片田舎の工場から生れたもの、一言で云えば極めて地方的な郷土的な民間的なもの、自然の中から湧き上る作為なき製品に、真の美があり其の法則があると云う事に留意してきました。（目下私は余暇を見ては焼物中の「民窯」とも称すべき所謂「下手物《げてもの》」を蒐集し、不日其《その》展覧会と研究とを発表する計画でいます。之によって隠れた驚くべき美の世界を提出し得ると信じているのです)。かかる私にとって、彫刻に於て民衆的特色の著しい上人の作が、異常な魅力を以て私に迫ったのは云う迄もありません。

第三に私の専攻する学問は宗教の領域に関するものです。私の注意は究竟の世界に最も強く引かれているのです。(貧しい乍《なが》らも私の二、三の宗教著書は、此世界を追い求めてきた是《これ》迄の生活を語ってくれるでしょう)。そうして私が求めた宗教的本質が、上人の作に活々と具体化されているのを目前に見たのです。私の心は動かないわけにゆきませんでした。特に藝術と宗教とが深く編みなされている世界に、強く心を誘れている私は、それ等の要素の完全な結合である上人の作に、自から近づくべき歩を進めていたのです。宗教藝術の衰えきった近代で、上人に逢うた事は真にオアシスを見出した悦びにも譬え得るでしょう。

二

是等は私に許された準備でした。併し準備が働きを受けるのは、全く与えらるる因縁によると云わねばなりません。それは私自身が支配し得る事ではないのです。人は受け得る位置に置かれてはいるでしょうが、与える位に就いてはいないのです。与うる者は常に見えざる無上な力のみなのです。上人と私とに深き縁《ゆかり》を結ばせたものは、私自身の力ではないのです。何者かが私に贈る命数によるのです。

それは一昨年大正十三年の正月九日の事でした。私は思いついたまま甲州への旅に出ました。一つは小宮山清三氏の所に朝鮮の陶磁器を見に行く為でした。一つは八ケ嶽や駒ケ嶽の冬の自然が見たく日野春あたりを散策したいのが望みでした。又甲州で何か郷土的作品を購いたいと欲していたのです。此旅に私を誘ってくれたのは私の畏友浅川巧君でした。立ったのは前日の八日であって、途中私達は甲府に降りました。一里近く歩んで池田村に入りましたが、生憎《あいにく》小宮山氏は不在でした。止むなく近き湯村に一夜を送り、九日の朝早く私達は再び同氏を訪れたのです。

小宮山氏と初対面でした。然《しか》るにその日偶然にも二体の上人の作が私の目に映ったのです。目に映ったと云う方が応《ふさ》わしいでしょう。私の求めによって主人が私に示そうとされたのも焼物であって、それ等の彫刻ではなかったのです。二体の仏像は暗い庫の前に置かれてありました。(それは地蔵菩薩と無量寿如来とでした)。そうしてその前を通った時、私の視線は思わずもそれ等のものに触れたのです。(その折若《も》し仏体に薄い一枚の布が掛っていたとしたら、一生上人は私から匿《かく》されていたかもしれないのです!)。私は即座に心を奪われました。その口許に漂う微笑は私を限りなく引きつけました。尋常な作者ではない。異数な宗教的体験がなくば、かかるものは刻み得ない――私の直覚はそう断定せざるを得ませんでした。座敷に通された時更に一体、南無大師の像が安置してありました。そうして峡南のその折私は始めて小宮山氏から「木喰《もくじき》上人」と云う名を聞かされました。

人だと云う事が附け加えられました。

思いがけない私の驚きに対して、小宮山氏も心を引かれたと見えます。一体をお贈りしましょうと申出られました。私は此の好誼をどれ丈嬉しく感じました事か。越えて十六日「地蔵菩薩」は菰《こも》に包まれて私の手許に届きました。私は冬の旅から帰って後、風邪を引き床に就いていたのです。私は枕辺にそれを置いてもらいました。眺め入るや私は病苦をも忘れて、又も微笑みに誘われたのです。(誰かその微笑みに逆らう事が出来るでしょう!)。再び其《その》不可思議な仏は私の心を全く捕えました。私はそれに見入り見入りました。(若し此の一像が私に贈られなかったら、或は今日の研究に入る機縁を得なかったかもしれませぬ。なぜなら煮えかかっていた私の情を、其贈物が沸騰させてくれたからです。此奇縁に対し私は生涯小宮山氏の志を忘れる事がないでしょう)。其日私は発願《ほつがん》し上人の研究に入る事を決心しました。

それから毎日毎晩私はその仏と一緒に暮しました。何度その顔に眺め入った事か。(其折に得た感想は、「木喰上人の研究」特別号の巻末に跋文として添えてあります)。私の室に入る凡《すべ》ての人も、それを眺めずに帰る事は許されませんでした。見る者は誰も微笑みに誘われてくるのです。不思議な世界が漸次濃く私の前に現れてきました。私は小宮山氏と書翰の往復を開始し、種々な質問に答えを求めました。同氏も処々に伝手《つて》を索って出来る限りの知らせを送られました。その結果、上人の故郷が峡南の丸畑と云う村である事、幾十の仏体を一緒に刻んで堂に納めた事、その堂が尚丸畑に残るらしき事、寛政頃にいた人であった事、断片的にそれ等の予備知識が与えられました。且つ市川大門町の村松志孝氏から、同地に「木喰観正《かんじょう》」の碑があり書が残るとの通知を得ました。そうして必ずや観正と五行《ごぎょう》とは同一人であろうとの考えが附してありました。

私は何より文献を求めたのです。併し凡ての仏教辞典にも、あらゆる人名辞彙にも上人の名はありませんでした。私は甲州の郷土史にもその名を捜したのです。併し一行一字の収獲もありませんでした。あの尨大な詳細な松平定能の著「甲斐国志」の中にすら上人の名を発見する事が出来ませんでした。西八代郡誌にも注意したのですが、最近の発行になったものにも、上人に就て一字も言及していないのです。なべて郷土史は些細な事を大事そうに書くものですが、上人に就ては全く無言でいるのです。どうしても自身で直接の資料を見出さねばならない。もとより何が得らるるかは分らない、併し自身で故郷を訪うより他に道はない。私は此願望を棄てず、時の熟するのを待ちました。その間私は幸にも東京に於て上人の作を二十体余り目撃する事が出来たのです。

研究に入る時期は知らずして私に近づいて来ました。その年の四月、私が四、五年の間ひそかに浅川君兄弟の援助を得て努力してきた「朝鮮民族美術館」の建設がほぼ成就しました。そうして京城景福宮内緝敬堂に一切の蒐集品を陳列する様になり、その開館を終えて仕事に一段落がついたのです。(此仕事に終結の時期はないのです!)。それで私は新しい私の努力を上人研究に注ぐよい機会を捕えたのです。

それに震災で兄を失った私は家事の都合上、東京を引き払って京都に移住しました。その結果東京で持っていた一切の講義を中止し凡ての時間は自由になりました。経済的には無謀でしたが、私は京都での新しい仕事をも全く放棄して、上人の研究にかかる事に決心したのです。それ程私の心は上人の事に引かれていました。全く此一年は毎日々々を上人の事のみで暮しました。(或人は私に向って金と暇とがあるから研究が出来たのだと批評します。併し此批評は真理への探求が何を意味するかを少しも知らない処から来るのです。金と暇とは上人への熱情を起さないでしょう。まして努力を産まないでしょう。私は不幸にして金銭に於て全く自由な人が、精神的仕事に没頭した例を多く知らないのです。私は余裕ある仕事をしたのではなく、余裕なき仕事にとりかかったのです。他の一切の仕事を私は放棄しました)。かくして私が上人の調査に就く縁は、漸次固く結ばれました。

三

越えて丁度半歳の後、大正十三年六月九日願は満たされ私は再び甲州に入ったのです。その日は池田村に過ごし翌十日は五、六人の一行で市川大門町に木喰観正の碑を点検しました。併し私の疑いはつのり、求めつつある木喰上人と観正とは関係なき事を殆ど確実にしました。最初の失敗に気を沈めましたが、上人の故郷と云われる丸畑は富士川の下七、

新潟・大月観音堂にて如意輪観音菩薩像と　1925 年 8 月 23 日撮影

八里の所にあるのです。鰍沢に於て私は一行と別れ、只一人夕ぐれの流れに沿うて道を下りました。その夜は飯富に宿ったのです。六月十一日、運命は遂に私の足を上人の故郷丸畑へ入らせました。波高島で舟を棄て下部に入りそこで幸に案内を得、二里余り常葉川を溯りました。暑い午後の光りに山路を縫うて歩む私達は汗にひたりました。

私はその日まで丸畑が何村に属するかをも熟知していなかったのです。もとより血縁の一族が今尚其地に住むかどうか、又何がそこに残されているか、それ等の事に就て殆ど凡ての事は知られていませんでした。長塩という村から左に折れ急坂を攀《はん》し尽した時、南沢《なみさわ》と云う一部落へ出ました。そこは富里分の丸畑であって、そこに上人作の内仏があると教えられました。突如私の目前にとり出されたものは馬頭観世音の一体でした。それを眺めた時、私の呼吸はしばし奪われました。私は再び上人の異数な表現に逢着したのです。燻ぶる仏壇から更に取り出されたもの数軀、別に一枚の奉納額。今や封じられた秘密は私の前に展開して来たのです。私は導かれるままに小径を縫うて上人の生家へと案内されました。私の心は種々なる期待に満たされていました。奇異な眼で私を取囲む人々の中に立って私は繰り返し繰り返し種々な問いを発しました。土地の人も見慣れぬ一旅客の為に、答える言葉に忙しいのです。伝えらるる口碑を聞き洩らさじと私は書き取りました。上人は漸次その姿を私の前に現わしてきました。嘗《かつ》て噂に聞いた堂の有無が気がかりでした。私はそれが建てられていた場所を訪うたのです。併しそれはもはや此村から無くなっていたのです。私がその跡を弔った時、只一基の石塔が昔を語って叢の中に捨ててあるばかりでした。私は戻って又血縁の一族を訪ね、残る問いを試みたのです。何よりも求めた文献に就て人々の知識は明かでありませんでした。もう夕ぐれは近づいて来ました。私は文書を得る望みを棄てて山を降りようとしたのです。併しもう一度と思って上人の筆になる書類がないかを繰り返して尋ねました。その時一人の若い農夫が手に古びた紙片を齎らして、之に書いてある筈だがと云って私に手渡ししました。私は薄あかりの中に紙を近よせて文字を辿ったのです。「クハンライコノ木喰五行菩薩事ハ」と書き起された文句、それに奥書の自署花押、それが上人自筆の稿本であり、且つ自叙伝であると云う事は疑う余地がないのです。その折の私の嬉さは今も忘れる事が出来ませぬ。どうしても之のみは筆写して帰らねばならない。幾度かの懇望の後、遂に私の求めは容れられて、その夜のうちに之を写しとる事になったのです。里人の好意によって一夜を其村にあかす事になりました。私は飢える想いで読み耽ったのです。紙数にしたら僅かなものでしたが、慣れぬ字体と仮名多き文と異る文体とは、その閲読に長い時を要しました。ほぼ通読し得て後、私は字を追って書きとったのです。筆を終えた時、既に空は白んでいました。

その間に私には忘れ得ぬ事が起りました。稿本の中に上人が当村寺の本尊五智如来を刻んだと云う事が書いてあったのです。尋ねた結果今尚残ると聞いて、私は明日を待てず真夜中燈火をつけて寺へと指したのです。無住の廃寺にきしる戸の響きは音なき山里に時ならぬ木霊《こだま》を送りました。荒れはてた床を踏んで内に入り、燈火を高く掲げた時、仏壇の前方、並ぶ龕《がん》の中央に世尊の顔が幻の如く浮び出ました。「おお」――思わず声が洩れた時、居並ぶ左右の四体が尚も私の前に現れて来ました。

朝の六時頃私は約束を守って稿本を返しに農家を訪ねました。その時計らずも、上人が背負しと云う貧しい箱が更に私の前に取り出されたのです。之が実に上人研究の出発を与えたと云わねばなりません。誰も開く者なく顧る者なく、放置せられたその箱の中に、実に一切の秘密は匿れていました。或は「納経帳」或は「御宿帳」或は和歌集等、貴重な幾多の稿本が次ぎ次ぎにそれから現れてきたのです。それは百余年の間封じられたまま、塵と煤煙とに被われて、訪う人もない山間の一農家の中に埋もれていたのです。其箱を開いて現れて来る稿本を一々点検した時の私の驚きや悦びを察して下さるでしょう。私の訪問は十二分の酬いを以て迎えられたのです。

調査は到底一日や二日では出来ない。私はそれを知って凡てを準備する為に山を降り一度帰洛しました。併し時を移さず三週の後、私は再び京都を立って丸畑へと入ったのです。それは七月の三日でした。此訪問は一切の史料を借り受けて、上人研究の確実な第一歩を踏み出したいが為でした。併し交渉は幾多の困難に逢遇しました。繰り返さるる説明と実に私自身並びに三人の捺印を要した証文によって、遂に望を遂ぐるに至ったのです。私達五、六人の一行は朝早く立ったのですが、凡ての交渉を終った時は既に日は西に没していました。（私達は史料をかかえて再び下部へと降りました。私は特に此の借用に就て石部惟三氏と小宮山氏との斡旋を忘れ難く思います）。

此両度の訪問によって幸にも上人研究の基礎的準備が用意せられました。私は上人の自筆にかかる諸稿本にもとづいて、一切を発足させる事が出来たのです。かくして私の発願は幸福な環境のうちに生い立ってゆきました。なぜなら発見せられた稿本の中には、自叙伝とも見るべきものや、旅行記とも云うべきものや、又教理を説いたものや、又折にふれ綴った和歌等が含まれていたのです。廻国の折日々携えてた「納経帳」も、ごく僅かな欠損のみで殆んど完全に残されていました。夫《それ》が為昨日迄は全く埋没されていた上人の一生は、確実な資料のもとに誤りなき存在を歴史に刻む様になったのです。運命の車輪は不思議にも廻転しました。俄然事情は変り、殆ど日々の上人が私達の前に明晰な姿を現してきました。

四

私とても此研究がかく拡大されようと予期してはいませんでした。又かく速かに展開しようとも予測していませんでした。始めは甲州の上人としてのみ考えていたのです。それに遺作は丸畑にのみ残したのだと思っていました。他にあってもそれを見出し得ると期待してはいませんでした。併し凡ての事は予期を越えて限りなく展開しました。どうして私が上人の遺作を諸国に発見するに至ったかを簡単に云い添えておこうと思います。

上人の稿本の中に「本願として仏を作り因縁ある所に之をほどこす」と云う事や、仏体裏に「千体のうち」と記した言葉等によって、彼の遺作がその量に於て多く、分布に於て広い事を察する事は出来ますが、何が何処に刻まれているか、それ等の事に言い及んでいる個所は少ないのです。或場合は「薬師納」とか又は単に「奉納」とか記してはありますが、あれ程の遺作に対して殆ど何等の記事も残していないのです。併し私は次の判断に於て、将来上人の遺作を発見し得べき土地を予想する事が出来たのです。

残してある二冊の「御宿帳」を見ますと、それには日々の日附と地名と宿りし家とを隈なく記してはありますが、その中に日附のとんでいる個所があり、又「何日より何日迄」と滞在の日を数えている場合があり、又「何日立つ」と短く記してある個所があるのです。私は是によって日附のない期間を滞留期と見倣し、その期間の長い場所には、必ずや遺作がなければならぬと判断したのです。私は先ず主な個所を選び、次々にそれ等の地に調査を企てたのです。私が佐渡に渡ったのも、遠州の寒村狩宿を訪ねたのも、又は日向の国や長州の村々を調査したのも、皆此予想のもとに試みたのです。調査は屢々《しばしば》困難でした。なぜならそれは多く名も知れぬ片田舎にあるからです。且つ殆どの土地でも上人の名を覚えていないからです。まして上人の作を大切に保存している寺はごく稀にしかないからです。尋ねど訪ねど見当らず、佐渡の奥に入って茫然とした日を今も想い起します。又は四国に渡って異る九個所を一週日の間かかって調べ、その中僅か一ヶ所に二体を見出したに過ぎなかった事もあるのです。併し凡ての調査はあり余る酬いを以て迎えられました。寧ろ行くところ見当らざるなき有様でした。私は鼓舞せられ東へ又は西へ足跡を追って発見に努めました。私はそれ等の仏の殆ど凡てを、うず高き塵の下から取り出しました。

僅か数個の字に過ぎなくとも、記録の有難さをしみじみ感じました。若し「御宿帳」が残っていなかったら、上人の遺作は忘れられたまま、遂に朽ち果てたものが多いでしょう。なぜなら誰もその広汎な分布区域に就て知る事は出来ないからです。まして僻陬《へきすう》の地にあるそれ等のものを見出す事は殆ど望み難いからです。それに大部分はつまらなき作として物置の様な所に放置せられ、守る僧もなく虫の喰むに任せてあるからです。もう五年十年の後であったら、如何に多くその数は減じているでしょう。私併《なら》びに私の友は実によい時期に上人の招きを受けたのです。貴重な文字は次ぎ次ぎに匿れた謎を解いてくれました。佐渡や日向の様な留錫期間の長い個所に、幾多の遺作がある事は当然ですが、今日迄の調査では滞留僅か三日間の所にすら形見が残るのです。それ故如何に調査せねばならぬ個所が多いか。又如何に区域が広いか、又如何に其数が多量であるか。研究は多大な時間と精力と費用とを要求しているのです。「納経帳」及び「御宿帳」に現われる日附は安永二年に始まり寛政十二年に終るのですから、その間二十八ヶ年が過ぎています。之は上人が日本廻国の期間を語るのであって、北は松前庄熊石に上り、中央は本州の凡てを通じ、南は四国、九州に亙《わた》るのです。その足跡は扶桑全土に及んでいます。そうしてそれ等の国々に多かれ少かれ彼の製作が残るのです。私は此調査が尋常なものでない事を知るに至りました。又よく一個人に於て完全になし得るものでない事をも知るに至りました。

私は調査の基礎を築く為に、一切の稿本を整理しました。そうして廻国の遍歴が始まる時からそれが終る迄と、終りし以後更に十ヶ年をも合せ、日表を編纂し、その足跡と滞留の個所と期日とを明瞭にしようと試みました。都に止るよりも好んで片田舎に杖を止めた上人の事故、その足跡の調査は屢々困難を加えました。町や村ではなく、名も知れぬ小字を地図の上に見出すのに多くの時を要しました。その地方の人でなくば知り得ない地名が沢山現れてきます。私は一つの場所に数時間かかっても地図の上に見出す事が出来なかった場合があるのです。(私は「二十万分の一図」で日本全土の地図を買い求め、尚不明の所は「五万分の一図」に依りました)。而も上人の「御宿帳」は殆ど全部仮名書である為、その地名を本字に当て嵌めるのが容易ではありませんでした。まして字体が読みにくかったり仮名使いが誤っていたり、地方的な特別の読み方があったり、又は郡村の名が昔と今日と異ったりしている場合、私は事のほか多くの難儀を嘗《な》めたのです。(私はあの苦心より成った大著、吉田東伍氏の「大日本地名辞書」に屢々啓発せられた事をここに書き添えたく思います)。私は兎も角此整理によって、上人の驚くべき足跡線を、ほぼ地図の上に現わす事が出来る様になりました。(上人足跡の委細は「木喰上人の研究」特別号三五〜八一頁に記してあり、且つその巻末に添えてある地図に、足跡の線を記入しておきました)。

五

私は去年の夏以来間断なく旅行を企てました。此半歳の間家にいる日は僅かでした。帰れば調査の整理に忙殺され、他を顧る暇なく、原稿は屡々汽車の中で記しました。それ等の結果は貧しい乍ら、去年の九月から今年の三月迄七回に亙って雑誌「女性」に連載した「研究」に語られているわけです。(今は訂正を加えて前記の「特別号」に凡てを集録してあります)。月々の調査に加えて、それを纏め月々起稿する事は、私に少しの休養をも許しませんでした。締切の督促は心をせかせます。而も研究は細密な注意を要するのです。併し幸にも凡ての困難を打ち切りました。私の健康は私に味方をしました。隠れたる力は常に私を守護しました。恵みなくしては何事をも成し遂げ得なかったでしょう。私が上人を見出すのではなく、上人が彼自身を示しつつあったのです。私は上人に招かれるままに仕事を進めて行ったに過ぎません。

去年の旅は甲州に始まり、佐渡を訪ね野州に入り、参州や駿州を廻って後、越後に深く入りました。今年になってからは豊後、日向を調査し、帰って四国に旅立ち、信州に行き、又最近には周防、長門を経て石見に入りました。丹波を訪うたのは僅か旬日前の事です。そうして是等の旅によって私が目撃し得調査し得た仏軀凡そ参百五十体、別に集め得た和歌凡そ五百首、撮影した写真は六百枚に達するでしょう。

(併し此旅が上人の足跡のまだ何分の一に過ぎないでしょう！ そうして見出した仏軀も千体を越ゆる上人の作のまだ四分の一に過ぎないのです。私の企てた間断なき努力も、上人の残した仕事の前に立って、幾許の量を示し、幾何の深さを告げ得るでしょう！)。

若し今日迄の調査に、見るべき成績があるなら、それは私を助けて此調査を進めた諸友の好誼に帰すべきものと云わねばなりません。何と云っても「研究会」の成立は、此研究の完成を助ける大きな力となりました。今では一切の経済と事務とは研究会員の寄進と努力とに依るのです。特に上人を産んだ郷土である関係上、甲州に於て此会は育くまれ生い立ってきました。私は小宮山清三、若尾金造、雨宮栄次郎、野々垣邦富、山本節、村松志孝、石部惟三、小泉源、中島為次郎、野口二郎、大森禅戒の諸氏を始め、感謝すべき多くの方々を記憶します。

併し私が受けた好意は甲州に於てのみではないのです。越後に於て吉田正太郎、勝田加一、桑山太市、広井吉之助等の諸氏が、私の研究を援助せられた事を特筆したく思います。一つの文献的根拠をも持たない享和三亥以後二ヶ年余りの遺跡が、殆ど全部明かにせられたのは、それ等の諸氏の努力に負う所が多いと云わねばなりません。

又佐渡に於ける上人の遺跡調査は最近益々微細に入りました。それは主として若林甫舟、中川雀子、川上喚濤の三氏を始め、その他多くの方々の倦まざる努力に依るのです。此半歳の間佐渡で見出された仏体凡そ三十個、書軸六十余本の多きに達しました。

私は又上人に関する一切の史料を私の手に委ねられた伊藤瓶太郎氏にはもとより、多くの寺々の住持に対して尽きぬ感謝の意を述べたく思います。そうして各地の未知の友から受ける懇切な通信によって、如何に私の仕事が鼓舞せられ、且つ進捗されたかを表明せねばなりません。

終りに研究雑誌の発刊が、今や上人の遺業を世に伝える機関となった事を云い添えたく思います。そうして此仕事のみならず出版に関する煩雑な仕事の一切を担任する式場隆三郎君の理解と努力とに深き感謝を送りたいと思います。

かくして世から忘れられた上人は、忘れ得ぬ記憶を歴史に彫刻しつつあるのです。昨日を追回し今日を考え、不可思議な因縁の働きを想う時、心の激するのを抑える事が出来ませぬ。既に帝都に於ては三度、又郷土に於て旧都に於て、上人の遺作展覧会は開催せられ、それは幾千の人々の脳裡に深き印象を鏤刻しました。今や讃仰の声は凡ての国から起ってきました。そうして理解ある凡ての人々の新たな驚愕となっています。私達志を同くする者は、更に力を集めて上人の徳を永く世に讃えようとするのです。事ここに至った縁起を述べ、その悦びを仏天に感謝し、且つは上人彼自らの徳に帰す事を希い、ここに短き筆を擱《お》きたく思います。(大正十四年五月二十五日認、七月二十四日補)

才市の歌

才市《さいち》の歌は誠に珍らしい発見だと云わねばならない。殆《ほとん》ど仮名より書けない無学な人が、約二十年間に渡って、夜な夜な書きつけたもので、全部残っているとしたら、少くとも八千首近くになるのであろう。それが又一切南無阿弥陀仏の一句を中心とする歌なのだから驚く。所が皆同じようでいて同じでない。年代を辿れば、ほぼ思想の推移が分るであろうが、何としても、こんなに宗教的に深い歌はめったにないと思われる。

スピノザは靴やだったし、ローレンスは料理人だったと云うが、才市は下駄やであった。それも極めて小さな店をもつ下駄作りであった。才市の長い生涯は極めて簡単なもののようで、朝お寺参りと、昼下駄作りと、夜歌を書きつけること、之に始終した。歌は六十歳頃から始めたというが、その前、つまり十八、九歳頃から苦悶し始め六十四歳頃で信心を頂く迄、驚く勿《なか》れ四十五ヶ年間も後世《ごせ》の問題で苦労をし、迂余曲折を経て遂に握るものを握った。その悦びをなけなしの言葉で綴り始めた。想い当ると下駄の削り残りに書きとって、夜それを清書した。その時又新しい歌が浮ぶと、之に加えて行った。夜二時三時にもなった。所謂《いわゆる》「夜の味やい」よろこびに浸って書いた。小学校の生徒のつかう綴方の帳面に書き上げ、それがたまりたまって恐らく八十冊近くにもなったであろう。それを別に誰に見せるでもなかった。寺本氏が借りたいと云った時、「人に見せるようなものではない」と云ったが、「自分が法味をしらせて貰う為だ」と聞いてやっと納得し、その折六十冊程渡したという。内三十冊は戦災の犠牲になって了《しま》った。別に二冊は藤氏の本で世に紹介され、それをもとにして鈴木大拙博士が見事な註釈を書かれた。

所が有難いことには、今日まで約四十数冊が現れ、皆楠君の手で編纂される事になった。こんな単純な又深遠な宗教詩が、こんなに沢山数書き残された例は、仏教の歴史あって以来のことではあるまいか。否、世界でも例が少いのではあるまいか。

その詩の宗教的な深さに就いては、多くの人が之から書くであろう。仏教界には寒山詩始め、蘇東坡の詩とか、日本では五山の文学とか、和讃では親鸞のものとか、和歌では明慧のものとか、無難のものとか色々あって、蘭菊の美を競うであろうが、それ等は、皆学僧のもので、教養あり、詩才あっての仕事である。所が才市はろくに学問もない下駄やの親爺で、漢字は殆どしらず、使えば大概は当字であるし、真宗の術語は耳で覚えたものを、さしこんだに過ぎない。誤字脱字、仮名遣の間違い等々色々目につく。それにも拘らず将来彼の歌は必ずや高い位置を歴史に与えられるであろう。歌と云っても三十一文字ではない。それかと云って七五調の新体詩でもない、そうかと云って自由詩を標榜したものではない。そんなものを知らないから、一切そんなものから自由なのである。それに目につくのは方言まる出しである。それも方言の方がよいからと云って方言に態《わざ》としたのではない。それ以外に持ち合せがないのである。それに自問自答の歌が沢山出てくる。之が又素晴らしい。自分を離してものを客観的に歌うと云うことが殆どない。心そのままを吐き出したものである。

こう云う詩を見ると、生れつき宗教的天分があり、詩の才能があったと云う風に見ることも出来るが、真実にはそうでないであろう。平凡のままに只出したのが、非凡なのである。その非凡の背後には、あたりまえのものがあるのである。普通の詩人は、あたりまえを嫌い、だから何かの作為が加わる。詩藻を練ったり句調を改めたり、技術を磨いたり古歌を調べたりする。才市の場合は、そんなものの持合せがなく、あたり前のままに自分をさらけ出したのである。それもそうする方がよいとの計画ではない。そのままを出せる人を天才と云って了えばそれ迄だが、併し、うまく書く拙く書くの分れが表れない前に出来て了う詩である。だから美しいとか拙いとかの判断の対象にはならぬ。一個の特別な天才が書いたと見るより、人間そのもののじかの声に近い。彼に才能があって出たというより、彼以上のものが支えて出てくるのである。彼は才能からも解放されていたのである。

私は美しい民藝品を妙好品《みょうこうぼん》と見るが、逆に才市のような人の詩は民藝品の代表的なものである。彫刻の木喰五行明満上人の作も、彫刻での民藝品であると呼んでよいが、それと

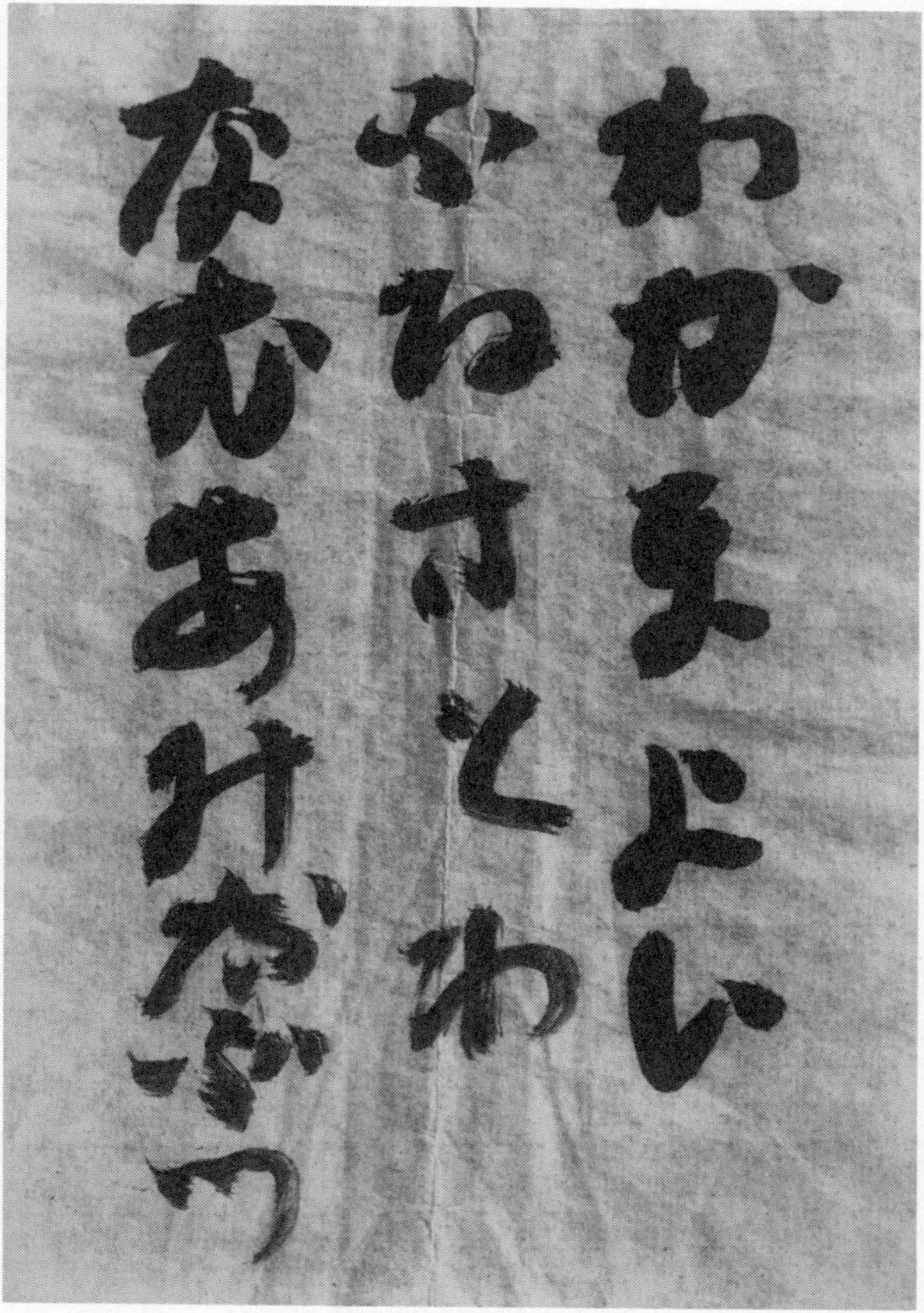

浅原才市の自筆　「我が迷い、ふるさとは、南無阿弥陀仏」

近いものがある。それで人間が、形式やら習慣やら学問やらから自由になると、誰でもそのままで民藝的な美を現すのである。才市も天才と見るより、凡人のままで本来に帰った人と見る方が至当であろう。えらくなって、あの詩が出来たのではなく、えらくないままに、救われてあの詩を生んだと見る方がよくはないか。

才市の歌を見ると、なるほど才市という一人格があっての詩ではあるが、それを個人の力に帰すのはどうか。背後には安心を得て本当の道を歩いてきた幾多の篤心な人達があって合唱しているのである。溯れば蓮如も親鸞も法然すらも、一緒に唱いたい歌なのである。

私は才市の歌をよんだあとで、或信者の七五調の歌を読んだが、おかしい程調子に窮屈さを感じた。そうかと云って、自由を標榜する俳人の作を見て、之又おかしいほど不自由なのを感じた。才市には自由も不自由もないのである。そこが本当の自由さなのではあるまいか。才市の歌の美しさは、こう云う自由によろう。それに、平語、俗語、俚語、その連続で、何だかくつろいで読める。とかく詩人は句を練るが、そうして形容詞沢山になるが、それもそれで価値があるとしても、才市のような人の詩の方が、ずっとすぐに又じかに近づき得親しめ得て有難い。

人間の作品がこういうようになったら気が楽だろう。自らいやなものが出来なくなるだろう。ここには遠慮もないし、又不遠慮もない。気取りもないし、又やぼもない。そんな気持ちが分れる以前にもう生れて了うのである。不生の作なのである。之が何とも美しく輝くのである。尤《もっと》も美しいと云っても、所謂美辞麗句の美しさとは違う。そんなものに引っかかっていない所から来る美しさなのである。だから天才の作というより、凡夫《ぼんぷ》にも許された作と受取る方が正しいであろう。実は誰にでも出来る道なのである。それが出来ないのは色々之を妨げるものを自分で作って了うからである。何をどう唱えても、そのままで美しくなる道がある筈なのである。詩人にならなくても詩人になれる道がある筈である。学問がなくても、凡ての真理を包むほどのものが握れる筈なのである。才市のような境地で仕事が出来たら、どんなに人間は解放されるであろう。

才があって作ったと云うより、才なきままでも、自由の世界に入ると才なきままで、才でさえも容易に出来ぬほどの仕事を見せる。才市はそうであったと云えよう。

妙好人源左

私の生涯に濃い縁を結んだ人々はいろいろあります。師とか友達とかから恩を受けた場合のあるのはもとよりでありますが、偉大な思想家とか宗教家とかで、私の心を動かした人々も数え挙げねばなりません。ここでは一人の信者についてお話致したく思います。因幡《いなば》の国に源左《げんざ》という百姓がありました。真宗の信徒で、大変に篤信な人でありました。その名声は、その界隈では知らぬ人はなかったと申します。もう数年前のことでありますが、たまたま鳥取市に立寄りました時、私は俳人の田中寒楼翁から、始めて源左の話を二、三聞き及び、いたく心を打たれました。それが縁で、私は源左の故郷である気高郡山根を訪ね、この信者の行いや言葉をもっと詳しく知り、それを採録することに熱意を注ぎました。その村の願正寺の院主から厚い援助をうけ、約一ヶ月の間、その寺に逗留して、調査を企てました。その結果は「妙好人、因幡の源左」と題して、一冊の本に上梓《じょうし》いたしました。源左は昭和五年に八十九歳で歿した人でありますから、幕末から明治、大正にかけて存命した人、この信者を熟知している人々は、まだ大勢残っておりました。

私が最初耳にしたのは、次のような話でありました。源左は百姓のこととて芋畑を持っていましたが、ある日おかみさんから、「芋を掘って来てくれ」と頼まれ、鋤をかついで畑に出かけますと、見知らぬ男が、畑を荒して芋を盗んでいる最中です。源左はこれを見て、一言も云わず家に戻って来ました。おかみさんから「芋はどうした」と云われると「今日は俺の掘る番ではなかった」と答えました。

同じような話ですが、源左が作っている豆畑に、一人の馬子が馬を入れて、勝手に豆を喰べさせています。たまたまそこを通った源左は、「馬子さんや、その辺のは赤くやけているで、もっと向うのよい方のを喰べさせてやんなされ」と云いました。馬子は、そこそこに去って行ったと申します。

その無慾な、私なき行いに心を打たれましたが、源左が本当の信者だということを知ったのは、実は次の話によるのであります。

一燈園で有名な西田天香氏が鳥取県に講演に出かけた時、源左はこの有名な宗教家のお説教が聞きたく、村から汽車に乗って、遠いところをわざわざ訪ねました。ところが着いて見ると時間におくれて、お説教はもう済んだ後でした。源左は大変残念に思って、天香氏の宿まで追いかけて行き「一言でも結構ですから、今日どういうことをお話下されたか、お聞かせ希《ねが》えませんか」と申入れました。

天香氏は「今日のは堪忍という題で、ならぬ堪忍するが堪忍ということをお話し致した。

お互に堪忍し合ってこの世を平和に送ろうではないか」それを聞いた源左は「お教え有難う存じますが、私にはする堪忍が御座いませんが」と答えました。始め天香氏は、それが何を意味するか合点しかねたそうで、再び問い返されました。源左は同じ答えを致しました。

する堪忍、しない堪忍、そんなものの持合せがないという源左の暮しに対して天香氏はもう二の句が継げなかったそうであります。

私はこの話を聞いて、源左が大した信者だということを知らせてもらい、これが動機で、源左の言行録を編むに至ったのであります。

天香氏の考えはまだ道徳的な域に止まっていますが、源左のはもっと深く、堪忍するしないの相対的な領域を越えた境地に入っております。どうしてこんな処まで到り得たのでありましょうか。自らを誰れよりも罪深い人間だと考えぬく他力門の見方が徹する時、堪忍する資格など、どうして残るでしょう。況《いわ》んや腹を立ててよい資格など、どうして残るでしょう。堪忍するということにはまだ私の影が残っていると云えましょう。況んや堪忍するしないは二元の行いであります。信心とは不二の世界を体験することではないでしょうか。

それゆえ、源左の行いも言葉も、不二を説く仏法の活きた姿であったと云えましょう。

こういう信者を、真宗の方では「妙好人《みょうこうにん》」と呼びます。白蓮華のように浄い人という意

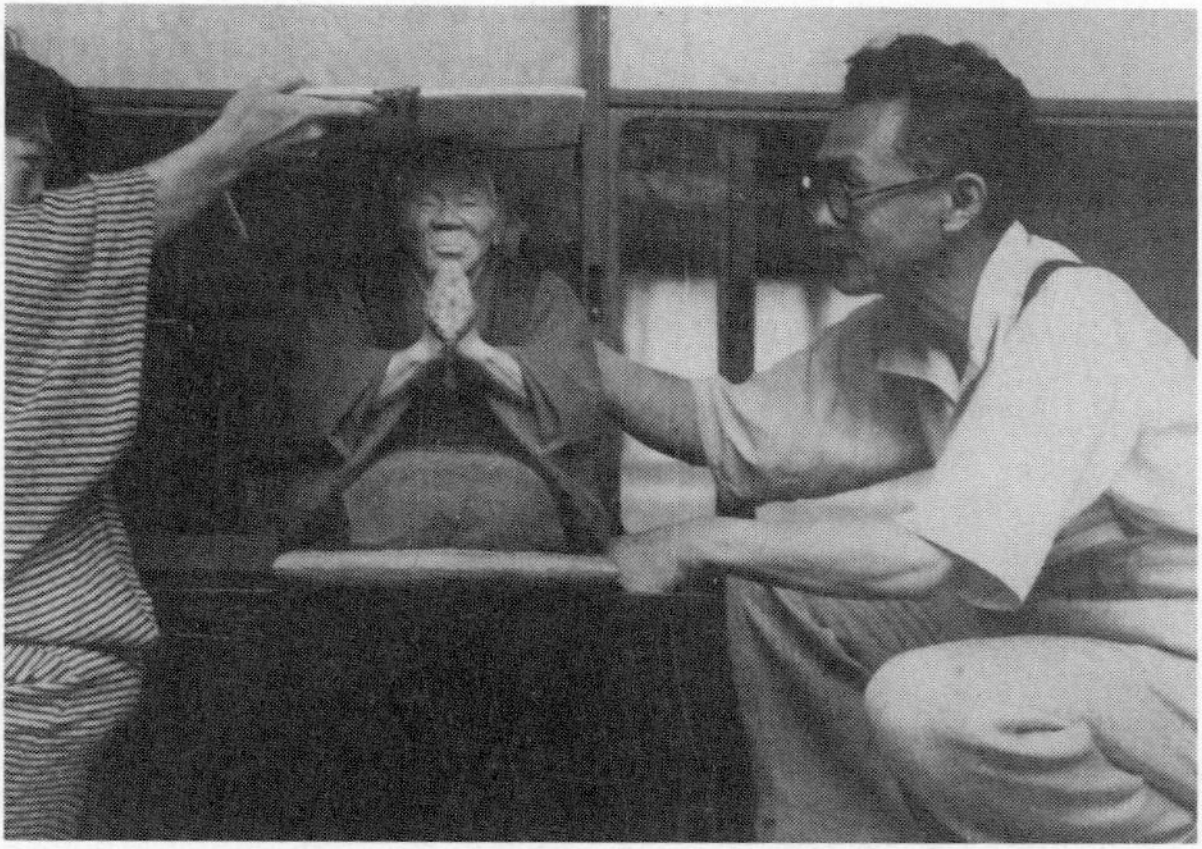

1949年8月鳥取県願正寺にて　住職・衣笠一省と源左木像を調査する柳

味であります。かかる妙好人の信心こそは、私に念仏宗のすばらしさを示してくれました。

私も念仏に関する宗論をいろいろ、読みはいたしましたが、活きた信者を通して、もっとはっきり念仏宗の深さに触れる想いを致しました。それに源左は、ごく最近までいた人で、決して遠い昔の話ではないのであります。このことは余計に私の心を深く打ちました。

考えますと、真宗は（何も真宗のみとは限りませんが）こういう妙好人を産むための教えとも思われます。何故なら、妙好人は主として在家の、それも無学な田舎の人々なのでありまして、民衆を代表する者であります。そういう平凡な人間が無上の信心を得て、大した暮しに入るということは、讃嘆すべき事柄だと申さねばなりません。また事実こういう妙好人が出ることは、法然・親鸞・諸聖人の教えが、単なる思想ではなく、活きたものであることの何よりの証拠であると思われます。

源左は不思議にもどんな言葉をも否定せず、それを活かして教えを説きました。或る同行が「俺は偽《にせ》同行だ」と申しますと、源左は「偽になったら、それでよい。なかなか偽になれんものだ」と申しました。

また或る人が「源左さんは極楽行だが、俺のような人間は地獄行だ」と申しますと、源左は「地獄行ならそれで丁度よい。あんたが極楽行だと、阿弥陀様はすることがなくなられるではないか」と申しました。

ある時、野良で働いておりますと、蜂にさされました。源左はこの時「ああ、おまえにも人を刺す針があったのか、さてもさても、ようこそようこそ」と云って感謝して仕事を続けました。自分を省み、自分にも人を刺す針があることをこれで知らせてもらい、有難い極みだと蜂に感謝いたしました。

「ようこそようこそ」という言葉こそ、源左の信心の生活をまともに示すものであります。私もこういう生活に何とかあやかりたいと思います。

一遍上人

一

一遍上人（いっぺんしょうにん）と記しても、今の多くの人々には、只おぼろげな追想よりないかも知れぬ。それより遊行上人（ゆぎょうしょうにん）と云った方が、文字から来る聯想《れんそう》があって、幾許《いくばく》かの思出が浮ぶであろう。既に謡曲で「遊行」の二字は親しまれた。相州の藤沢に遊行寺と呼ぶ時宗《じしゅう》の本山があることも、耳の片隅には残っていよう。遊行というのは、廻国《かいこく》の行《ぎょう》で、つまり国中を遍歴して歩き、自らにも人々にも仏縁を結ばせる修行を指すのである。

それ故この行のためには、家を捨て、寺をも棄てる身とならねばならぬ。之を「三界無庵」と呼ぶが、一定の憩うべき庵《いおり》を持たぬことで、浮き世のことを捨てきる行である。何をおいても、家庭の煩いや、衣食住にまつわる業《ごう》から、能《あた》う限り離れ去って、仏道に心身を献げ尽す暮しである。僅かに寒さをしのぎ、飢えをのがれ、雨風を避ければそれで足りる。縁なくば、草を褥《しとね》とし、樹蔭を廂《ひさし》とし、食も与えられず、幾日幾夜かを送ることもあろう。その遊行する僧が一遍上人である。

彼は歌う、

「旅ごろも　木の根かやの根　いずくにか
　身の捨てられぬ　処あるべき」

又伯州化導《けどう》のみぎり、雪の山に埋もれて一首、

「積まばつめ　とまらぬ年も　降る雪に
　消えのこるべき　わが身ならねば」

かかる世捨たる僧を「聖」(ひじり)と呼ぶ。遊行して一生を終えられた上人を、人は呼んで「捨聖」(すてひじり)と云った。寺僧でもなく、居士でもなく、真に無庵の沙門を指して、しか尊ぶのである。

上人の前には空也《くうや》(九〇三～九七二年)があって、捨聖の範を示した。そのためもあろうか、上人はこの古徳を慕われること切であった。その歓喜に溢れる躍《おど》念仏も空也上人に源を持つものと云えよう。幸にも京都の歓喜光寺に残る「一遍聖絵《ひじりえ》」にはこう記してある。「空也上人は我が先達なり」とて、かの詞《ことば》どもを心にそめて、くちずさみ給いき。彼の詞に云く、

「心に所縁なければ、日の暮るるに随《したが》って止まり、身に住所なければ、夜の暁《あ》くるに随

って去る。忍辱《にんにく》の衣厚ければ、杖木瓦石も痛からず、慈悲の室深ければ、罵詈誹謗を聞かず。口称を信ずる三昧なれば、市中も是れ道場。声に順いて見仏すれば、息即ち念珠なり。夜々仏の来迎《らいごう》を待ち、朝々最後の近きを喜ぶ。三業を天運に任じ、四儀を菩提に譲る」(三業は身、口、意。四儀は行住座臥の四威儀)。

「上人、この文によりて身命を山野にすて、居住を風雲にまかせて、ひとり法界をすすめ給いき。おおよそ済度を機縁にまかせて、徒衆を引具し給うといえども、心は諸縁をはなれて、身に一塵をもたくわえず、絹綿のたぐい、はだにふれず。金銀の具、手にとる事なく、酒肉五辛をたちて、十重の戒珠を全うし給えり」(「聖絵」第四と七)

「一遍聖絵」の詞を去って、描かれた図に眼を移そう。早くもその第一巻に忘れ難い画面が現れてくる。渚を隔てて遠くには山々がけぶり、はるけく水鳥が飛ぶ。まばらに立つ松の梢の音の下に、二、三の僧を具して、とぼとぼと果しも知らず歩み行く上人の姿が描いてある。悠久な大自然の中にいとも小さい人間の姿。人里も見えぬ寂寞たる光景。何をあてどに、何処《どこ》を指して行くのか。だが、不思議にも彼をつつむその自然の一切が、上人の歩みを、声を呑んで見守るかの如く見える。今や山も河も、樹も花も、この捨聖あっての物語に改まる。絵巻を繙《ひもと》けば、人々は彼が足の跡を追うであろう。いつかは俗にある吾々とても、彼の行いに心を浄められ、仏縁を結ぶ不思議さを感ずるであろう。促々《そくそく》として何か迫るものがあるのである。

之で画家円伊が丹青の筆は酬いられ、門弟聖戒の文章は今も吾々に活きてくるのである。何を求めて上人は限りない遍路に身をまかせたのであるか。それも北は奥羽から南は隅薩の端《はて》にまで及ぶのである。人々は今の地図でそれを想いみてはいけない。七百余年の昔のこと、道とてもおぼつかなく、人の住家もまばらであり、野獣の怖れも多かった遠い代のことである。どんなに遍路の難儀は厳しかったであろう。乗《のり》ものとては、水を渡る小舟以外には何もあるまい。風雨も烈しく、食物もとだえがちであったであろう。だがどうしてこの廻国の大行を果し得たのか。上人には凡《すべ》ての艱難をさえ越える大願が、心に抱かれていたからである。名号の不思議をよく見届け、仏恩の無辺を味い尽していたからである。彼はかくて菩薩行に心を込めた。身自らも無量の教えを受け、之を他にも頒とうと、有縁の人々を求めて、果しもなく国々村々を訪ね歩いた。彼の手には小さな紙切れがいつも携えられた。その上に刻していう。「南無阿弥陀仏決定往生六十万人」と。この紙札を人々に配ることを「賦算」(ぶさん)と呼ぶ。(賦は頒ち与える意、算は札の意)。之こそは万人に名号《みょうごう》を結縁《けちえん》せしめんがためである。札の言葉は「聖《ひじり》の頌《じゅ》」に由来し、その頭文字を取ったものと云われる。その頌に云う、

「六字の名号は一遍の法　(「六字の名号」は南無阿弥陀仏)
十界の依正《えしょう》は一遍の体　(「十界の依正」は一切の心物両界)
万行、念を離るるは一遍の証　(念は二元の念慮)

人中の上々の妙好華《みようこうげ》」（「妙好華」は清浄の白蓮華）この頌《じゆ》は宗門の奥旨を告ぐるもの。意味は後で明かになろう。ここに「一遍」の文字が現れるのを注意したい。「一」は独一、「遍」は遍満。一にして多、多にして一、即ち一多不二の教えを示すもので、仏教の哲理がここに結晶される。之は「独一なる名号、法界に周遍す」という句に由来するともいう。何れにしても「一にして而も遍」の義を示すものであって、仏法の玄意は、之以上に又之以外ではあるまい。

二

一遍上人が活きておられたのは何時の時代だかを尋ねる人があるなら、それは道元禅師や日蓮上人が、多忙であったその時なのだと答えよう。親鸞上人も尚在世の頃で、鎌倉時代中期から後期にかけてである。この頃は西洋も同じく、聖者達が群り出た時代で、かの聖フランシス（一一八二〜一二二六年）や、聖トマス・アクイナス（一二二六〜一二七四年）や、エックハルト（一二六〇〜一三二九年）などが、尚地上にいたその時なのである。日本では推古には聖徳太子、平安には伝教や空海、降って藤原には慈慧や慧心が、それぞれに大きな柱となって、日本仏教の伽藍《がらん》を支えたが、併《しか》しわけても偉大なのは鎌倉時代で、それ迄の仏教は、この時代を生むための準備であったとさえ云えよう。臨済並びに曹洞の両禅、浄土及び真の念仏二宗、法華経の日蓮宗、凡てその祖師をこの時代に持つので

ある。その最後が、実に時宗《じしゅう》で、その開祖こそは一遍上人であった。誠に百華がその美を

競う有様である。それ等は凡て鎌倉時代が生んだ輝かしい仏教文化の跡であった。こんな

にも独自の多くの宗派が現れた時期は古今を通じ、東西に渡って、稀有な出来事であった

と云えよう。

その宗教時代はわけても源空法然上人（一一三三〜一二一二年）によって始められた。誰も知る浄土宗の開祖である。宮廷の仏教、貴族の仏教、武士の仏教、総じて鎮護国家の仏教は之までに栄えたが、それを一段と広め、庶民の仏教にまで徹せしめたのは、実に念仏の一宗であって、法然上人こそは、その礎を築いた。

彼は「偏《ひと》えに善導《ぜんどう》に依る」と云って、一切の思想を支那唐代の大徳善導大師の著「三経疏」にもとづいて建てた。併しそれ迄は寓宗に過ぎなかった念仏門を、独立した一宗に高め、之を「浄土宗」と名づけた。所依の経文は三部経で、「大無量寿経」、「観無量寿経」、「阿弥陀経」のそれである。本尊は大悲の化身とも云うべき阿弥陀如来で、その名をあがめ称えること、即ち称名が往生の業であることを説く教えである。自力を棄て、偏えに阿弥陀仏に帰依する故に、他力門と云われ、専らに六字の名号を称える故に、念仏門と云われるのである。それも僅かに「南無阿弥陀仏」の六字を口に称うる道であるから、易行道とも云われた。之がわけても民衆のための道であるから、在家の仏教と見なされるのである。それ故この浄土門は、凡夫《ぼんぷ》のために特に用意せられた一道だと云ってよい。

仏教の宗派には様々な流れを見るが、中で最も日本的とも考えられ、又日本で特に育ったと云い得るものは、この浄土の一門である。

法然上人を宗祖と仰ぎ、彼の大著「選択本願念仏集」を本典とする。幾多の優れた門弟が彼の後を継ぎ、更に幾つかの流れに分れた。

法然（浄土宗祖）
- 聖光（鎮西派祖）
- 長西（諸行本願義）
- 幸西（一念義）
- 隆寛（多念義）
- 証空（西山派祖）―聖達―一遍（時宗祖）
- 親鸞（真宗祖）

右のうち現存するもの、浄土宗鎮西派、同西山派、浄土真宗、及び時宗の四流である。併し鎮西、西山の二派は共に浄土宗であるから、現存する念仏門は、一に浄土宗、二に真宗、三に時宗の三流に分れる。それ故日本の浄土思想を語る時には、どうしても各々の宗祖、即ち法然、親鸞、一遍の三上人に就いて記さねばならない。

だが法然から親鸞への推移に就いては誰も語るが、殆ど筆を一遍にまでは延ばさぬ。私にはいたく片手落だと思われるから、その理由を述べて、多くの人々の納得を得よう。

前に掲げた法脈の表で分る通り、一遍上人は法然上人からすれば、法の曾孫に当る。教えを証空西山上人の門弟聖達上人から受け継いだのであるから、時宗は明かに念仏宗としては西山派から発したことが分ろう。

上人が生れられたのは延応元年で西紀にすれば一二三九年で、亡くなられたのは正応二年、西紀一二八九年であるからまだ五十一歳の寿に過ぎず、鎌倉時代の高僧達の中では最も短命な方であった。それは困難の多い廻国の行が、肉体をさいなんだためだと思われる。生れられたのは伊予の国で、終焉の地は兵庫の浜であった。あたりは過日戦塵にまみれはしたが、そこには今も石碑が佇む。

彼の一生を物語った「六条縁起」によれば、彼の俗姓は越智河野氏、幼名を通尚と云った。仏縁を濃くしたのは、十歳の時、母に死に別れたためである。法然も道元も親鸞も、この悲しみが、幼い心に無常の観を誘った。救世の悲願を立てたその一生の出発には、何れも尊い犠牲があった。

上人の修行は、前後十二ヶ年、九州に渡って華台、聖達両上人から浄教を授けられた事による。僧名は智真。二十五歳の時、父如仏の訃音は、彼を伊予の郷里に再び戻した。続く七ヶ年が苦闘の歳月であったが、一日輪鼓（一種の独楽）が、廻り又止まる姿を見て、輪廻のことわりを観じ、ここに始めて生死の意味を知り「仏法の旨を得たり」と人々に語った。時に三十三歳である。

出でて遠く善光寺に詣で、「二河白道《にがびやくどう》」の図を得、故郷の窪寺に幽棲して、それを牀に掛け、一日遂に次の頌に、彼の領解《りようげ》を托した。

「十劫（の昔）正覚したまえるは衆生界《しゆじよう》（のため）なり、一念をもって往生す、弥陀の国に。

十（劫）と一（念）と二ならずして無生を証《さと》り、

（弥陀）国と（衆生）界と平等にして、大会に坐す。」

遂に建治元年、彼が三十七歳の時から、十六ヶ年の長きに亙《わた》る日本国中の遍歴が始まるのである。六字の名号を記した札を、人々に配って、仏との結縁を遂げさせようとする菩薩行となった。賦算した札数は総じて二十五万一千七百二十四枚と記録された。

因にいう。浄土三宗の祖、法然、親鸞、一遍の三上人は、それぞれに異る形の暮しを示した。法然上人は寺院の僧として、戒を守られ、信徒の範となって浄い一生を送られた。親鸞上人は自ら非僧非俗を名のり、寺を棄て、俗に交って、法を同胞にしかれた。然るに一遍上人は、俗を棄て、寺も棄て、捨聖《すてひじり》として一切を名号に献げきられた。この三様の異る形こそ、やがて浄土宗と真宗と時宗とを生む礎をなした。共に力が合さって、日本浄土門の大伽藍が建立されたのである。

然るに何故、時宗のみが、社会から忘れがちにされたのであろうか。上人が「吾が化導《けどう》は一期《いちご》ばかりぞ」と云った厳しさにも由来しよう。凡ての聖教を焼き棄てて、只六字だけを残されたことにもよろう。代々の僧が遊行して、一定の仏寺に止まらなかったことにも依ろう。江戸中期に幕府から弾圧を受けたことにも由ろう。寺数が減じて宗風が傾いたためとも云えよう。併しいつかその宗旨の深さが認められる日は来よう。私達は念仏門を語る時、法然、親鸞の両祖師で、筆を擱《お》くわけにはゆかぬ。

三

数々ある仏教諸流の中で、浄土門はどういう立場の教えなのであろうか。

流れは幾つかに分れはするが、凡ての仏法が共通する理念は、「不二《ふに》」にいつも帰る。それで不二が何を意味するかを、様々な立場から想いみることで宗脈が分れた。丁度富士の山を想えばよい。頂きは二つではない。だが之に登る道は様々に分れる。それ故その道筋の光景はおのずから異る。而も道には容易なもの困難なもの、平なもの急なもの、東より昇るもの、西より上るものと、様々に分れるであろう。畢竟《ひっきょう》それが宗派の別であると、そう考えてよい。

だが前にも述べた通り、目途とするのは「不二」の嶺である。仏法は好んで「空」を説き「如」を語り、「即」の文字を記す。又は「中」を述べ「円」を描く。なぜであろうか。何れもが「不二」の光景を言い現わさんためである。否、思索だけではない。日々の行実にこそ不二の境地を求める。「無碍《むげ》」とか「自在」とか、悉《ことごと》くがその機微を伝えるものである。ここに達すれば無上の歓喜であり感謝である。この不二の体得をこそ「悟入」とも「見仏」とも「正覚《しょうがく》」ともいうのである。

概して見れば、この不二を証《さと》る道に「智」によるものと「悲」によるものとがあろう。それは人々の性情や又境遇による。智は叡智であり、悲は慈悲である。之を分り易く知的と情的との性質に分ってもよい。もとより便宜のために設ける目印であって、二者が別だとか反するとかいうのではない。何れかに多く傾くというに過ぎない。

仏法に聖道、浄土の二門を分けるが、前者は「智の道」、後者は「悲の道」と述べてよい。浄土門、即ち念仏門は、主として「悲の道」を辿って、不二の嶺に達しようとする教えである。それがために大悲の化身とも云うべき阿弥陀仏を仰いで止まぬ。

なぜ聖道門を自力門に当て、浄土門を他力門に配するのであろうか。前者は自らの叡智に便るところが大きいからである。後者は、自らの小を省るが故に、他からの慈悲に一切を委ねてかかる。それは屢々《しばしば》譬えられたように、自らの足の力で陸路を歩く者と、風の力に便り帆にまかせて港を指す者とに似ている。浄土の一門は、その他力道を指すのである。

ではなぜ、こんな二道が要るのか。人々には選ばれた者と選ばれない者とがあるからである。賢き者と愚な者とがいるからである。力強き者と弱き者とがあるからである。之を上品《じょうぼん》の者、下品《げぼん》の者ともいう。各々の性情により境遇により、上下に別れるのは如何ともすることが出来ぬ。

だが仏の誓願は一切の衆生済度《さいど》にあるではないか。選ばれた者が救われるのみならず、選ばれざる者にも、救いが行き渡らねばならぬ。下品下生《げしよう》の者は、自力の道に堪えぬ。末法の世には別に一道があって、凡夫のために救いを用意せねばならぬ。智の力ではなく、悲の力で彼等を温く包まねばならぬ。之に応じるものこそ浄土の法門である。法然上人の大は、かかる一道をとりわけ凡夫のために用意されたことにある。引きつづく親鸞上人、一遍上人、何れもこの道を徹せしめた大徳である。

では浄土門とは何なのか。若しそれが下品の凡夫のためであるとするなら、何よりも難行の道であってはなるまい。易行道こそ他力道たるの性格でなければならぬ。易しい道でなくして、どうして凡夫が堪え得るであろう。その易しい道を最も具体的に指し示すのが、念仏の道なのである。

ここに念仏というのは仏を念ずることであるが、この念仏にも二つの性質があろう。一つは観想の念仏で、一つは所謂「無観の称名《しようみよう》」である。前者を憶念、後者を短く口称《くしよう》とも称名ともいう。称名とは口で「南無阿弥陀仏」の六字の名号を称えることである。之より容易な念仏はない。浄土宗、真宗、時宗、宗旨は変るとも、称名を専らにすることに変りはない。何故ならこの易行を介して、往生の業を凡夫のために成就せしめようとするからである。之が浄土門であり、他力門であり、易行門である。

ではどんな経文の中にこの道が明かにされているのか。それはいつにかかって「大無量寿経」の中に記された四十八個の別願中の、第十八願にもとづくのである。経文に云う、「たとえ、われ仏を得たらんに、十方の衆生、至心に信楽《しんぎょう》して、我が国に生れんと欲し、乃至《ないし》十念せんに、若し生れずば、正覚を取らじ」云々。

文意は「かりに私が仏に成り得るとしても、若しこの世の衆生が、真心《まごころ》から信じて、浄土に生れたいと希って、数度でも念仏する時、若し往生出来ないなら、私は仏にはならぬ」というのである。ここに私というのは法蔵菩薩のことで、阿弥陀如来と成る前の名である。

それ故「阿弥陀」というのは彼が「正覚」即ち正しい覚《さと》りを得て如来と成った時の名である。

扨《さて》、この経句が持つ重大な意味は、衆生《しゅじょう》の救いの道として、称名、つまり「南無阿弥陀仏」と口に称える行を勧めている点である。それは全く下根《げこん》の人々の為に特に用意された易行の道なのである。只口に称えさえすればよいと教えるのである。それですむなら、凡夫のためにこんな有難い道はないではないか。法然上人は「只申すばかり」と繰返し教えられた。どうしてそんな不思議がこの称名から湧いてくるのであろうか。

「なむあみだぶつ」というのは和語ではなく、単なる梵音《ぼんおん》であるが、意味は「無量寿の覚者に帰命《きみょう》し奉る」ということである。「南無」は帰命、「阿弥陀」は無量寿、「仏」は覚者

(即ち覚《さと》れる者)の意である。無量寿は又無量光とも云われるが、無量は永劫で、時間で数える長さのことではなく、又物差で計れる大きさのことではない。長短、大小などの二元の世界には属さぬものである。

扨、この「なむあみだぶつ」と唱えることは、二つのことを意味する。「なむ」は帰命であるが、帰命とは、全く我れを棄てることである。任せるのは、自己の凡庸をどうすることも出来ないからである。法然上人は自らを「十悪の法然房」と云い、親鸞上人は「愚禿」と云い、一遍上人は「下根の者」と云われた。凡夫だと省みずしては、帰命はなく、他力信心はない。率直に凡夫だという承認は自力を残さぬ。任せきるより道のないのが凡夫ではないか。それ故「なむ」は「只」の帰依なのである。純な帰命なのである。理窟が残っては只でなく純ではない。法然上人が「只申すばかり」と云われたその「只」にこそ、千鈞の重い意味があろう、口称は「只申す」ことでなければならぬ。この刹那こそは、凡夫が無上なものに触れるその刹那である。無限小なる時のみが無限大に触れ合う時である。だから「只申す」というのは、自力の影を止めぬ念仏との義である。他の行いを雑行《ぞうぎょう》と呼ぶのは、口称が純行だからである。何ものにも染められておらぬ念仏である。之を西山上人は「白木の念仏」とも呼ばれた。それ故もはや吾が称うる念仏ではなくなる。「念仏は無義をもて義となす」と親鸞上人は云われた。一遍上人の「法語集」に云う、「なまざかしからで、物いろうを停止して一向に念仏申す者を、善導は「人中の上々人」とほめ給

伝一遍上人自筆名号（日本民藝館蔵）

えり」と。(「なまざかし」は生賢し、小賢し。「物いろう」は物事を論じあう意)。

それ故我れを宿さぬ念仏こそは、全分に他力を受ける念仏である。念仏それ自らの念仏である。この境地に住むことが浄土に住むことである。妙好人田原のおそのが、いつもの如く名号を口ずさんでいた時他人から「又空念仏《からねんぶつ》か」と嘲けられた。之を耳にしたおその、「若しも私の如き者の念仏が功《てがら》となったらどうしよう。念仏は空《から》であれとの御教《みおし》え、どこに善知識があるやら」とていたく感謝したという。空《から》の念仏、之が念仏の始めであり終りだと云えよう。

扨、是等の秘義を説くのが、浄土門の教えである。法然に発《おこ》り、親鸞に熟したこの念仏の教えは、一遍上人によって、どう進められたかその跡を辿ろう。

四

儚《はか》なく移り変るこの世を見つめて、何か心に不安を覚える。ここに早くも宗教心の芽ばえがあろう。このことは何か常住なものを求める希いとも云える。だがこういう不安が心につのれば、おのずから眼は自らの行いに注がれてくる。どうして嫉みや争いに身を沈めるのか、どうして偽りや高ぶりに心を奪われるのか。想えば生や死が向いあい、自や他が別れるところから来る不安である。どうこの問題を処理したらよいか。ここに宗教心の彷徨いが始まる。

だが下機《げき》の身、到底罪業《ざいごう》からは脱れることが出来ぬ。故に「出離《しゅつり》の縁あるなし」と云う。ではどうしたらよいのか。之に暖い答えを送られたのが法然上人であった。彼はとりわけ念仏の一道を人々に勧められた。彼の「選択集」にはこう述べてある。

「口つねに仏を称すれば、仏即ちこれを聞き給う。身つねに仏を礼敬《らいきょう》すれば、仏即ちこれを見給う」云々、又云う、「衆生仏を見奉らんと願ずれば、仏即ち念に応じて、目前に現在し給う。」

かのイエスも「求めよ、さらば与えられん。叩けよ、さらば開かれん」と述べたが、心は同じである。仏の名を称えれば、又仏の声を聞くことが出来るとは、何にもまして有難い教えである。之で私共は仏に見《まみ》ゆる悦びを得、凡ての不安を断ち切ることが出来よう。それ故にこそ之を「正定《しょうじょう》の業《ごう》」と名づけた。法然上人は人から仏への道を説いて、衆生を導いて行かれた。

だが念仏の思想は、時を経るにつれ、更に熟した。親鸞上人は師法然の築かれた礎の上に、太々と支えの柱を建てられたのである。念仏とは仏を念じ、仏に身を任せることである。それなら念仏も亦、自らの力に依るのではなく、又依ってはなるまい。人が仏を念ずるというより、仏が人を念じ給うのが本である。念仏は「人から仏へ」の行から、「仏から人へ」の行に熟さねばならぬ。親鸞上人の有名な言葉に「帰命は本願招喚の勅命なり」と。「南無」と帰命するのは、人が仏に命《いのち》を献げる意味よりも、寧《むし》ろ仏が吾れに帰せよと命《めい》ぜられていることである。その命に従うことこそ帰命である。この仏の無量な悲願なくして、どうして凡夫が救われるであろう。親鸞に於ては、凡ては仏行であって、「仏から人へ」の道筋をはっきりと説いた。法然は下から上を、親鸞は上から下を見つめたと述べてもよい。

だが一遍上人は何と説かれたであろうか。人が仏を慕い、仏が人を招くと述べても、まだ人と仏との二が残ろう。互の交りに救いを見るとしても、「人と仏」という言葉が分れる。不二を見るのが仏法であるとすると、更に見方を深めてよい。この二つをすら消す名号に、往生の当体があろう。だから人が仏を念ずるというより、又同じく仏が人を念ずるというより、念仏自らの念仏にまで行き着かねばならぬ。一遍上人の左の言葉は、念仏門の最後の声だと讃えてよい。之より純に念仏の本質を説くことは出来ぬ。

「されば念々の称名は念仏が念仏を申すなり」と。

だから同じように、聞名とは人が名号を聞くのでもなく、仏がそれを人に聞かせるのでもない。

「しかれば名号が名号を聞くなり。名号のほかに聞くべきようのあるにあらず……余念をかねざる名号と心得べきなり」(法語集)。

それ故一遍上人にとっては、「南無阿弥陀仏」の六字は、南無と帰命する人と、阿弥陀仏と帰命される仏との交りを指すのではない。南無即阿弥陀仏であって、二語に分れる前の当体に、名号の意味が潜むのである。だから、ここを離れて往生があるわけではない。「ただ南無阿弥陀仏が往生するなり」、「もとより名号即ち往生なり」。人の往生だというのではなく、名号の往生だと指すところに彼の深さが見える。名号には人と仏という二語さえ、その影を止めぬ。ここを指して「独一なる名号」と彼は云うのである。親鸞の建てたその柱の上に、更に棟木をおき屋根を添えて、念仏の大伽藍を築きおおせた。

それ故「南無」即ち「帰命」の二字とても、三上人によってその解釈に推移が見られる。法然上人は、之を人がその命《いのち》を仏に帰す意にとられた。親鸞上人は、仏が人に帰せよとの命《めい》であると考えられた。一遍上人は、人も仏もなき不二の命根に帰る意味にとられた。

廻《え》向《こう》に対する思想でも同じ推移が見られよう。経に「至《し》心《しん》廻向」という句が見える。もとより正常に之を読めば、「至心に廻向す」であって、人が心を込めて仏に廻向することである。法然上人は素直にしか読まれた。然《しか》るに親鸞上人に於ては、常法を破って、大きな飛躍をされた。之を大胆にも「至心に廻向し給えり」と読んで、凡てを弥陀の側から眺めた。深い宗教的体験によるものと云ってよい。ここで浄土思想が又一歩前に進み出たと云える。それ故、廻向行は所謂「不廻向行」へと進んだ。人の廻向なら尚自力の跡が残ろう。一切は仏からの廻向とすれば、人には不廻向の行のみであろう。全分に他力に浴したいがためである。

だが之で廻向の深義は終りに来たであろうか。人に対する仏の廻向では、まだ人と仏との区別が残ろう。廻向が廻向するそのさ中に、人も仏も包摂されるのでなければならぬ。之を古く「唯仏与仏《ゆいぶつよぶつ》」とも云い、「仏と仏との御議《みはから》い」とも云ったのである。前にも引いたように「念仏が念仏する」という一遍上人の言葉こそは、最後の答えと云えよう。上人は云う、「名号に心を入るるとも、心に名号を入るるべからず」、「名号には領せらるるとも、名号を領すべからず」、「名号は義によらず、心によらざる法なり」、「南無阿弥陀仏の名号には義なし」、それ故「念仏の外の余言をば、皆たわごとと思うべし」、「念仏の下地をつくる事なかれ」、「当体の南無阿弥陀仏の外に、前後の沙汰あるべからず」云々。

ここに廻向対不廻向の考えも絶えて、只廻向が廻向する、仏が仏にまみゆる光景のみがあるのである。

それ故南無の「機」と阿弥陀の「法」とは、もとより一体である。「金剛宝戒秘決章」に「念仏の中に、ゆめ機法なし、何物をか機といい、何物をか法という」と記されてある。「機法一体」の思想は浄教の哲理である。浄土宗西山派、真宗、時宗、皆その伝統を継がぬものはない。一遍上人は云う、「機法不二の名号なれば、南無阿弥陀仏の外に能帰もなく又所帰もなきなり」。顕意上人の作という「安心決定抄」にも云う、「南無阿弥陀仏と称するも、称して仏体に近づくにあらず、機法一体の正覚の功徳、衆生の口業に現るるなり」、「この機法一体の南無阿弥陀仏になりかえるを念仏三昧という」。「機法一体」とは詮ずるに不二の教えである。その不二に名号の自性を見るのである。

五

どの念仏宗と雖《いえど》も称名をおろそかに考えるものはない。昔から「常行三昧」などというが、ここに「常行」とは常に念仏を行うとの義である。それであるから、望むらくは行住座臥、念仏にあけ念仏にくれるべきである。それ故、念仏の行者は日に日に何万遍と、六字の名号を口ずさんだ。京洛に「百万遍」と呼ぶ寺院があるが、念仏宗に必然に伴う行を語るものである。同じ名で呼ばれている長い念珠があるが、信徒達は大勢輪になって、その珠数を一つずつ繰り乍ら、念仏を称えた。之を多念仏というが、念仏は必定数多く称える念仏になってくる。法然上人の門弟であった隆寛律師は、特に「多念義」を宗旨としたと云われる。

併《しか》し数多くという事に功徳があるのではない。念仏に日を送れば、おのずから多念に入るというに過ぎまい。それで一念でも真実な念仏であるならば、往生は決定されよう。経にも「乃至《ないし》十念」とか、「乃至一声」とか記してある。それ故遂には行としての念仏よりも、信としての安心の方が重く見られるべきだと考えられた。之を「一念義」という。法然上人の門弟であった幸西はこの考えに落ちて、多念の無用をすら述べた。

併し之が異安心《いあんじん》として、浄土宗から退けられたのは当然である。日々が念仏行の中に在るべきで、一度ぎりで念仏はすむというのは正統の思想ではない。この意味で師法然上人が行としての多念を勧められたのは自然であった。「往生の業、念仏を先とす」と云われた。

併し親鸞上人は行よりも信を重く見られたのであるから、往生の業は信心を本となすと考えられた。それ故、多念の数よりも一念の質に重きを置かれた。「信行両座」の物語が早くも「親鸞上人御伝鈔」に記され、師法然も行の座につかず、信の座につかれたと記してあるが、之は史実とは云えまい。念仏の行を重んずる流れを「起行派」と云い、信心を重くみるものを「安心派」と名づける。浄土宗は前者であり、真宗は後者である。

それで真宗に於ての称名は、往生の業というよりも、報謝の念仏として解釈せらるるに至った。之がために一念多念の争いは、宗論として早くから起った。法然上人の態度はいつもの如く公平であり穏当であった。

「一念十念に往生をすといえばとて、念仏を疎想に申すは、信が行をさまたぐるなり。念々不捨者といえばとて、一念を不定におもうは、行が信をさまたぐるなり。信をば一念にむまると信じ、行をば一形にはげむべし」。(一形とは一生の意である)。

謂い得べくば、横に念仏を見る時、浄土宗の「行」があるのである。之を縦に見る時、真宗の「信」があるのである。この両者に対して、時宗は如何なる立場に立つであろうか。

一遍上人は、一念にも往生の業を見たことに於て、親鸞上人と変るところはない。だが一念は度数ではない。念々がかかる一念でなければならない。それ故に一念の相続である。之は数多き多念ではない。又は報謝のための多念でもない。念々に新しい一念の連続なのである。それ故一遍上人にとっては、数え得る一念も多念もない。上人は云う、「名号の所には一念十念という数はなきなり」。数のない念仏であるから、どうして一念多念の別が生じよう。だからよく一念に即する多念であり、多念に即する一念である。

浄土宗は多念の側を専ら見ようとする。だから念仏の相続に重きを置くのである。真宗は之に反し、一念の側を強く見るのである。それ故、余の念仏は只報謝の意味に転じたのである。然るに時宗は、数なき念仏を見つめたのである。それ故一念と多念との矛盾は消える。「当体の南無阿弥陀仏の外に前後の沙汰あるべからず」という。それ故一念も沙汰、多念も沙汰、報謝も沙汰であろう。念仏は醇乎たる念仏でなければならぬ。

古来念仏宗には「臨終来迎」の思想と、「平生業成《へいぜいごうじょう》」の思想とが対立した。之は「来迎」対「不来迎」の宗論としても知られる。浄土宗は前者を、真宗は後者を主として説くのである。つまり往生は死に際する臨終にあって、その時仏の来迎を受けるという考えと、之に対し往生の業は平常に成就し得るものであり、来迎を待たぬという考えとに分れる。

臨終来迎の思想はもとより三部経に依るものであって、「小経」には、それを簡潔にこう記してある。

「其の人、命終る時に臨みて、阿弥陀仏、諸々の聖衆と与《とも》に、其の前に現在し給う。是の人終る時、心顚倒せず。即ち阿弥陀仏の極楽国土に往生することを得」。仏が来迎するという思想が、信徒にとって、どんなに温い教えであったかは、誰も推量が出来よう。之はとりわけ画家達の想像を誘う場面であった。慧心の筆と伝える山越の弥陀や、二十五菩薩来迎の図や、又広く愛された弥陀三尊来迎の図は、人々の信心をよく現したものである。浄土に生れるとは、仏に迎えられる意味があろう。だから浄土宗の寺々を訪えば、本尊と仰ぐ弥陀如来は、足を運んで吾々に歩み寄る風情である。法然上人も、「阿弥陀の本願は、名号をもて、罪悪の衆生をみちびかんと、ちかい給いたれば、ただ一向に念仏だに申せば、仏の来迎は法爾の道理にて、うたがいなし」。(「勅修御伝」二十一)

来迎のない往生はないから、浄土宗に於ては、わけても来迎の図相を尊ぶのである。

然るに真宗に移ると、この信仰は消えてゆく。なぜなら、前にも述べた如く、この宗派では「平生業成」を説く。こうやって暮すその平生に往生の業が成就するというのである。何も臨終時に於てのみ往生がかなうのではなく、平生だに信心が定まるなら、往生の位を得るのである。それ故一念の信を得ば、臨終に来迎を仰ぐ要はない。之が真宗に於ける「不来迎」の思想なのである。存覚上人の「浄土真要抄」に、

「親鸞上人の一流に於ては、平生業成の義にして、臨終往生の望みを本とせず。不来迎

の談にして、来迎の義を執せず。但し平生業成というは、平生に仏法にあう機にとりてのことなり。もし臨終に法にあわば、その機は臨終に往生すべし。平生を云わず、臨終を云わず、ただ信心を得る時、往生即ち定まるとなり。之を即得往生という」云々。

この故に真宗の寺院は来迎仏を本尊とはしない。臨終来迎から平生業成へと往生観が移る所に、浄土宗から真宗へと進む経路が見える。だが来迎から不来迎への推移は、多念より一念へ、廻向より不廻向へと変るのと、同じ轍を踏むものと云えよう。不来迎が来迎に対しては、共に二元の思想を出まい。この争いに明かな終止符を打ったのは又しても一遍上人ではなかったか。

浄土宗は臨終に、真宗は平生に往生観を建てたが、時宗こそは平生即臨終に、往生の面目を見つめた。平生の外に臨終のないことを述べ、念々が臨終なることを説き、平生のその中に、来迎を観じた。謂わば念仏のあるところ、常来迎である。かくして平生に臨終があり、念々に来迎があって、真宗が棄てた来迎を再び活かし、浄土宗が忘れがちな平生に臨終を見つめた。一遍上人は云う、

「只今の念仏の外に、臨終の念仏なし、臨終即ち平生なり」。

「称名の位が即ちまことの来迎なり、称名即ち来迎と知りぬれば、決定来迎あるべきなり」。

「南無阿弥陀仏には臨終もなく平生もなし。……当体の一念を臨終と定むるなり。しか

れば念々臨終なり、念々往生なり」。

不廻向を説き不来迎を説くのは未だ不二の仏法を見つめたとは云えまい。念仏は時間の差別の上にはない。「只今の念仏」は時の前後を許さぬ。それ故念仏に於ては平生と臨終との差は消え、来迎と不来迎との別は絶える。

法然上人は、往生を主に臨終の刹那に見、親鸞上人は平生の一念に見た。然《しか》るに一遍上人は名号に結ばれる平生即臨終に、往生を見つめた。

六

仏法の諸宗は、念仏門に至って、始めて充分に衆生済度の誓願《せいがん》が具現される道を開いた。聖道の諸宗に於て、悟入を得る者は、選ばれた者達に限られよう。選ばれざる者にとっては難行で、歩きおおせることが出来ぬ。然るに易行の一道を建てるに及んで、他力宗は、選ばれざる者への門戸を開いた。

実に浄土門の功徳は、何よりも人間の差違を撤廃したことにある。ここで男女の別は影をひそめた。罪業の深いと云われた女とても、めでたき往生が、しかと約束せられた。卑しい遊女とても、その恩沢に洩れはしない。同じように貴賤の別は消されて了った。貧富の差は取りのけられた。仏法は念仏門に至って、王侯や貴族にも増して庶民を暖く迎えた。貧しさに沈む者達を心の富者に甦らせた。之で誰も彼も往生の業を完う出来るに至った。

僧俗の別など、何の妨げにもならぬ。それ故、他力門に於ては、賢愚の別も、問題とはならぬ。それどころか、進んで一文不知の輩が、もっと温く仏の慈悲を受けることを説いた。ここまで教えを徹すると、善人悪人の差別さえ躓きにはならぬ。否、進んでは悪人が弥陀の迎える正客の座につくことを明かに報らせた。だから罪無罪、破戒持戒の差違も、往生の業には何の障りにもならぬ。もとよりそれは悪がよいなどと、つゆ述べているのではない。いつに如来の大悲、願力による恩沢である。他力が凡夫のために一切の不思議を演じてくれるのである。

凡ての浄家はこの仏恩を迎えるにあたり、口称の一道を説いて止まぬ。だがこの念仏の行には、信が伴わねばならぬ。否、信こそは行にもまして重要なものとされた。前にも述べた通り、之はやがて法然より親鸞への推移であった。それを受け継いだ蓮如上人は云われる、

「たとえ名号を七重八重に身にまといたりとも、信を得ずば、往生は得候う間敷候う」。

凡ての宗教は信を基礎にする。信があらば何にもまして、仏に近づくことが出来る。之を失うことは、仏から遠のくことを意味しよう。だから信こそは行の根であると云われた。真宗の伝統はこのことを主張して止まぬ。

一見この見方に誤りがあろうとは思えぬ。だが、人間から善悪の別や賢愚の差を、躓きとさせなかった他力門に於て、信不信の差に、その法門を建ててよいのであろうか。信を

すら得られずに悩む者に、救いは閉ざされているのであろうか。信も亦選ばれた者にのみ許されている力ではないのか、不信の者に往生の恵みは与えられないのであろうか。この問いこそ念仏の一門を建てんとする者が、当面する最後の問題である。実にこのことに対し、最も深く答えを迫られたのが一遍上人である。

彼は往生の業に対し啻に賢愚、善悪の別を消したのみならず、遂に信不信の別をも撤して了ったのである。ここに他力門が真宗から更に時宗に移る契機がひそむ。仏縁を結ぼうと、彼がいつもの如く名号を記した札を賦《くば》りつつあった時、偶々《たまたま》律宗の僧に逢うた。「信を起し、名号を称えて、この札を受けられよ」と、上人が札を差出した時、僧は之を返して「一念の信もないこととて、この札を受けたら偽りを犯すことになろう」、「信心が起らないのは、私の力の及ばないところである」と。僧の答えは誠実で嘘言ではない。どうしたら不信の者に勧進《かんじん》を正しく続けることが出来るか。信なき者に札を賦《くば》ることは意味がないのであろうか。上人は想い悩んでその夜、熊野本宮の証誠殿に祈願をこめ、権現《ごんげん》の冥慮《みょうりょ》を仰いだ。遂に夢想の告があって彼の耳に響いた。

「融通念仏すすむる聖《ひじり》、いかに念仏をば悪しく勧めらるるぞ。御房の勧めによりて一切の衆生、始めて往生すべきにあらず。阿弥陀仏の十劫正覚に、一切の衆生の往生は南無阿弥陀仏と決定するところ也。信不信をえらばず、浄不浄をきらわず、その札をくばるべし」。

上人の感激は烈しく、「我れこの時より自力の意楽《いぎよう》をば捨て果てたり」と叫ばしめた。

人間の往生は、十劫の昔、仏が正覚をとったその刹那に決定されているのである。人の力で往生するのでもなく、又吾々が人を往生せしめ得るのでもない。信と不信と、浄と不浄と、そんな人間の差別に左右されるような往生ではない。若し人間の力で往生が出来るとなら信も必要であろう。浄もなくてはなるまい。だが往生は十劫の昔、正覚のその刹那に成就されているのであって、人間の信がそれを支えているのではない。それ故人間の賢愚の如き、善悪の如き、信不信の如き、何の差別が、弥陀の本願を乱し得るであろう。一遍上人は云う、

「厭離《おんり》穢土《えど》、欣求《ごんぐ》浄土《じようど》のこころざしあらん人は、わが機の信不信、浄不浄、有罪無罪を論ぜず、ただかかる不思議の名号を聞き得たるをよろこびとして、南無阿弥陀仏をとなうべし」と。

信不信を選ばずとは、他力法門の最後の驚くべき教えではないか。不信の者をこそ、不信のままに尚救う道を阿弥陀如来は建て給うたのではないか。往生は弥陀の正覚に成就されているのである。人間の資格によって左右し得るが如きものではあるまい。信を得ずば往生出来ないと云うのは、充分に弥陀の力を知り得てのことではあるまい。一遍上人の体験の深さは、遂に信不信をも越えて、往生の契いを見つめたことにあろう。

七

「明義進行集」に法然上人の次の言葉が記録してある。

「源空も始めには、念仏の外に、阿弥陀経を毎日三巻読み候いき。一巻は唐《とう》、一巻は呉《ご》、一巻は訓《くん》なり。然るをこの経に詮ずるところ只念仏を申せとこそ、説かれて候えば、今は一巻も読み候わず、一向念仏を申し候なり」。

「阿弥陀経」には「名号を執持すること一心不乱なれ」と教えてある。何ぞ経を読んで功徳を求め、ために称名を怠るべきであろう。称名専修でこそ、念仏の信徒と云えよう。故に日夜名号を口ずさまれるに至ったのである。

同じような物語が親鸞上人に於ても記録された。恵信尼文書《えしんにもんじょ》にいう。上人は衆生利益《りやく》の為にとて、三部経を千部読み始められたのであるが、「名号のほかには何事の不足があろうか」と思い返して、読経を止めて専心に念仏せられた。然るを病熱に犯された或日、又経を譫言の如く読まれた。醒めて後、そのことを省み、「念仏の信心より外には、何事か心にかかるべき」と深く恥じられたと記してある。経を読むことも棄て、称名を専らにせられたことこそ、念仏一道だと云える。

だが両上人は、この一道を説くために、千語万語を費されたのである。法然上人には「選択本願念仏集」があり、親鸞上人には「教行信証」がある。共に数多くの経典を引用し、論理を整え、修辞を磨き、他力の法門を宣揚せられた。浄土宗及真宗が共に本典として仰ぐのは、それ等の著述である。何を目途として多言を費されたのであろうか。実は只々称名に秘められた不思議を説くためである。

考えるとそれ等の大著は、只六字のためではなかったか。六字の前には千語万語も影の如きに過ぎまい。否、六字以外の言葉のために、六字が影となってはすまぬ。一遍上人は死が近づいた折、所持された聖教や書ものを凡て焼き尽されて了った。消えゆく煙を見て弟子達が悲しみに胸を痛めた時、只一語「一代の聖教《しょうぎょう》皆尽きて南無阿弥陀仏になりはてぬ」と云われた。

ここに浄教の浄教がまともに浮ぶ。一切を残さず、只六字だけを、くっきりと出された。六字だにあらば、何の不足があるであろう。万巻の浄教は、只名号を唱えよと教えているのではないか。時宗には依るべき本典はない。だが何よりも六字があるのである。之にまさる本典があろう筈はない。上人にも幾許かの言葉は残るが、それは弟子達が、記憶のままに記しておいたものに過ぎぬ。上人には六字のみで事足りたのである。否、六字のみがよい。六字にまさるものは他に見られぬ。多くの言葉で、この六字を濆してはならぬ。最も多く六字が活かされるために、最も少く他の言葉が用いられねばならぬ。

名号只一つ、独一なる名号、名号をここまで高めた浄家が他にあるであろうか。法然上人も親鸞上人も、一遍上人を得て、浄土門の最後の仕上げをしたのである。

その語録に云う、或人問いて云く、「上人御臨終の後、御跡をば、いかように御定め候や」。上人答えて云く、「法師のあとは、跡なきを跡とす」。「今、法師が跡とは、一切の衆生の念仏する処これなり。南無阿弥陀仏」。

上人嘗《かつ》て禅門の大徳法燈国師に会う。国師一問を上人に呈し、「念起即覚」の意を問われた。上人は一首の和歌を読んで答えられた。

「称うれば　仏も吾も　なかりけり
　　　南無阿弥陀仏の　声ばかりして」

国師は「未徹在」と云われた。未だ悟りに徹しないものがあるとの批評である。上人は直ちに又一首を口ずさんだ。

「称うれば　仏も吾も　なかりけり
　　　南無阿弥陀仏　南無阿弥陀仏」

之を聞くや、国師は直ちに禅の印可を上人に贈呈せられた。

他力と自力、浄門と禅門、又ここに不二なるを見る。一遍上人は念仏の一道を究竟の頂きにまで高めた。

思い出す職人

亡き一職人の為に

森数樹兄と一緒であった。昭和九年九月一日、奥羽地方民藝調査の折、秋田を訪うた。だが此の古い町に期待した程の品物は無かった。黄八丈《きはちじょう》はあるが、本場のにはどうしても劣る。角館でも作るが、もう生産が薄い。漆器は能代に名を奪われている。（尤《もっと》も此の黄味を帯びた春慶《しゅんけい》は、色や塗の関係から上品であっても弱々しく、形も冷たく、同じ品ならまだしも飛騨高山産の方が力がある）。秋田の町では岩七厘《いわしちりん》が目に止るが、之も町の産物ではなく北秋田郡阿仁の村で出来る。樺《かば》細工も町で見かけるが之は角館が本場である。紫《し》根《こん》染はあるが、之は花輪から来たのであろう。秋田が秋田で産む品を求めても、殆《ほとん》ど得るものがない。大きな城下町であるし、北方の主要な都であったから、昔は相当に色々な品が作られたに違いない。だが伝統は早く消え去ったと見えて、眼に映る品は殆どなかった。（或《あるい》は未だ気附かないものがあるかも知れぬ。若《も》しそうなら次の訪問の時是非廻り逢いたい)。

町々を縫って廻ったが、かつぐ袋はまだ軽かった。遂に町はずれ近くなった時、ふと小さな鍛冶屋が目に止った。狭い店に低い棚を設け、品物がほんの少しまばらに置いてあった。往来の埃が店を一層貧乏くさくさせた。だが急に私の眼を射たものがある。念の為駆ける車を戻して店に寄った。何たる幸なことか、私は間違わなかった。それは美しい山刀である。背の角が隅入りで、厚みも多く形もよく、家の記なのか之に瓢箪模様が一個入れてあった。柄もいい。だがそれだけではなかった。今迄見たどの五徳《ごとく》よりも美しい形のものがあった。その傍には最も可憐な吉原《よしわら》五徳が置かれてあった。土地では「鉄きょう」と云う。品物を見ると、どれもこれも一つの共通した特色があって、他の品とは明かに違う。作った者の形に対する優れた本能が感じられた。一つの金鎚にもそれが見出された。

主人はまだ若かった。だが金物を鍛える頑丈な体の持主ではなかった。それだけに又その代りに神経がよく働くのかも知れない。どの品にもぼんやりした所がない。私達は展覧会の為、沢山買おうとしたが、店の持合せは僅かよりなかった。細々と営む店のことだから、材料がつづかないのか、買手が少ないのか、仕事が出来ないのか、品物の数は貧しかった。だが吾々は更に注文を頼まずにはいられない程、それ等の品物に心を惹かれた。受取証には秋田市保戸野表鉄砲町伊勢谷運吉と記してあった。

展覧会に集った吾々の友達は皆、是等《これ》の品々を非常に悦んだ。私は知らない人々に売ら

伊勢谷運吉造「丸輪五徳」

れてゆくのを惜んで、民藝館の為に先ず幾つかを買い求めた。追注文はかなりの数に及んだ。リーチもその一人だった。リーチの考案になった書斎の火鉢には、特にその五徳を入れていたのを覚えている。英国で展覧すべき品々の中にもそれ等のものは加っていた。私達は再度督促し追注文を急いだ。だが一通の手紙が届いた。あれから病気で作れないでいるが、まもなく直ると思うから、もう少し待ってくれとの意味が乱れた文字で記してあった。だがそれぎりだった。会も終ったので私達も催促の手紙を出さずに了《しま》った。だが品物を見る毎に妙に彼の病気のことが思い出された。もう直った頃だろう、又何か作ってもらおう。そう思い乍《なが》ら私も長らく筆不精に過ぎた。

一年は経った。私は河井と二人で計らずも奥羽の旅に出ることになった。山形、岩手、青森と廻り秋田へと道を取った。私はその店を訪ねる日が、再び来たことを悦んだ。河井も品物のことはよく覚えている。それは十一月四日の朝早くだった。私達はどこよりも先に鉄砲町を訪ねてその店を捜した。併し一年前に在った筈の所に店はもうなかった。不思議に思って票札を探したところ慥《たしか》に「伊勢谷」とあるが名が違っている。

「ここに伊勢谷と云う鍛冶屋さんはいませんか」

「ああ伊勢谷さんですか、亡くなったですよ」

淋しい気持が急に私を襲った。どんなにがっかりしたことか。無銘の職人達は大方こうやって消えてゆくのだ。活きている間にもう一度私達の悦びを伝えたかったのに。今から思えばなぜ彼の品物の写真を入れた「工藝」の図録を彼に届けなかったのか。彼は彼の作物がどんなものだかを恐らく識らなかったろう。又それ等の品をかくも悦ぶ人達が此の世にいることを夢にも思わなかったであろう。吾々の度々の督促を特別な意味には取らなかったに違いない。彼は彼の仕事を平凡に考えていたであろう。それが他の地方の品々と、どこが違うかに深く気附きはしなかったであろう。出来たら鍛冶屋の身分に終りたくはなかったであろう。死んだ方が楽だとさえ思ったことがあるかも知れぬ。だが若し吾々の悦びを何かでもっと伝えることが出来たら、元気になってくれたかも知れぬ。早い死をそう迄早めずにすんだかも知れぬ。だが不幸な彼は早死して了った。秋田の人と雖《いえど》も彼の存在に気附く者は殆どいなかったであろう。否、近くに住む人達と雖も彼の死をろくに痛みはしなかったであろう。ましてその仕事を想い起しはしないであろう。彼は永えに暗から暗に葬られてゆく無銘の一職人に過ぎないのである。

だから私は彼の為にせめて此の一文を草しておきたい。私は彼の顔すらも充分に覚えてはいない。まして彼がどんな家に生れどんな生い立ちをし、どんな性格を有ち、幾つで死なねばならなかったか、凡《すべ》て知らないのだ。だがそれが明るいものであるにせよ、暗いものであるにせよ、知らないままに任せよう。だが私は彼の作物を知っている。その二つ三つのものを私の傍らに置いている。そうしてどこがいいかを熟知している。私は此のことを何か記しておきたいのだ。

彼のことを想い、同じ様な運命の無数の名もない職人達のことを想う。彼に対してのみではない。私は正しい仕事を遺してくれる凡ての職人達の味方でありたい。そうであることが私の使命の一つではないか。

亡き伊勢谷よ、おれは君の作ったものを民藝館の為に買っておいたことを実によかったと思うよ。ふりかかった運命などにどうかこだわってくれるな。仕事が運命を守ってくれるよ。このことは誰の身の上にだって実は同じものだ。此の短い一文が心の便りにもなるなら嬉しい。（昭和十年十一月五日夜家に帰って記す）

老いた一職人の為に

私達は、酒田に降りることを怠らなかった。河井と二人である。昭和十年十一月四日昼。

荘内には産物が多い。ここと鶴岡とで私達は旅を結ぶことに決めた。町々を探るには人力車に限る。自働車は眺めを粗末にする。歩いては不案内で時が費える。有難いことに今でも地方では人力車が吾々を待っていてくれる。

国は北だから晩秋の風が身にしみた。併《しか》し空は青々と、吾々の訪れに味方してくれた。どこの細道も知りぬいている人力である。小路をぬって目指す町へと向った。だがある横町を過ぎた時、はたと私達の眼に映ったものがある。車を急に止めさせて降りた。軒の低い古家で、右の片隅に貧しい飾り棚を設け、硝子ごしに様々な彫のある金具が並べてある。どれも埃でぼんやりしている。だが幸にも私達は之を見逃さずにすんだ。之こそは私達が前から求めていた船箪笥《ふなだんす》の金具をうつ鍛冶屋ではないか。今迄どうしても見つからなかったのである。越州の三国と、佐州の小木と、羽州の酒田とが、船箪笥を造った三港であることは前から聞いていた。だが遷《うつ》る時が需用を消した。箪笥は少しは今風のものに置き換えられたが、金具ばかりは殆ど絶えた。それが此の酒田で見つかったのである。

もう六十に近いと思う小柄の爺さんが、貧相な眼鏡をかけてしょんぼりと仕事をしている。誰からか頼まれた直しものである。見ると船箪笥風の引出である。小さなその工房は赤錆びの金具で埋まったままで足の入れ場もない。店の左手には上さんの商いなのか、僅かの柿を台に広げて売っている。金具造りだけではもう暮せないと見える。店先の低い天井には様々なものがぶらさげてある。錠、鍵、蝶番《ちょうつがい》、提柄、鉤《かぎ》、座金、屋号や紋入の金具等々。どれもこれも埃だらけで何年も手に触れる者がなかったと見える。

だが私達は、どんなに心を躍らせたことか。二人はほったらかしてある沢山の金具の中から、夢中になっていい品々を探し求めた。こんな爺さんがこんなにも力のある見事な金具を造り出すのか。吾々は色々と問いかけたが、地の言葉は外国語よりもっとむずかしい。だが私達は次のことを知ることが出来た。代々船箪笥や土蔵の金具を作って来たが、先年八十四歳で父親が死に今は自分が仕事を継いでいるが、もう昔の様ないい仕事を求める人がいなくなったことを話した。思い設けぬ妙な客にさぞ奇異な感を抱いたことであろう。「何かもっと品物を見せてくれないか」、爺さんは余り探そうともせず、そんな物を何にするのかと不思議がるように見えた。私達は床の上に行儀よく併し錆つかせたまま並べてある道具類を踏むのを許してもらって、店の奥から見事な、一個の大作を引き出すことが出来た。(之はやがて民藝館に陳列されるであろう)。求められるままに金子を支払った時、爺さんは事の外悦んだように見えた。吾々も思わず此の店を知ったことをどんなに悦んだことか。帰りがけに名を尋ねたら、ゴム印で捺した紙切れをくれた。それにはこうあった。

酒田市十王堂町弐八　金具店白崎孫八。

之は恐らく船箪笥の金具を作った最後の工人ではあるまいか。しょんぼりした店の構え、もう年老いた彼の体、埃と錆とに包まれた品物、何もかももう過去に属して、行く末は長くはないと思える。誰もあの見事な彫のふっくらした金具を需めはしなくなった。安ものの薄手のへなへなな品でなくば売れはしない。正直な仕事はここでも貧乏を招く。だが正しい品物はいつか光る。又何かに甦ろう。船箪笥はもう過去の品でいい。だが金具の美しさや、その手法の正しさは姿をかえて何かに活かせる。活かさなければ勿体ないではないか。此の真理を粗末にしてはすまない。だから私達は世に敗れた無銘の工人達に代って、その仕事を品物で文字で語ってゆこう。人は逝くとも世は変るとも美しさは活きる。私は老いたその職人の為に、更に又正しい工藝の名誉の為に、是だけのことを記して置きたい。爺さんよ、又逢えたら逢いたいものだ。そうして次にはもっと技術の工程や、紋様の取り方や、仕事の性質や草々のことに付て聞かせてほしい。永年の経験は宝なのだ。達者でいてくれ、吾々二人とも同じようにそう望んでいる。(昭和十年十一月六日夜)

追記、右の覚書を記しておいてから三年程の後、再び酒田を訪うたが、老人はもう此の世の人ではなかった。恐らく老人の傑作だと思える蔵戸の大錠前は、今民藝館の壁に掛っている。其の雄大な仕事を見るにつけ、此の名も知れない作者のことを思い起すであろう。私は此の短い手記が計らずも老人への手向けとなったことを残念に思うが、今にして考えれば書き記しておいてよかったと思う。

富本君の陶器

日本は陶磁器の国であると人も許し自らも許している。然《しか》し此《この》名声を今も支えている陶工が果して何処《どこ》に何人《なんにん》いるであろう。現に造られつつあるものを見ると私は心に躊躇を覚える。然《しか》し薄らいでゆく此希望を挽回してくれる一人の陶工が、私達の間から今生れてきた事を、私は力強く思う。私は動かされない確信を以て、その人の名が富本憲吉君であると云い得るのを、友達として又日本人として名誉に思う。

日本の陶工として富本君は美の本道を歩いている恐らく唯一の人であろう。技巧に於て彼よりも優れている人は多いかもしれぬ。又知識に於て彼よりも秀でた人は他にあるであろう。然し藝術の法則が例外なく語る様に、技巧や知識は美の本道とはならぬ。美の深さはいつも真の藝術に「なくてはならぬ一つの」要素から溢れ出ている、その「一つのもの」を富本君は固く握っている。私は彼の未来の成功が既に約束せられている事を疑わない。到るべき美の都はまだ遠くにあるかもしれぬ。然し歩いている道は本道である。決して見失われる事はないであろう。然も踏んでいる足は確かである。彼の作品はその一つ一つの確かな足跡として人々に贈られている。

神に打たれる心のさまを、宗教家は「火花」と呼んだが同じ様に美も亦《また》自然が与える心の閃《ひらめ》きである。一度此閃きが過ぎ去るならば、美は遠く心から離れるであろう。瞬間の閃きを持たぬ長い無益な労作は、屢々《しばしば》美を殺した。富本君は此自然の秘事をよく知りぬいている作者である。彼の美にはいつも此閃きが欠けていない。彼は稀に見る鋭い感覚の保有者である。与えられる美の閃きに対して彼の神経はいつも用意されている。彼の感覚は眠っていない。美への速な反応が彼に筆をとらせる。模様でも線でも人の心を目覚ます様ではないか。それは屢々針の様な鋭さである。

彼の作に此衝動の力を欠いたものはないであろう。それは動いている美である。いつも感覚せられた印象が瞬間に閃いている。瞬間とは一時と云う意ではない。そこには凡《すべ》ての時間が煮つまっている。故に現わされた美は勢いに活きる。私は蹲っている沈んだ彼の作を見た事がない。強い感じが動かないならば、彼の様な作は生れてこない。

誰も気づく様に、彼の作を通して吾々は迅速に働く彼の性格を知る事が出来る。凡てが彼に於ては早い。彼程美の創造に時間を費さない陶工は古代に於ても稀であろう。彼は瞬間に於て彼の製作を用意する。彼の筆には実に鮮かな「走り」がある。彼は嘗《かつ》て躊躇した振えている線で描いた事があるであろうか、惑い乍《なが》ら二度三度削り直して画きかえた事があるだろうか。彼の作には懐疑がない。之が彼の器を美しくしている大きな要素であると

1921年12月　後列左二人目より、梅原龍三郎、柳、富本、岸田劉生

私は思う。然し迅速は彼に於て粗雑を意味するのではない。彼の早さには細かな神経が閃いている。よき「走り」は常によき鋭さである。彼の作程鈍さを持たない作は少ないであろう。彼の感覚は活きている。心は動いている。然も早く鋭く動いている。

必然、綿密な丹念な画風や、複雑な微細な技巧とは甚《はなは》だしい対比である。形は簡明であり模様は単純である。僅かな線と僅かな筆触とが彼に於て全てである。優秀な凡ての古作品と同一な法則が彼によっても踏まれている。古人は純一に於て美を活かしたが、近代の人々は錯雑に於て美を殺した。此趨勢によく逆流して、美をその本来の姿に戻しているのは富本君の作品である。彼の閃く心は、丹念な懶《らん》惰《だ》を持たない。古来単純なものは健全であった。煩瑣なものは病弱であった。直接であり純一である彼の作品はかくして又強さと勢いとを伴っている。彼の作はか弱い廃頽した病むものの友ではない。ものに妥協し得ない真摯な熱情のある彼の性格を私は知っている。彼は彼の製作に於て常に明るく且つ能動的だ。何れかと云えば彼の作は日本のものよりも支那の作に近寄るであろう。いつも骨があり勢いがあり鋭さがある。寧ろ優しげな楽しげな日本の陶磁器の間にあって、それ等の作は全く別個の位置を占めるであろう。彼の性格は妥協や追従を嫌っている。単なる模倣や剽窃は彼の堪え得ない所であろう。彼の形や彼の模様はその大部分に於て彼自身のものである。種々なる他の作品から種々なる部分を剽窃して、これをつぎ合せようとする多くの陶工と、彼は如何に異っているであろう。私は彼に於ていつも創造された美に逢う喜びを得る事が出来る。此点に於ても彼は今殆ど唯一の日本の陶工であると云う事が出来るであろう。

一個の壺も一枚の皿も驚くべき心の所業である。陶工はその作品に於て自身を偽る事は出来ぬ。卑い心からどうして美しい器が生れて来よう。要するに凡ては陶工の心に帰ってくる。私は稀に与えられる藝術家的本質が、富本君の性格に許されている事を知っている。彼の作品は彼の心の美に守られている。然も彼の心は自然の美に守られている。彼は一個の自然に対する敬虔な信徒である。よき陶工は自然から溢れ出る力を信じている。懐疑があるならば、筆にはいつも躊躇があるであろう。自然に凡てを任じ得ない時、作為が多く加わってくる。自然を離れる時、人は技巧に沈むのである。技巧の苦心が殆ど凡てを支配している現代の窯藝に、勢いが欠け、美が失われ、深さが足りないのは自然な結果に過ぎぬ。多くの陶工は自然への信仰を失っている。もっと信仰があるならば、何故美の現われに自個の作為を加えようとするのであるか。どうして神が美を守ってくれると信じ得ないのであるか、技巧によってのみ美を出そうとするのは、自然の美を裏切るに過ぎぬ。技巧が美の内容までを産むと思ってはならぬ。それは内容によって必然に喚求せられる技巧であらねばならぬ。陶工も美に仕える一個の信徒である。此事が理解せられないならば、如何なる陶工も永遠界に活きる事は出来ぬ。

近代に於て窯藝は二つの暗黒な勢いの為にその信仰を破られている。一つは経済的な力である、一つは科学的な力である。前者は物質に心を傾け、後者は機械に美を殺した。然しいつか此二つの勢いを越えて、信仰は樹立されねばならぬ。陶工はその藝術に於てそれが物質的世界観を破り、科学的機械論を超えるものである事を示さねばならぬ。近代の窯藝の堕落は実に物質的な慾望と、誤られた知識の所業である。質は粗悪になり、美は末技に走っている。

沈む信仰のかかる時代に、再び自然への信仰を甦らしているのは富本君の作品である。彼の作品の或ものは既に永遠である。古来の日本の如何なる作品にも匹敵し得るものを産んでいる。私は先日あの法隆寺の塔がま近くに見える安堵村に、富本君を訪ねたその日、京都で仁清、木米、及び乾山の遺作品展覧会を見る事が出来た。私はその時益々富本君の作品に対する尊敬の念を慥《たしか》める事が出来た。私は早くも近い将来に於て、それ等の著名な人々に並んで富本君の作が展覧せられ、人々が新しく驚嘆の眼を以てそれを見る日の来る事を信じて疑わない。(否、私をして個人的な断定を無遠慮に云わせるなら、仁清《にんせい》の如きはいつか忘れられる時が来るであろう。あの活々している木米《もくべい》さえもそう恐ろしい名ではない。初代乾山《けんざん》は永遠だ。そうして永遠な人の列に富本君の名が記憶されると云う予想を私は抱く事が出来る)。

私は又くり返して云おう。よし到達すべき都は遠いにしても、彼は本道を歩いている。然《しか》も確な歩調を以て彼の足は大地を踏んでいる。然も彼はまだ若い、私はその過去を信じ現在を信じそうして未来を信じている。

河井寛次郎の人と仕事

一

河井は焼物の名人である。だが更に尚「受取方」の名人である。人間に会う場合でも、映画を見る場合でも、品物を眺める場合でも、その価値の受取方が竝々《なみなみ》ではない。他の人には無とも思えるものから、有を引出してくる。実際無であるとしても、有で受取る。否、受身で受取るのではなく、積極的に汲取って了う。だから目前に置かれる対象物が同一であっても、誰でも河井のように受取るわけではなく、又受取れるわけではない。河井あっての受取方である。

嘗《かつ》て私共は一緒に九州に旅をしたことがある。鹿児島に宿をとった時、一夕町の唐津屋に地方の品物を漁った。大概棚の隅とか床の下とか、軒先の溝板の上とかに、よいものがあるのが定石である。不思議だが土地で軽蔑されているようなものに、却って見事なものが多い。この日も私達はごく小型の「ちょか」を見つけ出した。三足のついた鉄釉の小土瓶である。苗代川《なえしろがわ》のものだと云う。値は十五銭ほどであったろうか。河井の悦び方は大したものであった。河井はそれを片手に高くささげ、眺め入って歓声をあげた。「黒もん」と軽蔑されているこの安ものの「ちょか」を三百年の歴史あってこの方、誰が河井ほどに感心したか。あの古薩摩を云々する歴史家は次々に出ても、その正系たる「黒もん」を誰一人として見てやらなかったではないか。それに河井は名陶工である。驚嘆すべき技術の持主である。それなのにこのありふれた安ものに、かくも感じ入るとは、どういう出来事なのか、名工だからこそ感じ得るのか。河井は何をそこから受取ったのか。例の如く「ちょか」は河井に受取られて、正に名器の位についたのである。

その晩河井は早速それで名酒焼酎を楽んだ。そうしてまるで子供のように、それを枕元に置いて寝た。寝ても離れたくなかったのである。「ちょか」の持つ美しさはさること乍《なが》ら、その美しさをかくまでに見ぬいた河井の眼や心は更に美しい。「ちょか」はその折、河井の作った「ちょか」となっていたのである。河井を離れたら、依然として床下に塵にまみれて置かれている駄物に過ぎない。荒物屋《あらものや》に百千と積まれたとて、誰も振向きはしない。せいぜい貧乏な者が、晩酌に手荒く使うのがおちである。だが河井に会うと、そのとたんに名器に甦ったのである。今の日本のどの名工が、かほどまでに、この民器を顧みてくれたであろうか。どんな鑑賞家や、歴史家が、その価値に就いて一言を述べたであろうか。陶工としての河井や濱田の大は、そういう民器の美から、絶えざる教えを受取っていることにある。身にしみて、かかるものに感謝の念を抱いていることにある。他の陶工達は夢にもそれを師とは仰がぬであろう。ここで仕事に分れ目が出来るのである。河井が「黒もん」と蔑まれている「ちょか」に、かくも感心したということに感心してくれる人はないであろうか。

二

河井の受取方は、更に一歩を出ることすらある。実際にはそう価値のないものでも、河井に受取られると価値が出て了《しま》う。それ故、その価値は河井の創作で、必ずしも物自体にそんな価値のない場合すらある。併《しか》しそんなことはどうでもよいのである。事実は客観的にないにしても、河井の受取方で素晴らしい客観性を生んで了う。それ故面白いことには、相手よりも、河井の受取方の方がもっと優っている場合が少くない。伯楽が出て、始めて秀でた馬を相し得たというが、併し、その場合は伯楽の眼も偉く、馬自体も良かったのであろう。双方相待って、馬の値打が明かになった。只伯楽が出るまでは、良い馬も認められずにいたというに過ぎない。併し河井の場合は伯楽の位置に止っているのではない。悪い馬でも、河井は受取方でそれを良い馬に仕立てて了う力がある。だからもとの馬ではなく、受取方の中にいる馬なのである。而《しか》もその馬が、素晴しい動き方をするのである。たとえ駄馬でも駿馬に甦る。河井はこういう奇蹟を行う。河井は正に受取方の名人なのである。

ここで少し注意をしておきたいことがある。河井は物に対してのみならず、人間にも感心する場合が多い。例の受取方で、素晴らしくその人を受取って了う。そうしてまるで自分のことのように悦ぶ。だが褒められている当人が、河井の考える如く又云う如く、素晴らしい人間なのだと、うぬぼれたら大きな間違いである。それは河井の受取方が見事なので、必ずしもその人が直ちに見事なのではない。河井は受取方の作家なのであって、その作品が立派なのである。作品となった人間と、現実の人間とは必ずしも一つではない。河井に褒められる若い人達は充分に謙遜深くあってよい。然らずば生涯を誤るであろう。だから河井の見方に教訓を得て、充分に自分を鞭撻《べんたつ》するがよい。河井の感心のしかたは、必ずしも若い人の教育に責任を負うわけではない。河井の受取方はそれ自身の価値であって、それは自由な奔放な創作なのだということを考えたい。

三

だが河井の受取方で更に感心してよいのは、それが河井の生活の断えざる歓喜の泉なのだということである。河井ほど悦びの人は珍らしい。相当齢をとってきても、この悦びの感情におとろえを見せない。まるで若者のような活々とした悦びを重ねてゆく。こういう意味で河井は幸福な人である。河井は受取方の中で暮しているのである。その受取方が先にも述べたように創作なのであるから、河井は自分の悦ばしい生活を充分に創作しつつあるのである。こういう力を有った人はめったにいない。謂わば感激の連続である。時として体が弱るのはその緊張の度が強いためとも思える。併し河井の場合では弛緩は更に河井の体を悪くさせるであろう。河井に悦びが途絶えたら、河井の生活は停止するであろう。併し河井にはそれを生み出してゆく力があるのである。このことが他の人とは違う。尤も好きなものの多い人は反面に嫌いなものも多い。河井は醜いものや汚れたものを、極度に嫌う。併し例の受取方で悦びの方を、もっと多く受入れるから、生活は明るいのである。河井は陽気な性質だ。ものに敏感だということは神経が細かいためである。だから一面に弱いところも見える。病気にでもなると、人一倍大病になる。実際河井は肉体的に強壮な質ではない。

併し河井に一旦例の受取方が閃くと、はねかえるように元気になる。とても潑剌《はつらつ》としてくる。河井はそれを物語るのに能弁である。河井の話は泉のように尽きない。それ故熱情的になる。興奮すると、眼のうちには涙が光っている。河井は何事でも涙が出るほどに強く受取るのである。河井は涙もろい。河井の弱さも強さも浄さも、皆その中に溶け合っているのだ。河井に会う人は、河井という人間に引きつけられる。だから河井の焼物を好く人には、河井の人間で、それを好く人が多い。河井は感激家であるから、そうして雄弁にその感激を人々に語るから、多くの人も亦《また》熱心な聞手にさされる。そうして相手もその感激を一緒に貰う。河井に近づく人は河井に感心する。尤《もっと》も河井の話は、よく解らぬ場合があろう。直覚で飛躍するから、或人はついてゆけない。

河井には訪問客が多い。随分之で悩まされるだろうし、又制作の邪魔になることが多いに違いない。実際之で損をしている面がある。併し感激する者は、それを共に悦んでくれる相手が欲しい。河井の生活には客はつきものである。河井は心の中に常に会いたくてならぬ友達を有っている人間である。「会いたい会いたい会いたい」とよく手紙に書いてある。河井は彼の歓喜で人にも歓喜を贈る。こういう力を有った人はそう沢山あるものではない。

四

河井の本性は著しく宗教的である。宗教的というより心霊的という方が更に適当なのかも知れぬ。私が信仰のことを話しする場合、河井より更によい聞手はない。すぐ反応してくれる。それが屢々《しばしば》素晴らしい受取方をしてくれるので、それから又私が教わることが多い。迷信と呼ぶべきもの、誤信と見做《みな》すべきものでも、平凡ではないのである。こと心霊に関わるものは、鋭く河井の心絃に触れる。だから河井の信仰するものと、私のそれと必ずしも一致するとは云えぬ。時として私には怪しいと思われるものにも感心している。併しそれは私の方がなまじ知的判断を加えるからで、河井の方はもっと端的に受容れる。だから私にはたとえ不合理と考えられても、河井の受取方からは多くのものを貰う。それは

1930年11月京都・河井邸にて　雑誌「工藝」創刊前の河井と柳

河井あっての信仰として、感銘を受けることが深い。宗教への理解はどうあっても洞察が要るし直観が要る。河井はそれに恵まれた性質の持主である。工藝家でこの要素を有った人はいたく少い。今の工藝家には思索らしい思索がないように見える。美の貧困はここに由来することが多くはないか。

河井はいつか信仰論を彼一流に書いておくべきだと思う。普通の宗教学者や神学者が及びもつかぬ真理を囁いてくれるであろう。河井は浄いことが好きである。河井は坊さんになっても、優れた仕事を見せるに違いないと、いつも想う。河井は読書家だが、信仰の書物が多い。

五

河井は受取方の名人であると私は書いた。

受取るというと、とかく受動的な言葉に終るが、物があって河井が受取るのではなく、寧《むし》ろ河井があって物が受取られてゆくのである。否、一層つきつめて云うと、河井の受取方の中で物が生れてくるのである。受取方もここまで来ると本ものである。

併しここで注意してよいのは、河井は只受取ってばかりいるのではない。その受取ったものを制作に活かすことに、河井の陶工としての値打が見られる。河井の凡ての制作は、その受取証なのだとも云える。受取ったものの証拠が焼物となって現れてくるのである。もののよさを受取るのは、河井が自分の焼物に磨きをかける意味がある。只受取って悦んでいるのではない。それで生活を作り、思想を鍛え、作品を深くさせているのである。だから受取るものが動くと作品も動き出してくる。そうして絶えず受取方を進めているので、仕事が躍進してゆくのである。河井にあっては仕事は歓喜の結果である。不断に受取るものがあるので、仕事がしたくてたまらないのである。河井のは、作りたくてたまらなくて作った品物である。だから一つも眠っている作品はない。只惰性で作っているというようなことはない。又いやいや乍ら作るとか、仕方がないから作るとかいうようなことはない。試みたいものが、後から後から追いかけている。それは受取るものが次々に創られてゆくからである。

私はある陶工を知っているが、その人は蒐集家としても名が通っている。実際その集めたものの中には見事なものが見出される。その人はそれ等のもののよさを説くのにも中々雄弁である。だがおかしなことには、その陶工の作るものは至って低級で幼稚で、いつまでたっても素人くさい。かれこれ三十年余りも焼物を焼いているのに、なぜこんなにみじめなことになるのであろうか。

その人は非常な熱心さを以て集める。絶えずこれ等のものを所持し、又それを自慢にしている。だがどうして自分の作るものがかくまでに、くだらぬ代物なのであろうか。彼は殆ど何ものをもそれ等の蒐集品から受取っていないし、又学んでいない。だから自分の血や肉とはなって来ない。それ故《ゆえ》少しも制作が受取証となって現れて来ない。よくも恥かしくないものだとさえ思われる。集めている品物に対してだって、すまぬ筈である。それ故その陶工には美しさの本当のことは何も分っていないのである。たとえ何かを見ているとしても、僅《わず》かに上べより見えないのである。こうなるとその陶工は持物で損をしている。持つ力がなくて持つため、持物に負けて了う。その制作はその敗北のしるしに過ぎない。

六

河井の場合はどんなに異ることか。河井も沢山の品物の持主である。河井の家の、どの室も品物の陳列場である。だがどれもこれも河井自身の作品のような姿をしている。それほど集めるものと、河井の作品とには深い血縁が見られる。河井は自分の作品に甦って来ないようなものは集めない。河井と、集めるものとは一体なのである。制作と縁のないような持方はしない。品物は河井にとってこの上ない話相手である。時としては先生であり、時としては仲間である。

その一番よい例として河井の陶硯を引合いに出そう。早くも数年前のことになったが、恐らく河井の今までの生涯中、こんなにも血をわかして制作したものはない。まるで憑かれた者の如く陶硯の創作に熱中した。一時はそれ以外のものを顧みだにしなかった。河井のものを扱う高島屋の人が「又硯で」と愚痴をこぼしているのを耳にしたことがあるが、勿体ないことを云うものだと思ったことがある。河井に色々の優れた作品はあるが、全体として最も素晴らしい行績は、その陶硯に見られる。支那、朝鮮に見るべき作がないではないが、恐らく古往今来、河井ほど夥《おびただ》しく陶硯を作った陶工は絶対になく、又河井ほど名陶硯を沢山遺した人は、恐らく今後も出まいかとさえ思われる。陶工としての絶頂を、その陶硯に見ないわけにゆかぬ。それほど素晴らしいものがある。恐らく何十年かの後には重要美術品や国宝に指定されるものが出るであろう。今だって当然そうしてよいとさえ思われる。鑑賞家はまだこのことで眠っている。河井贔負《びいき》の人々と雖《いえど》も、陶硯の値打を高く買っている人が少な過ぎる。

なぜ河井は陶硯に血道を上げるようになったのか。それは一つには海東硯《かいとうすずり》の鮮かな受取証なのだと云ってよい。海東硯は（私は朝鮮の硯をそう呼ぶ）今まで硯の方の専門家から馬鹿にされていた。駄硯だと思い込まれていた。端渓《たんけい》などの石質を思うと、強《あなが》ち朝鮮ものを見下すのに理由がないわけではない。中には粗悪な質のを見受ける。だが一旦形態の上から見直すと、こんなにも素晴らしい硯の世界があったのかと思われるほどである。誰も顧みないから、民藝館は代って易々と見事な蒐集をして了った。その海東硯の将来は敏感な河井の眼に驚愕の情を巻き起さないではおかなかった。河井は例により彼一流の潑剌たる受取方をそれに加えた。そうしてそれが硯の形に対する河井の夢を次から次へと運んだ。河井はじっとしてはいられなかった。その滋養分をたっぷりと吸収して、彼自身の制作に置きかえた。形の創造は終りなく生れて、河井は次々に想像の世界に硯を誘った。

かくして夥しく生れて来たのが河井の陶硯である。それは歓喜の仕事であった。名作が生れたのも当然である。こんなにも気が進んで仕遂げた仕事も少い。河井は恐らく沢山作ったという想いを有たなかったであろう。必ずやまだ作り足りぬ想いを続けて作ったに違いない。湧くが如く名陶硯が生れて来た。実際、その折の河井は油が乗っていた河井であった。私はよく濱田と、硯の河井に就いて語った。私はいつか河井の硯譜を編みたいものと思っている。私は何も硯以外の作によいものが無いと云うのではない。只陶工としての河井の最も高い嶺が陶硯に閃いていると云うのである。陶硯の河井は正しく名人と呼ばれてよい。

七

焼物は轆轤を正常の道とする。轆轤の廻転があって、焼物が焼物の姿になったとも云える。それ故挽きものに焼物の本道があるとも云える。併しもう一つ別に型物の道がある。之も亦焼物を容易に複数にした。そうして型物でなくば、出来ない形の世界に広々と焼物を誘った。一方には「円」の美があり、一方には「方」の美がある。河井は轆轤もやるが、どちらかというと型物の方が得意である。それは性格や体質にも起因すると思われる。太った丸い体の濱田に轆轤物が多く、瘠せた角ばった姿の河井に型物が多いのも当然だと思える。河井は生活でもそうだが、室などいつもきちんと整頓してある。品物でも置くべき場所にいつも置かれ、それを乱したことがない。性格的に鋭い明確な整った世界が好きなのである。多くの作品を型物に托するのは必然な命数だと云えよう。硯で河井が縦横に活躍したのも、手頃な大きさのその硯で、十二分に型の性質を活かし得たからである。濱田が轆轤で茶碗や湯呑を自由に自分のものにこなしたのと好一対である。河井は恐らく運命的に型物から離れ得ぬであろう。膳、碗、鉢、壺、花瓶、徳利、盒子《ごうす》など普通は轆轤で挽くものをさえ、型で色々と仕上げた。型には必然に角物が多いが、角は自から鋭さを呼ぶし、その直線は明確さを招いてくる。轆轤が丸味に訴えるのと道が違う。

河井は例の悦びに充ちた受取方を、好んで型物に置き更える。だが時として誰にも受取れないもの、誰もそう強くは受取らぬものを型で現す。だから河井の型物は屢々誇張に落ちる。ある受取方を強めて出したいのである。ここで河井は時々軌道をはずすことがある。必要以上の形に出て了うことがある。だから或人はその型物に親しめぬであろう。余りにも意表に出ているからである。そうして何か奇異な感を受けるであろう。外にはそうまで現わさず、もっと内に含めておいたら、一層形の神秘は増そう。そう私には思える。だが之は見る者の注文である。作る者、生み出す者の身になったら、そんなことをかまってはいられぬのかも知れぬ。完全を追ったら萎縮して了うかも知れぬ。

だが、ともかく今が昔となる時が来たら、河井ほど型物を焼物に活かしきった作家は絶無なのだということが回顧されよう。型物の河井を云々する人は当然出てくるに違いない。それほどこの手法に訴えた創作が目立って光る。

八

河井の釉薬は有名である。充分有名となってよいほど、その美しさが冴える。釉薬は謂わば焼物の衣である。河井はこの衣を瑞々しく美しくさせる。他の個所でも私は書いたが、河井の焼物はどんな場合でも、水の中に入れて眺めるのと等しい。誰でも知っているが、硯石の美を見るには必ず水の中に漬ける。焼物でもそうすると一段と美しく見える。水という玻璃《はり》を通すと、面の艶が活き返ってくる。だが河井のはそのままで、まるで水を通して見るような美しさを呈する。真に瑞々しいのである。

河井は賑かな質である。悦びが外に溢れる質である。同じように悲しみだとて包みきれない。陶工の河井が、外に現れる釉薬に、匿しきれぬ自分を現すのも必然である。河井の焼物はいつも明るい。だから色絵でなくとも色絵の如く多彩である。無地だって無地に終らない。とりわけ辰砂に夢中になるのは、河井の性質のまちがいもない現れである。ここでは色が踊る。決して陰気であったことがない。河井の焼物は、独りでいるのがいやに違いない。誰かと熱心に話合いたいのである。河井が屡々雄弁である如く、又屡々熱情を示す如く、河井の焼物は自分をぶちまいて話相手を求める。だから表向で明るい。河井の作は光線のたっぷり入る近代風な洋間にもよく似合う。

九

河井は名手である。科学的な教養も手伝っているが、先天的な直覚で、素地につき釉薬につき手法につき即刻に名案を立てる。この天分では当代並びなきものかと思われる。若し古作品を模す気になったら、河井は立ち所に奇蹟を行うであろう。(嘗《かつ》て多少はそういう仕事を見せた、唐三彩や油滴天目や宋均窯の如き。)

河井は当然彼の秘法を文字に記しておくべきである。後代の人々がどんなに裨益《ひえき》を受けるか分らぬ。自身もこのことを考えてか、嘗て京都の若い陶工達に招待の手紙を発し、幾日かに渡って、彼の秘法を公開した。陶工達はえて秘伝に自分の仕事を匿《かく》すのが通習である。他の部門でもこの習性が濃い。併し河井の心はもっと寛かで浄い。何も包むことなく、凡てを打ち開けて後輩のために役立てようと欲した。後に来る者にとっては絶大な恩恵である。求道の者なら渇くが如く、河井の講義を吸い取ったであろう。

だが河井は後で私に述懐した。今の若い人達には落胆したと。全く気ぬけがしたようであった。打てば響くというような所がなかったと見える。恐らく聞く者に心の用意が足りないのである。技にもその話を吸い取るだけの準備がないのである。それ故疑問や質問が続かないのである。熱情を以て河井に教えを乞う者が現れないのである。若し陶藝の一路に精進する者がいるなら、どんなに啓発され鼓舞されたことであろうか。併し引きつづき河井の門を叩く者がない。河井は「駄目」だと私に洩らした。

河井のように、よい師匠はない筈である。弟子を可愛がること無類である。親切で丁寧で進歩を見ると自分のことのように悦ぶ。併し横着な者、不真面目な者、卑しい者は、河井に近づくわけにゆかぬ。河井の家は一種の道場のようなものである。魂と魂との触れ合う所である。河井の話に聞き入る者は、辞す時何か浄められた想いで戸口の敷居をまたぐであろう。京都に河井が一人加わっていることは、どんなに京都の文化に清涼剤を与えているか分らぬ。

濱田庄司の仕事

前書

この一文は上中下の三節から成るが、各節は単独の題材を扱ってある。第一節は濱田の仕事の様々な特色に就いて、第二節は彼の茶器の持つ歴史的位置に就いて、第三節は彼の好んで描く一紋様の意義に就いてである。是等の三節は互に関聯《かんれん》があるので、之を上中下に分って一文の中に収めて、全体を「濱田庄司の仕事」と題したのである。

(上) 仕事の特色

陶磁界で日本ほど長年に亙《わた》って、多くの個人作家を輩出した国は、他に見られないであろう。その中で最も優れた陶工の一人に、私は濱田庄司の名を挙げたい。彼の仕事には他の作家達とは違う幾つかの特別な性質が見られる。どんな特質が見られるのであろうか。それを私は六つに要約して述べてみたい。

二十歳代で英国での四ヶ年の修業を、バーナード・リーチと共にして帰朝して後に、濱田は作陶の仕事を、単に陶技の事には終らせず、在来の道筋を改めて野州の益子に入って、新しい作陶の道を踏み始めた。

どこから健かな美が生れてくるのか、之を反省して幾つかの源を見出すに至った。云ってみれば、至って平凡にも聞えるが、平凡なだけに却って誰からも充分に意識されない事柄であった。濱田の選んだ態度は、個人陶工の歴史を顧みると、誠に画期的な又革命的な意義があった。先ず第一に、彼は便利な都市やその周辺に、窯を築いて居を構えはしなかった。

ではどうして都で育った彼が、去って益子の様な田舎に居を選んだのであろうか。そこが昔乍《なが》らの陶村であって、材料や技術の伝統が、今もよく残るためではあるが、彼がこの村を選んだ主な理由は、寧《むし》ろ心的な意味からであったと思える。彼はこの村に未だ人為に害われていない、自然な人間の暮し方が、今も活きているのを見たのであった。かかる暮し振りを見出した事こそは、濱田をこの陶村に引きつけて、居をそこに定めさせた最も大きな理由であった。かくて焼物作りを暮し方の基礎の上に建てた点に、濱田の仕事の新しい出発が見られた。

実際に驚くべき古作品の美が、その源を作る者の暮しから発している事実を、どの陶工が彼ほどに深く見ぬいて来たであろう。ここで濱田の仕事が、何よりも先ず心の場から始められていたのを、よく諒解すべきではないであろうか。恐らくこの事情は、特に好んで彼が仕事をした沖縄の壺屋の生活から、まざまざと見て取った理解であったと思える。かく、先ず心の問題を提げて、濱田は遂に益子入りを決めたのであった。

次は材料の問題であった。先ず与えられた自然の資材に、仕事の安定した基礎を置く事を求めた。日本ではどの陶工も、自然材を用いるであろうが、多くは工夫を凝らして、作りものに直して用いる者が多い。天然の恩沢を受取るより、己が智慧によって整理しようとする。之が為にとかく素地をいじめ、その本来の力を封じて了《しま》う場合が多い。或は商品化された便利な素地に頼って仕事をしたりする。

それ故天の恵みに感謝せずに、己の智や技を大切にし過ぎて了う。だが材料を勝手に左右し得る資格が、人間にあると考えるよりも、自然の恵みに従順である事の方が、どんなに美を深々と活かし得るであろう。

元来どの工藝品もその土地に材料があっての仕事であった。かくて濱田は素直に益子に最初の窯を築くに至った。

尤《もっと》も之は何も益子の素地が、最上の土質だとの意味からではなかった。寧ろ中級とも云うべき素地を、応分に又充分にこなす事に、最上の道があるのに気附いたからであった。

焼物の道を小さな技巧の工房から解放して、天然の大地の上に移した事、之が濱田の選んだ賢い出発であった。

次に殆ど凡《すべ》ての個人陶工は、只鑑賞される為の焼物作りに専念するが、濱田は焼物の美が、何よりも先ず用途と結びつく事で、初めて正しく現れるのを見逃しはしなかった。謂わば焼物を、飾り物から実用品に再び復帰させた。このことは焼物を床の間から食卓の上や、台所の一隅にさえ引き下ろすことをも意味した。近代の作家達は、工藝品の美が元来は用途と結ばれて発した事を、とかく忘れがちとなって、作る品を只鑑賞される飾り物に終らせるに至った。更に進んでは用途を離れてこそ、高い美術の域に達し得るのだと誤認し続けて、とかく不断使いの品を卑しむ風潮をさえ醸し出した。

だが古来の多くの名品を見ると、殆どその一切が用に即した品々であった。その健康な美は働き手であった事の証拠でもあった。使えない様な品には、どこかに不治の病気が見られた。日夜の生活にも交わり得る健全な品を作る事、之が濱田の志す仕事の目途となった。それ故濱田は恐らく誰よりも実用的な民藝品の価値を、よく内省している作家の一人だと云えよう。

多くの参観者が民藝館に来るが、濱田は最も度多く来ているのに、来る毎に恐らく誰よりも注意深く品物を見て廻って、既に何度も見ている品からさえ、今見る如き想いで何かを新しく受けて、滋養分を充分に汲み取って帰るのを、私は屢々《しばしば》見かけた。私は彼を「受取り方の名人」だとよく思う事がある。それで何れの作品も、その確かな受取証であり、又消化品であった。

必然に是等の心の用意は、次の道へと彼を導いて行った。それは焼物をもう一度誰でも出来る世界に戻そうとする事であった。併《しか》し多くの陶工達は、寧ろ誰にも出来ない技巧を凝らす事に腐心する。珍らしい釉薬や新奇な模様や、異った形態を追ったり、又流行にあせったりして了う。つまり誰も試みず又誰にも出来ない品を作ろうと急ぐ。之は殆どの作家も陥り易い罠であった。

併し美はもっと平易の中にあってよく、ある可《べ》きであり、ある方が更によい。どう作っても何を描いても、又誰が拵えても、どうしても美しくなる様な道筋を示し得たら、之ほど大きな仕事はあるまい。

濱田が出来るだけ当り前な無理のない、自然で平易な境地に帰ろうとしているのは、彼が何故自然で尋常な民器の類から、たんまりと滋養分を汲み取ろうとしたかの理由をよく示してくれる。

一見して濱田の作品を、荒っぽい粗陶器だと見た人もあったが、そこは寧ろ彼の細かい反省から来ているのを知らないからであった。一般の作家達は、異常な品を狙って、綱渡りのような危なげな仕事をする。然《しか》るに美が平易さから来る事、又平易さから生れる美こそ、一番素直で健全だという事を、濱田はその作品で身を以て示そうとしている。ここ迄反省してそれを実際に示し得た作家は、殆ど他に見かけないではないか。

扨《さて》、以上の様な事柄に腰を据えるのは、事が平凡なだけに、非凡を好む近代人には出来難い事であった。多くの誘惑を拒けてここ迄自己を掘り下げる事は、聡明さと意志とがなくば、容易には出来ない事であろう。結局美の問題や仕事のことは、凡て心の問題に帰ってくる。濱田の歩みは足をいつも大地から離した事がない。彼の体を想わせる確かな形を見ても、この事がよく分るではないか。

今迄の濱田の仕事を顧みると、彼の行動が如何によく準備された予定の行動であったかがよく分る。いつも危なげのない仕事振りであった。それ故彼ほど無駄のない用意された仕事をする作家は、他に余り見かけない様に思う。彼は決して無益な愚かな廻り道や、道草をした場合はなかった。それで常に安定な大通りを、確かな足取りで歩く作家であった。こんな存在は今の美術界では、稀にみる例外ではないであろうか。彼の仕事振りには常に平衡（バランス）が失われた時はなかった。

作家としてのこの聡明さは、彼が如何に物の美の説明に長じているかでも、よく示されていよう。

濱田も個人の道を歩く作家なので、謂わば自力道での修行者だとも云える。併し自己に止まるより、なぜ自己を越える更に大きな力に、仕事を托す事が出来ないのか。濱田は素地や炎や灰などの、他力的な恵みにも決して盲目であった事はなかった。ここが他の作家達と大いに異なる点であろう。近時新しく食塩釉の仕事を始め出したが、この事は作陶に当って、如何に他力の恵みが大きな働きを為すかを、よく内省しての仕事であったと云えよう。

かかる他力の恩恵を認める進み方は、到底今の欧米の陶工達の思いも及ばぬ仕事振りであろう。かく自力の道を進み乍らも、他力の意義を忘れていない点に、濱田の大きな特色を見つむ可きであろう。近代人はとかく「私が作る」と誇るが、「私なき者が作る」と言い得る時、初めてその作者を達道の人と言い得るのを感じる。そうして濱田こそは、かかる稀な達人の一人なのである。

ここで濱田（及び河井寛次郎）の焼物になぜ落款《らつかん》がないかに就いても、一言述べ添えておきたい。或人は名を記さないのは、責任を避ける事であると非難をあびせた。併し個人が背負い得る責任の如きは、高が知れてはいまいか。自分の力に囚われる如き態度こそ、却って無責任な仕事振りではないであろうか。まして焼物の如き、人間を越える力が多く働く仕事を、どうして自分一人の力に依ると呼び得るであろう。近代では誰も彼も落款をするが、この習慣は昔にはなかった。而《しか》もどんな個人陶が昔の無銘陶よりずっと優れた品である事を示し得たか。ここで凡ての陶工達は、なぜそうなるかを反省する必要が起ろう。どうして一度無銘の心境に成り下って、仕事をそこから生み得ないのか。署名流行のこの時代では、濱田や河井の無落款の仕事が、その意義を認められるのには、尚も多くの時がかかるのであろうか。

(中)　茶器の類別

濱田の多くの作品は、決して茶器に限られてはいない。併し誰も気附く様に、彼のどの作品にも「茶陶」とも呼びたい程に、渋さや落ちつきが感じられる。併し一部の評者は、彼の作品を正当の茶器とは云えないと主張した。併しそれは在来の茶器の尺度で計っての事で、かかる尺度を越えて、もう一度茶器をその本来の格に戻そうとしている彼を、全く解しないための誤解に過ぎまい。私は彼の作品を何故に「茶陶」としても、高く評価したいかの理由をここで述べておきたい。

今まで歴史の上で尊ばれてきた多くの茶器類を顧みると、之をほぼ五つの種類に分ち得ると考える。その中で濱田の作品が、どの部類に属するかを明らかにして、彼が茶陶史にどんな位置を占めるかを語ってゆきたい。その前置として少しく長い叙述とはなるが、私は順次に各々の種類について、短く記しておく事にしよう。

私の云う第一類の茶陶とは「大井戸茶碗」や「肩衝茶入」の如き茶器類を指すので、私は之を「茶以前」で「茶以外」の品々と云いたい。何れも茶祖珠光以前の作であるから、茶史以前の作となり、又元来は茶の湯の為に生れてはいない品々であるから、「茶以外」の世界の品物なのである。つまりその一切は、元来日本の茶事とは全く無関係であった。然るに是等の茶器類は、今は天下の名器として、又所謂《いわゆる》「大名物」として、近くは国宝としても尊敬を受け熱愛されるが、凡てを通じてその一切は、外邦からの将来品、即ち「渡りもの」であった。而も凡ては当時その土地での日用品たる平凡な雑器であった。「肩衝」は薬瓶であり、「大井戸」は民衆の用いた飯碗であった。而も一切はもとより無銘品であった。以上は凡て「茶以前」の品であり、且つ「茶以外」の品々たる事を示してくれる。併し美しさから見て、是等の「大名物」を凌ぐ茶器は、未だに茶道具史には現れていないのである。なぜそうなるのであろうか。理由はその一切が茶事に囚われていない、自在な美しさであるからに由ると信じる。

併し是等の名器類が、茶人間に熱愛された時、我国でもその遺韻《いいん》を追って、茶器作りが始められた。上は光悦から長次郎の如き、作者名の残る茶器類が現れ初めた。その一大特色は、全く前述の第一類の品とは違って、初めから茶事を目的に意識して作られたもののみであった。故に之を「茶以後」で「茶以内」の品と呼んでよい。而もその一切が「渡りもの」ではなく凡てが「和もの」たる事に、その特色が見られた。多くの評者は是等の茶意識に由る茶器類を、最上の茶器と讃えてきた。併し果してそうであったであろうか。

是等の「和もの」に見られる意図的な破形こそは、茶人の鑑賞力の鋭さを示したとも云える。併し「大名物」などに見られる破形は、自然に爾《し》か成ったので、人為的に作った破形ではなかった。ここに「和もの」の破形の特長があり、同時に又著しい欠陥が見られた。

以上の第二類の茶器は、その一切が「茶以後」で「茶以内」たる事を示してくれる。私

1938年11月鳩居堂の濱田の会にて　左より濱田庄司、柳、棟方志功、芹澤銈介、浅野長量、式場隆三郎

はこの第二類の茶器を批判する前に、第三類の茶器に就いて、更に筆を続けてゆきたい。

私の云う第三類の茶器類は「茶以後」であって「茶以内」の動機からおこって、「茶以外」の境地で作られた品々を指すのである。その好個の実例は、所謂「半使《はんす》茶碗」の如き又は「赤玉香盒《こうごう》」の如き茶器類であって、その著しい特色は、一切が日本の茶人達から支那や朝鮮の陶工達への特別な注文品たる事であった。注文主は茶人達の事であるから「茶以内」の企てではあるが、作った陶工達は外邦の人々であって、日本の茶事には全く無智な工人達であった。故に之は「茶以外」の場で作られた品々と云えよう。故に是等の特別な品々は、半ばは茶意識内に在って、而も半ばは茶意識外にあった。それ故これ等の品を「半茶器」とも呼び得るであろう。明末の染附や赤絵などの磁器類に、よく態々《わざわざ》曲げた形の品を見かける。併し陶工達はなぜ態々いびつに作るかを解しかねたまま、只注文だから曲げて作ったに過ぎなかった。態々いびつに作る焼物は、茶人の特別な好み以外には存在しない別格の品物であった。即ち「茶以内」で而も「茶以外」で作られた変則的な存在であった。それ故半ばは作りものであったが、半ばは自然さを持った仕事であった。この作為的な半面には狙いの病いが見られた。然るに自然な半面こそは、第三類の茶器に尚も救いを約束する力となった。それ故この部類には、中々美しい品が見られた。

扨《さて》、以上のうち、第一類と第二類とは、凡ての点で対蹠《たいしょ》的な性質を示した。然るに第三類は第一類とも違うが、只「茶以外」の場で作られた点では、僅かに共通の性質を示した。扨、この外に「和もの」の中に「茶以後」で而も「茶以外」で作られた幾許かの茶器が選ばれているのが見られる。恐らく「伯庵」と呼ぶ茶碗の如き、又幾つかの「備前」ものの如きには、「茶以外」の用途で作られた品があったと思える。昔茶器として取立てられた「南蛮」や「和蘭陀」の如きも、仮令《たとい》時代を「茶以後」としても、その一切は「茶以外」の場から生れた品々であった。将来も改めて選び得る茶器は、この分野に於て尚もその数と種とを増し得るに違いない。私は是等の品を、古い「既選茶器」に対して「新選茶器」と名づけて、第四類に属させたい。凡ては「茶以後」で而も「茶以外」で作られる茶器を指すのである。

以上「茶以前」を又「茶意識前」と云ってよく、「茶以外」を又「茶意識外」と言い改めてもよい。

以上、第一類から第四類までの茶器類が、今日までの日本の茶道具史に現れた、主要な茶器の四個の種類であった。

私は以上の前置を終って、之から濱田の作る茶器類（茶碗、水差、花器、その他）が、何れの部類に属するか、又属しないかについて書く順序に来たのを覚える。

実は濱田の茶陶類が以上の四種類の何れにも所属しない、新しい範疇に属すると思えるので、その理由や意義を此処に解明して、濱田の茶陶家としての歴史的位置とその性格とを明確にしてみたい。

濱田の存在は歴史的に云えば、もとより「茶以後」になるが、他の茶陶家の作品と著しく相違する点は、同じく「茶以後」であり乍ら、而も「茶以前」の心に帰って作ろうとする事にあると思える。つまり濱田の作は「技の作」というよりも、更に「心の作」たろうとするのである。同じく彼にも茶意識は潜在するから「茶意識内」の仕事とは云えるが、心に於ては「茶意識外」に出ようとする希いが見られる。

濱田は前に述べた第一類の茶器、即ち「茶意識前」で「茶意識外」の場から出た茶器類の美が、如何に他の凡ての種類を凌ぐかを、熟知しているのである。それ故その遺韻を形から追わずに、「茶以前で茶以外」の心に帰る事が、如何に重要であるかを、内省していのである。彼が嘗《かつ》て「自分は陶技を修得するのに十年を要したが、それを洗い去るのに二十年かかって、ほぼその域に達する事が出来た様に感じる」と述懐したと云うが、之は濱田の仕事が如何に心の修行に外ならなかったかを、よく物語ってくれる挿話ではないか。それで濱田の心の希いは「茶以後」であり乍ら「茶以前」の心の深さを見つめ、「茶以内」に在って而も常に「茶以外」の心の自由さに帰ることを求めている事にある。

なぜかくも「茶以前」と「茶以外」とが慕わしいのであろうか。それは「茶」にまつわる一切の繫縛《けいばく》からの解放に、即ち「茶」にも拘束されない心の自由さが、如何に真の茶器を創る契機であるかを、深く見届けているからである。

かくて濱田を、茶器作りの陶工として目するより、更に一人の心の修行者たる作家として、受取る評者が出ないものであろうか。濱田は在来の型に属しない茶陶家として、一つの新しい分野を開拓した作家として、当然に茶人からも認められるべきではないか。即ち彼の仕事の場は「茶以後」で而も「茶以前」を求め、「茶以内」で而も「茶以外」を希う心に在ると云えるのである。

彼が今や世界の陶工として名を高め初めたのは、却って世界の愛陶家達が「茶事」と係わりなく、濱田の作を直《じ》かに見得る立場にいるからであると思える。日本でも彼の個展が、いつも盛況に終るのは、「茶」から離れても自由に陶器の美を見る人達のある事を示してくれる。その今日の名声は当然な結果だと思われてならない。又いつか因襲の烈しい茶界からも、彼が茶器の分野での改革者として認められる日が、近づきつつあるのを感じるのは、果して私一人のみであろうか。

もとより初めに述べた通り、濱田の仕事は決して茶陶のみに限られているのではない。寧ろ「茶」をも越えて、只真の陶工たらんとしているのである。かかる立場こそは、彼を更に真の茶陶家にさせている所以なのを感じる。若し茶人達が充分に彼を茶陶家として認めないなら、それは寧ろ彼等の眼に自由さが欠けている明らかな証拠だと云えよう。

終りに念のため、右に述べた茶器類の分類を表に掲げて、ここに記し添えよう。表中に在る「前後」とは茶祖珠光を境にその以前と以後との意である。又「内外」とは茶意識の内と外との意味になる。

第一類　例「大井戸」「茶以前」「茶以外」
第二類　〃「楽」　「茶以後」「茶以内」
第三類　〃「半使」「茶以後」「茶以内で以外」
第四類　〃「伯庵」「茶以後」「茶以外」
第五類　〃「濱田」「茶以後で以前」「茶以内で以外」

之で各種の茶器の持つ特性が分明となろう。

(下)　濱田の糖黍紋《とうきび》

禅録を読むと、或禅師は弟子を錬えるのに、常に同一の手段を好んで用いて、之を一生涯続けて止まなかった例が、幾つも現れてくる。之を禅語では「受用不尽」と言っている。つまり一生それを用いて尽きる事がなかった意味である。尤もいつも同じ手段ではあるが、人に応じ時に応じ処に応じて、自在に之を活々と用いたのは、言うを俟《ま》たない。

例えば昔支那に一指禅師と呼ばれた仏僧がいたが、弟子が彼に何を尋ねても、彼は常に只一本に指を立ててその答えとされた。日本では江戸時代に盤珪禅師と呼ぶ大和尚が現れて、只々人々を教化して止まなかった。又無業和尚は常に「莫妄想」の一句だけを用いて「不生」の一語だけで凡ての教えを述べられた。而も只之のみで一切の埒があくとまで申された。つまり禅師は一生涯この「不生」の一語を常に用いて尽きる事がなかった。

以上の禅師達は「一指」や「莫妄想」や「不生」を、それぞれに一生涯「受用不尽」に活かされたのである。是等は凡て禅門での語であるが、私は絵画や紋様の道に於てすら、かかる不尽の受用があってよい様に思われてならない。

濱田庄司の焼物には屢々「糖黍紋」が繰返し描かれている。茶碗に皿に瓶に水差に、また鉢にも、何度同じこの糖黍紋が反復されて描かれたか分らない程である。ここで或人は「創造的な作家たるからには、あんなにまで同じ模様を屢々繰返すべきではなく、少しは他の違った模様に更える可きではないか」と批評するかも知れない。併し濱田の場合では、それが「受用不尽」の紋だと解す可きではなかろうか。つまり幾度同じ紋を描いても、それが上々の紋様である限りは、如何に度々描かれても、大いに存在の理由があると信じる。それは決して只の繰返しではなく、一つ一つがぎりぎりの新鮮な紋様であるのを感じる。若し作者に「受用不尽」の一紋が得られたら、最上無比の紋に転じているのを意味しはしないか。それ故面白いことに、それが如何に何遍反復されても、決して死んだ只の繰返しではないどころか、一々に真新しい「今描いた」現下の命が示されてくる。謂わば「金剛経」にいう「三世不可得」の紋（三世は過去、現在、未来）となって、時間にも限られず、「嘗て描いた紋」ではなく、いつも「今のみ描く紋」則ち「即今紋」となってくるのである。この「今描く」という時間を越えた心境に、美の真面目が顕現するのである。どんな絵も紋も、現下の即今のものに転じて、初めて之が「受用不尽」の紋となる刹那こそは、本当に時と処とを超える美に熟し切るのではなかろうか。

かかる美となる時、それは只の反復ではなく、描く一つ一つが新鮮な意味を現すに至ろう。故に反復し乍らも反復がない。私は之を「即今紋」と言うが、それは「永遠の今」に活きる紋の謂となって、同一であって而も同一ではなく、何れにも活き活きした創造が見られるのである。かく成り得てこそ、初めて一生涯「受用不尽」の紋に熟するのであって、決して只の反復ではなく、活きつつある生命の紋となり、不変化中の変化、又は変化中の不変化を示してくる。私は之を東洋的表現で「円境紋」と呼びたいのである。

それ故創作家たるからには、反復がある可きではないと、一般には信じられているが、寧ろ「受用不尽」の境に在る人をこそ、真の創作家だと解すべきではなかろうか。

それで私は恐らく後年になって、濱田の作品への真の理解者が出る時、きっと糖黍紋の品を特に探し求めるに至ると思われてならない。之は丁度凡ての禅修行者が、決して遠い昔の一指禅を忘れずに、今も語り出すのと同じではないか。禅と焼物とは別物とは云うものの、「一指」と「黍紋」とは、決して無縁の間柄ではないのを感ぜずにはいられないのである。

跋

それは昭和二十年の頃のこと、私は河井寛次郎と濱田庄司の二友人の陶器図譜の刊行を企て、約一ヶ年を要して各々原色版で五十円ずつの製版を遂に完了することが出来た。併し漸《ようや》く発行の日が近づいた頃、折悪しくも戦争は益々熾烈となって了った。それで原版の疎開に努めたが、実にその寸前に不幸な事に、一切の原版は戦災の犠牲となって、遂に仕事に終止符が打たれて了った。爾来《じらい》改めてやり直す機が熟さないままに、十有五年の歳月が無益に過ぎて了った。然るに今年たまたま濱田の作陶四十年を記念して、回顧展が東京の三越百貨店で開催されるのを機会に「濱田庄司陶器図録」の出版が企画されて、山本為三郎氏等の尽力で朝日新聞社から、大型の図録として刊行される事が決まり、その編輯《へんしゅう》を私に依嘱された。併し目下私は重病の身とて、この編纂はかなりの重荷であって、何も思うに任せなかった。併し濱田自身を初め、製版を担当された光村原色版印刷所の百瀬治君その他、更に又朝日新聞社の方々の熱心な努力に依って、曲りなりにも上梓の運びに至った事は、実に感謝に堪えない。ともかく私の最も親しく、又敬っている友人の、長年に亙る作品を、ほぼ初期のものから最近のものに至るまで、秩序立ててここにその全貌を、一冊に纏め得るに至った事を、心から有難く感じる。又濱田を最も良く識るバーナード・リーチから一文を贈られ、且つ志賀直哉からも序文を寄せて貰って、この図録に更に花を添えてくれる事になった。ともかく多くの知友達の恩沢に浴みて、記念すべきこの一巻が、遂に上梓の日を見るに至った事を、一友人として此上ない悦びに感じる。終りに多くの所蔵者から、製版のためにその蔵品を長い間拝借し得た事をも、心から感謝したい。

昭和三十六年四月下旬

芹澤のこと

某兄

（前略）人間には色々与えられた仕事があると思う。それが分れば誰も活き甲斐を感じるに違いない。私もよく考える、今の自分には何が課せられているのかと。若しも運命の意に適《かな》うことであるならば、させてもらいたいと思う仕事が色々ある。そのうちの一つは、幾分でもこの世を美しくしたいと云う望みである。自分は作り手に生れてはいない。それ故《ゆえ》、何が美しいものか、その美しさにはどんな性質があるか、まだ気附かれずにいるものがあったら、それをこの世に知らせたい。そうして美しいものを一つでもこの世に光らせたい。私はそう云う望みで働いている。だが品物を見出すことも仕事にはなるが、実はもっとさせて欲しい仕事がある。それは埋もれている作家を見出してゆくことだ。不運でこの世から閉ざされている人があろう。特に若い作家の中で、いい素質を有ち乍《なが》ら、育たずに終ってゆく人があるであろう。それ等の人が容れられない多くの場合は、却って正直な純な道を踏んでいるためだとも云える。栄える人にはとかく山師的なのが多い。正しい作家を見分けてゆくのは、一つの価値ある仕事だと思う。美しい品物を見出すのも悦びだが、人間を見出せるなら之に越したことはない。私は出来るだけそれ等の未知の人々のために役立ちたいと思っている。それ等の人々こそこの世を美しくしてくれる大きな力になる。だが品物の方は豊富にあるが、人間の方はそう沢山廻り会えるわけではない。その人なり品物なりを見る折が来なければそれまでである。縁が来なくて逢えない人がきっといるであろう。逢えば見逃さないつもりではいるが。

最近自分の注意に入った人の一人は芹澤君だ。私はそれを君に知らせることを悦ぶ。同君がまだ今のような作物を作らない頃、一度静岡に同君を訪ねたことがある。もう四、五年前になろう。同君の集めた小絵馬を見たかったのである。その折同君の集めている色々の有ち物に心を惹かれた。別に之ぞとて金めのものがあったわけではない。併《しか》しそこにはいい選択と統一とがあった。蒐集家と云うと無秩序に数ばかり有っているものだが、芹澤君には選び方があった。別に友達もなく独りで之だけの世界を生んでゆく人は沢山はない。それも品物が生活にまで融け合っていて、その点が一層心を惹《ひ》いた。何れも活きて見えたのは、有ち方のせいだと思う。中に計らずもリーチのものや朝鮮のものがあって余計親しさを覚えた。始めての訪問ではあったが明かな心のつながりを感じた。その折染物の道に進みたいと云う希望を聞いた。私は悦んだのである。一人の人を得たと感じた。

まもなく作品が国展の工藝部に出品された。富本や濱田が審査員なので、特に国展を選んだのだと思う。私は外遊中で不在であったが、二人に同君の未来が気づかれなかったわけがない。続く毎回の出品は皆の期待をよく裏書してくれた。暖簾、帯地、壁掛、袋物など色々なものがあった。雑誌「工藝」第一年十二ヶ月の表紙を私は同君に頼んだ。この春書物の装釘に手を染めたが、同君はここで更に一歩を進めた。まだ誰も手をつけていない領域に入った。

その模様や染方は琉球の紅型《びんがた》や内地の型染に負う所が大きいが、決してなまで呑みこんではいない。特に今年の作はよくそれをこなした。果物や野菜を模様にした壁掛が人目を惹いた。最近伊曾保《イソップ》物語を主題にした模様を十数個作った。「まだ甘いもので」と遠慮がちに手紙をくれたが、私はその美しさを見逃すことは出来なかった。芹澤君の道は開かれたと云うことを、之が一層はっきりさせてくれた。見本に送ってくれた二図を今私の室に掛けている。模様としても今までのうちの大作である。先日それは京都で出品された。

模様の道が困難なのは君も知っているだろう。誰も気安く入ってはゆくが、そこには最も危険が多いのを知らずにいる人が多い。真の模様を摑むことは、美そのものを摑むことに等しい。それは難行の道なのである。陶器でも漆器でも又染織でも近代には真の模様が乏しい。吾々の前には借り物か、意味を取り違えた醜いものが積まれている。道が難儀なのである。織の道でもあるなら、まだ危険が少い。模様そのものには上下の差が激しい。誰でもよい模様をすぐ産めるものではない。之を想うと芹澤君のした仕事は、数ではまだ少いが、既に見堪えがある。見て厭きない美しさがある。之だけのものを模様化し得る人を他に捜したとて、そうすぐあるものではない。先日河井や濱田とも話したが、京都での会のようなものを、他でもすぐ見出せるかと云うとそうはゆかない。天分と平常の注意深い観察と、そうして努力とが結びついてここまで来たのである。模様の世界に人を待っていた僕にとって、芹澤を得たことはどんなに悦びであるか。

色調も美しい。力の色ではないかもしれない、併しこの世を美しく楽しくさせる色だと思う。心を静かにさせ幸福にさせる色だと思う。渋味をねらって作ることは誰でも或点まで出来ることだが、綺麗でほんとうにいいものを作るのは並々の力量では出来ない。綺麗なもの派手なものは、とかく軽さや浅さや甘さと結びつき易いからである。

それに綺麗なものは胡魔化しがきかない。芹澤君のものは、くずれた味ではない。渋さに匿《かく》れようとはしていない。明るいまっすぐな道を歩いている。それは大ざっぱな、投げやりの仕事ではない。こまかな心尽しが働いている。この親切さは見る人に親しさを与える。そこには挑み圧し傲る心がない。作物は外に出ず内に入っている。穏かで平和である。もの静かな同君の性質がそのまま活かされている。

僕は同君の未来を心に描いている。吾々の間にどうあっても居て欲しい人である。日本の工藝界には今は人が無さすぎる。技巧の人のみふえても仕方がない。美の分る人が何より欲しいのである。芹澤君のような人が働いてくれなければこまる。同君もこのことを自覚してくれるだろう。

事情を知っている自分は、専念この仕事にいそしむことが、同君にとって並大抵ではないのを知っている。材料をととのえるだけでも、なまやさしい負担ではない。正しい道を枉げずに進むには、いつでも烈しい困難が伴う。胡魔化しの仕事が出来ない性質だけに苦労が大きい。ここまで黙々として歩いてくることも既に容易でなかったろう。之からも色々難関に逢うことと思うが、仕事に正しく身を献げる限り運命は決して何人をも棄てないだろう。光るものはいつかきっと光るに違いない。一日も早くそう云う日が来るように僕も陰で手伝いたい。之は吾々に課せられた当然の任務と思う。

僕は今まで三、四の作家に廻り逢っている。稀に見る素質の持主だったから、僕はどんなにそれ等の人々に望みをかけたか分らない。併し告白するが僕は失敗し、数々の苦い経験を嘗めた。まだ生長し切らない人々の弁護は注意深い用心がいる。増長はそれ等の人々をもろくも中途で挫折させて了った。生長は早く、作品はよく、売れ行もよく、順風に帆を孕んで進む概があった。だが船底を虫が犯していることに吾々が気づいた時はもうおそかった。何もかも順調に進んだが、道徳的に失脚して了った。もう立上ることはむずかしい。慢心を増長さすことに役立ったのは半ば吾々に罪がある。人を認めることはまだ易しい。併し育てることはむずかしい。活きた人間は複雑である。失敗は色々なことを吾々に勉強させる。吾々の責任は重い。

作家として立つためにはどこまでも仕事への道徳的良心が要る。この良心さえ燃えていれば行をも慎むだろう。仕事への誠実は人間を真面目にさせる。作家も亦美の国での僧侶である。作物は彼の行いであり教えである。それはこの世に範を垂れるべき使命を帯びる。よき作を創るのは、この世の醜い多くのものを背負い贖うの義がある。それは尋常の作物ではない。それぞれに贖いの任が重い。坊さん達が戒を守るように、作家達は作物に慎みがあっていい。この良心がなければ、その存在は忽ち崩れて了う。

併し僕は芹澤君の場合は安心している。あれだけの謙虚な人は少いから。自分の作物に対し誰よりも深い心の謙遜がある。僕は時としてそれが同君の気質を余り沈めはしないかを心配することがある。だがあつかましい慢心に病はつき易いが、謙譲の徳は静に健に作物を育むだろう。先日会が好評に終った後、手紙を受けたが、「自分の作物を現前に見て作家として自分の貧しさを曝され、充分の鞭を痛感し——何よりも仕事の小ささ弱さに赤面致します」と記してあった。僕はこの言葉をもらって尚同君への期待を強めている。未来がよく守られているからである。

僕は僕の近頃の悦びを君に知らせるためにこのような長い手紙を書いた。近々に同君の作品の一、二をお届けしよう。君にも悦んでもらえるに違いない。

棟方と私

それは昭和十一年の春のことでした。上野の美術館で国展の工藝部の審査が終ったので、他の部門を濱田庄司と一緒に見に行きました。数ある室をぬって一番奥が版画の室でした。未だ陳列は出来ていず、凡《すべ》ての額が壁に沢山立てかけてありました。どういう因縁か、一番隅に沢山重ねて置いてあるものを一枚ずつはがして内側を見てゆくと、最後の下積になっているのは巻物風の長い版画で、之を見出すなり、その途端あっと驚いたのです。之は只物でないぞと思いました。少しよく見ると細かい文字で一面に埋っていて、一寸《ちよつと》わけのわからぬものです。

私はものに感心すると、すぐ濱田庄司か河井寛次郎にそれを見せたい衝動にかられます。二人共反応がとても早いからです。「おい、濱田、之を見ろよ」そう濱田に云ったかと思います。濱田は「ああ之は棟方だろう。去年も国展に出して（「万朶譜」）会員になった人だ。」そうしているうちに現れたのは当の棟方でした。濱田に紹介されて初めて会いました。私はそれ迄棟方の作品を見たこともなく、又その存在も知りませんでした。併《しか》し今度の作品にとても心を打たれましたので、その旨を棟方に話しますと「いいなあ」と叫んで、いきなり私にかじりつきました。見ると涙を眼に浮べ、額からは汗の滴が垂れています。小柄で髪がむしゃくしゃし、大変な近眼の様で、眼鏡の奥に大きな眼がぎらぎらし、又胸毛が濃く生えていました。後に彼が青森に生れた事を知りましたが、彼は必定アイヌの子孫だと思うようになりました。毛むくじゃらで、見るからに変っています。普通の大和人ではありません。もっと原始的な直接的なところがあります。併しその一見粗野な表現や動作は、決して態《わざ》とらしい所がなく、言葉などで挨拶するのがもどかしく、直接行動して了《しま》うようなところがありました。この初対面の印象から、丸々したちっぽけな毛むくじゃらの棟方を、何時とはなしに濱田と共に「熊の子」と呼ぶようになりました。人間よりももっと以前のものだという感じです。文化人の気取った藝術家の感じではありません。一寸原始人とでも云ったらよいでしょうか。今の時代に生れた人間ではないかの様です。感心したその版画の題は「大和し美《うる》わし」というのでした。丁度その年の秋には民藝館が開館するので、新作部に私は棟方のこの版画絵巻を買入れ度いと思い、濱田に話しましたら、即刻に賛成してくれました。後から聞いたのですが、今迄棟方の版画などを買った人はなかったそうです。値を後で知らせてくれるように頼みました。棟方は小踊りして、例の「いいなあ」を連発しました。程なく知らせがありましたが、私はそれが高価であるのに一寸驚かされました。併し「よいものはよい、何とか工面して買おう。」今から見れば二百円はとても安い値ですが、当時としては恐らく法外な値でしょう。今だったらさしずめ十万円ということになります。

間もなく棟方の訪問を受けました。その時妻が棟方に金子を手渡しました。来る前に平塚運一君からよく注意された話は度々聞きましたが、「柳さんの所には大切な品が沢山あるから、むやみに触ったり何かして、毀しでもしては大変だぞ」と忠告されたそうです。否、「息《いき》をかけてもいけない」と云われたそうです。棟方はひどい近眼ですから、物に顔をつけるようにして見ます。この忠告のせいか、一々懐から大きな日本手拭を出して、口を抑えて見ていました。顔からは例の汗が垂れています。私はよく記憶していませんが、その日座敷には、肥前の所謂《いわゆる》「二川《ふたがわ》の大捏鉢《おおこねばち》」が置いてあったようです。大胆な松絵を描いてあるものです。之に棟方は歓声をあげました。その感じ方の純粋だったのを今も覚えています。後から棟方に聞いたのですが、その二川の鉢に廻り合った事は、棟方の進むべき方向に一つの決定を与えたそうです。成程、棟方の後年の自由な大胆な仕事振りに通じているもののある事を覚えます。

その日以来、棟方から度々訪問を受けました。その度毎にこんな人間に今迄出会った事のないのを感じました。河井に紹介したい気持が切でした。恐らく濱田も同じ想いを持っていたでしょう。そのうちに丁度河井が上京する事があって、濱田とも連れ立って棟方の家を初めて訪問しました。河井が一枚加わりましたので賑やかな事でした。通された室に油絵があるので、油絵も描くことを初めて知りました。そうして、文展にも幾度か通った事のあるのを聞きました。処がその中からとてつもない大きな一枚を取り出して来て、私達の前に置きました。それがどうでしょう、逆さまに立てて見せるのです。眼が悪い為でしょう。

「おい棟方、逆さまだよ」と云いますと、「どちらから見てもらってもよいのです」というのです。この返事にもあきれました。後年作った版画にも縦か横か分らぬものがあり、作者自身でもよく分らないのですから、面白いことです。こう見なければいけない、という窮屈さより、どう見て貰ってもよい自由さの方が心に適うのでしょう。その日、四人連れ立って町に出た時、大きな声で、「私は五本指の人間なんか彫り度《た》くありません。指が三本の人間を描き度い」などと手真似し乍《なが》ら大声で云いました。棟方にはいつも、人間より原人とでも呼ぶ者の方が親しいのです。同じ様に仏画を主題としても、仏でも神でも人間でもないものに心を惹かれているのです。鬼のような姿をした人とも獣ともつかず、神とも魔物ともつかぬ姿がよく現れます。それ以来河井は、案の定棟方がすっかり気に入り、京都に連れて帰ると云い出しました。まもなく家へ「熊の子連れて何日帰る」と打電したそうです。驚いたのは家の人達で、熊の子をどうしたものだろう、柵でも用意しなければいけないかと心配したそうです。棟方も永く居著いて、暫らくそのまま河井の所に滞在しました。それは昭和十一年のことですが、その頃から棟方の製作慾は昂《たか》まって来て、次々にどんどん大作を作りました。又肉筆で倭絵《やまとえ》も沢山描いて、その都度私の所に持って来てくれました。その頃の倭絵は殆ど皆墨絵ですが、とても優れたものがあり、一寸見ると古画に等しいものさえありました。そのうちの十枚程は、今も民藝館に保存してあります。併しその頃の大作は、何と云っても「華厳譜《けごんふ》」と題する一聯の版画で、(後に棟方はいつも「板画」と書き改めています。)総てで二十三枚ありました。それが素晴らしい出来で、見るなり私は驚き、益々本当の版画家だという考えを強くしました。中で太陽や、不動や、風神の如きは、特に優れた出来栄えでした。併し中に五枚程少しく見劣りのするものがありました。それで私は率直に「之だけ彫り直してくれぬか」と申出ました。考えると、随分失礼な云い方でしたが、棟方はとても素直に気安く「すぐやり直します」と云って、それから僅か数日後、改刻のものを見せに来ました。それが実に見違える程よくなっているのです。只一枚だけ、或は元の方がよいかと思いましたが、こんなにも鮮やかに答えるとは、驚くばかりでした。一切は民藝館に所蔵してあります。惜しくも原版木を凡て戦災で失い、今は此一揃は大切なものになりました。

私は棟方には随分勝手なことを注文したり、又行いもしました。肉筆でも板画でも、一部分気に入らぬ個所があったりすると、其部分を勝手に切取って表具をしたりしました。私としては、それで大いに原画をよくしたつもりです。いつぞや濱田から棟方の絵の表具を頼まれました。それは鯰の図でした。絵はいい出来ですが、絵の側に書き入れた文字が気に入りません。絵を邪魔しているのです。それでその部分を切取って、経師屋《きょうじや》に廻しました。とてもよくなったと今も思っています。その一枚は今も濱田の手許にある筈です。表具もうまく行ったと思っています。

次に持って来たのは「空海《そらうみ》のたたえ」五十四枚で、大作を次ぎ次ぎに生みました。之は板画ではなく、拓摺にしていました。「いろは」を頭韻にもつ詩なのですが、中に見事に模様を入れました。模様をこなす棟方の刀は冴えていて、私はこの作を見る毎に、このまま螺鈿《らでん》細工にしたらとよく思います。私は之を六曲一双の大屏風に仕立て、又三柵の画帖にも仕立てさせました。是等の時代の棟方の作は充分挿絵を入れて、雑誌「工藝」七十一号で、早くも紹介されました。もう二十年も前のことです。

この時代は慥《たし》かに棟方の一生のうちの一期を劃する時代で、次々に大作が続きました。次のは「観音経」で三十三身を現したものでした。之も惜しい事に版木を戦災で焼失し、原図が全て揃っているのは、今は民藝館以外には所持者は幾人もないでしょう。続くのは「釈迦十大弟子」で、之は棟方の第一の傑作として、今も人々から賞讃され、需要が絶えません。之は版木一ぱいに彫り、頭部が幾つか板の大きさに制約されていますが、ここが却って力強い自在な美を与えています。十大弟子の他に二女菩薩が加わり、〆めて十二枚です。併し、観音、勢至の二女体の版木だけは焼失して、後年改刻しました。併し之は元の方がよいのです。

「大和し美わし」の時、着色の分を持ってきてくれましたが、又その着色法が小生の気に入りません。濃い不透明な顔料を版画の上から塗ってあるので版の線が埋れて見えません。それで私は絵具を裏から差すようにした方が、更によいとの考えを述べました。棟方は又素直に之を受入れ、後年之を「裏彩色」と云って凡てに用いました。之は大変成功したと思います。この裏彩色は早速「観音経」に施され、よい効果を見せてくれました。用いたのは藍色と代赭《たいしや》との二種でした。民藝館には後者の分が揃って軸仕立にしてあります。

扨《さて》、「釈迦十大弟子」の事は前に書きましたが、之が好評であったためか、後年棟方はキリスト教の十二使徒を題材にして、更に大作の板画を彫り上げました。之が出来た時、棟方は勇んで一包を私の所に抱えて来ました。「先生、之は前の「十大弟子」よりもっとよいかと思います」と云います。私は実は棟方自身の判定を余り信用していないのです。開いて一枚一枚を見た時、前のより駄目だと思いました。私が感激しないので、棟方は当てはずれの様子でした。併しここで一言し度いのは、棟方自身の判定の不正確さに就いてです。之は棟方の場合では悪い意味ではなく、実際自分の作がよいか悪いか、そんな計算の上に、仕事を置いていないからなのです。自身でもよく分らぬほどの仕事をしていることにもなります。よく理解して割り切れる仕事をしているのではないのです。棟方の仕事、特にその肉筆による倭絵は、とても出来不出来がひどいのです。悪い方が多い位ですが、よいものになると又神品です。この事については濱田ともよく話合った事ですが、無駄の多い棟方の倭絵の仕事は、棟方の性質上何《ど》うしてもそうなるので、一つも無駄の出ぬような神経質な、おどおどした仕事振りではないからです。近頃の日本の画家が一つの線でも神経質に引くのと、大いに違います。誰も見たら驚くでしょうが、その描く速度の早さは、恐らく古往今来他に例がないでしょう。この早さは版画の場合でも同じです。只肉筆の方は棟方が余りじかっぽに出るので、荒々しく騒がしい場合が多くなります。併しそういう欠陥があるに拘らず、同時に神品が無造作に生れます。それで無駄の多い仕事振りも、決して棟方の仕事を殺してはいないのです。棟方の倭絵は未だ誰も評判にしませんが、私の見る所では、不日大いに評判になるでしょう。

棟方は嘗《かつ》て大原孫三郎翁の依頼を受けて、六曲の屏風に絵を描く事になりました。そういう時万事仕度や世話をされるのは、大原美術館長の武内潔真氏でした。倉敷市酒津にある同氏の邸に招かれた方々は、誰でも感じられるでしょうが、同氏夫妻の歓待振りは至れり尽せりで、細々した所迄よく注意の行き届く方々です。棟方は邸内の林間にある「無為堂」（故児島虎次郎氏設立）で仕事をする事になりました。白の六曲屏風が部屋一パイに拡げられ、武内夫人は墨磨りや絵具とき、筆と刷毛、筆洗、文鎮その他、万端を注意深く整えられました。そうして行儀よく傍らに座って、棟方の仕事を待っておられます。頃は丁度夏でした。棟方は例の如く一気に描き上げ度いのです。それも真裸になって、自由に描き度かったのです。

処が奥さんが余り行儀よく、一言も云われずに傍らにおられるので、それも出来ず、むずむずしていたのです。とうとう堪りかねて、棟方はひと先ず御不浄に立ちました。戻ってみると、有難いことに奥さんも主屋の方に一寸行かれた様子です。誰も居なくなりました。棟方はこの時とばかり、真裸になって一気に描きあげました。ものの十分もかからぬ間の出来事です。やがて奥さんは戻って来られ、もう出来上って了った屏風を目前に見て、あっと驚き、「まあ」と一語洩らされたそうです。お世話するどころか、凡ては後の祭りで、もう事はすんでいました。私はこの話を棟方の口から直下に聞いて、端正で謹直な奥さんと、自然人の棟方との対比も面白く、その時の光景が眼前に浮ぶ様でした。之は棟方が大作をも如何にためらわず、手早く描き上げるかの一つの挿話です。

昭和二十二年からでしたか、棟方は富山県福光町に疎開しました。東京にいて戦災で焼け出された為もありましたが、福光町在の光林寺村に光徳寺というお寺があって、其所の御住職高坂貫正和上の招きにも依ったのであります。和上は濱田のお父さんと昵懇で、そんな関係から棟方の事を聞かれていたのです。和上は真宗のお坊さんですが、夫妻とも藝術の愛好者でした。それで棟方一家は、一時その光徳寺の客となって、滞在していました。

私が初めて福光町に棟方を訪ねた時は、その光徳寺近くの農家を一軒借りている時でした。福光は東京から中々遠く、又戦時中でしたから旅も不自由で、そう度々は逢えませんでした。それでも棟方からの熱心な招きで四、五度は訪問したでしょう。光徳寺の襖や屏風には、棟方の滞在を記念するいろいろの絵が描き残されています。同寺が新しく鋳させた梵鐘にある「飛天の図」は、棟方の下画に依ります。最近境内に棟方の歌碑が建ちました(「竜胆の柵」)。寺門の傍に建つ「蓮如上人御遺蹟」という碑と共に、永く此寺に遺るでしょう。棟方はかくして福光町に一軒の家を建てるに至り、之を「愛染苑」と名附けていました。家中、絵を描き得る余白のある所は、壁と云わず、襖と云わず、板戸でも障子でも、何でも、皆筆の跡で、特に便所は天井迄一杯描いてありました。東京に移転後、誰か友人が購って、此家は保存されている筈です。

五年程の滞在中、福光や近くの町々に随分沢山、棟方は画業を遺しました。私も色々見ましたが、一番頭に残っているのは、六曲の屏風に楠の大木を描いたものです。之は注文主に気に入らなかったとかで、棟方は少し閉口していました。勿体ない事を云う注文主もいるものだと思った事があります。若しいやなら私が譲って貰おうと申出ました。私のこの申出の為か、もう手離してはくれませんでした。大変よい出来栄えでした。この屏風については、棟方からじかに聞いたのですが、その絵の一部分は筆で描くのがもどかしくて、間に合わず、バケツに墨を入れて、其処からじかに紙の上に流したと云います。ですからなかなか激しさのある絵でしたが、調子は上々でした。

福光町近くの城端町には、大きな別院があります。そこの五ヶ寺の御住職は何れも高坂和上と親しい方々で、みな棟方へのよい理解者でありました。そんなわけで棟方の福光滞在は賑やかでした。その町の松井さんという女医も棟方のよい支援者でした。私はこの別院に度々御厄介になったので、必然福光に棟方を訪ねる折がふえました。

昭和二十六年、棟方は東京に移り、荻窪の今の家に住み始めました。棟方は品物がなかなか好きでよく買物をします。画室にそんなものを皆持込むので、新しい大きなアトリエもすぐ一杯になります。さなきだに自然人の棟方は、乱雑を厭いませんから、仕事をする時はそれ等をかきわけて、僅かの空間を作って、無雑作に然し熱意を込めて仕事をします。私は嘗てホイットマンの書斎の写真を見た事がありますが、その乱雑さは全く同じです。混沌としたものです。併しきちんと整理されていたら、棟方らしくないでしょう。又その仕事も性質が全く異ってくるでしょう。大切な版木なども、大小無秩序に立てかけたままで、摺る時よく間違えないものだと思う程です。もとより平気で埃《ホコリ》の着物を着せたままです。ところが之が凡て一つの交響楽のようなもので、棟方らしい統一があるのです。（最近は耐火の庫を作ったそうです。）

このほかに将来認められるに違いないと思うものに、棟方の書があります。之は或書家達からはもう評判にされて居りますが、特に大字に見事なものがあります。又箱書などにも優れたものを屢々見かけます。肉筆の倭絵は、全く類のないものです。強いて云えば、鐵齋以後その衣鉢を継ぐものとも云えましょう。もとより鐵齋を模した絵ではありませんし、全く独自のものですが、只余り早く描く為もあって、無駄な不出来のものが沢山出ます。そこへゆくと板画の方は、無駄が大変少いのです。之は板画という手法が棟方を間接に出すので、角《かど》が抑えられるからだと思います。それに棟方は、他の多くの版画家と全く違って、下絵らしいものを描きません。一般の版画家と異って、之を板に貼って、その下絵通りに丁寧に彫るような事を致しません。多くはすぐ板を彫り出します。大きなものは構図の要所要所を手荒く覚え程度に、それも乱暴に描きとめることを時折しますが、それもその時々に彫ってゆくうちに変ります。それで棟方の板画の特色は、絵を版にするのではなく、板を彫って絵を生むのです。それ故、版画という字を嫌い、後にはいつも「板画」と書いている所以です。「板する」等という動詞も使っています。彫る事で絵がその時々に創作されるのです。之こそ、版画の本道だと思われます。それも非常な早さと力をこめて刻みます。その速さには驚きます。それ故、迷ったり、躊躇《ためら》ったりはしません。そんな時間が入って来ないのです。何か憑かれたものの如く仕事をします。之があれ程の大作を、たじろぎもせず、平気で作って了う力だと思います。古往今来、棟方のように大版画を、それも沢山刻んだ人は、他に一人もいないでしょう。この頃はその大きいのを「板壁画」などと呼んでいます。肉筆でも、大襖や大屏風などを頼まれると、之をあっという間に臆しもせず、描きあげて了います。併し、棟方の作のような特色ある板画を見ると、如何にも棟方という特別な個性の自力的な表現と思う方がありがちですが、併し之は棟方を正しく見ての評ではありません。大胆な棟方の仕事は、頭で整理したものではなく、多分に体全体でぶつかる仕事です。血も肉も骨も大いに働きをしているのです。謂わば遠い過去からの因縁によって与えられた自然の力が背後に控えて、仕事が生れます。嘗て棟方は私に、「私は自分で自分の仕事に責任を持っていません」と云いました。初めは乱暴な無茶な事を云う奴だと思いましたが、考え直すとそうではなく、小さな自分などが持てる責任で仕事をしていない、という意に取る方がよいのです。つまり何か自分以上の力が背後にあって、それが仕事をさせているのを感じているのです。それで責任をその見えざる力に持って貰っているのです。つまり自力というより、他力的な性質が寧《むし》ろ濃いのです。それですから、自分みずからでも、どんな仕事になるのか、予定などつきかねるのです。自分では割り切れない仕事をしているのです。ここが現代の多くの作家と大変違う点です。私は嘗て民藝館の壁に棟方の大作を掲げていた事があります。一日棟方が来てその壁の前で両手を合せて、自分の作品を拝んでいる姿を見ました。之は何も自分の仕事を崇拝するとか、自慢しているとかいう心ではなく、その仕事の中に、自分以上の力を見出して、それに礼拝しているのです。決して自己を礼讃しているのではありません。

棟方も亦《また》私達も、次の棟方の仕事がどんなものになるのか、見当がつきません。それ程自然に発生してくるのです。何か背後にある力が盛れ上ってくるのです。棟方は面白いことに、自分の作品の題をよく忘れます。そんなものはどうでもよいらしく、実際人から聞かれてその時々に題を変えたりしています。実にわけのわからぬものがあります。サンパ

1953年4月30日川崎市・溝口にて　棟方、リーチ、柳

ウロのビエンナーレに「湧然する女者達々」という題の作品を出して、之は何の事か飜訳のしようが無く、大いに困った由です。然し強いて珍らしい題をつけるのではなく、絵と同じように、驚くべき造語が湧いてくるのです。棟方の文章も、わけのわからぬ所が多いのです。形容詞がすぐ名詞になったり、それが直ちに動詞として活躍したり、それに天爾乎波などの省略や追加が自由自在で、今迄の文章では律しかねるほど創作的な独自のもので、時々大した名文があります。私はよく思うのですが、その驚くべき文体と造語とでは、昔に道元禅師の「正法眼蔵」がありますが、近代では棟方のような文体は他に見かけません。非常に独創的なものです。それでいて、作為ではないのです。皆おのずと生れたものです。棟方は詩や歌が好きで、よく暗記して

います。時々好きな文章の朗読をやりますが、それが名朗読で、只読んでは感ぜぬものを、吾々に感じさせます。棟方の板画には、詩や歌や俳句の挿絵が多いのもその為です。是等のものの中で、吉井勇の歌集「流離抄」続いて谷崎潤一郎の和歌を板にした「歌々板画柵」もよい出来ですが、私の考えでは、原石鼎の「青天抄」の挿絵が第一の出来栄えと思います。而《しか》も珍らしいことに、句詞と挿絵とがほぼ一致しています。他の多くの場合には挿絵を句にこだわらず、自由に描いていますが。

棟方は一昨年のベニスのビエンナーレでグランプリを受けて以来、急に騒がれ出して、一寸今では流行児になっていますが、三年前それより遥かに優れた、非常に立派な棟方の板画大展観が東横百貨店で催され、全く壮観でしたが、当時は今棟方を賞讃している批評家は誰一人来ず、唯一つの新聞に評が出たきりでしたが、それが又全く無理解なものでした。棟方は勿論、私も腹を立てた位です。処が一度ビエンナーレで賞を獲てから、急に棟方を云々し出したので、之にも私は腹が立ちます。作家の中で早くから棟方の値打ちを公に認めたのは梅原龍三郎只一人かと思います。併し梅原の一人は十人、二十人の味方より便りになります。民藝館ではもう二十年間続いて、棟方の作品を殆ど毎月陳列し続けて来ました。批評界も頼りないものです。西洋人が認めると、急にこちらも騒ぎ出すのです。何故日本の眼で、自主的に見ないのでしょうか。

因《ちなみ》に棟方の板画の殆ど一切は民藝館に備えてあります。凡ては作者の好意によるものです。他の美術館でどれだけ棟方の作をそなえているでしょうか。之から真似して集め出す事でしょうが。米国紐育《ニューヨーク》の近代美術館は、日本の「近代美術館」より沢山棟方の作を持っているのではないでしょうか。

棟方は神経質な仕事をしませんが、併しその一面だらしない行為もあって、展観を頼まれれば、見境いもなく何所ででも開きますし、自分に関する本や画集を申出る本屋があると、之亦なんでも引受けます。それで今迄はろくな本はありません。只一冊昭和二十二年細川書店から出版された「板画集」が幾分よいだけでしょう。その為、自分を広告するのには熱心だというので悪口を云う人が時々ありました。一寸無節操な所がないでもありません。国展を退くのはよいとして、すぐ日展に入って審査員になりたがるなどは、全く見識のないものでした。併し之で棟方の仕事の方が駄目になるかと思うと、少しも関係がありません。棟方は仕事や動作になかなか荒っぽい所がありますが、それでいて決して礼儀を乱した事はありません。

ここで私は一寸面白い話を致します。私は一昨年暮から重病に罹《かか》り、もう一年余も病臥生活をしました。この一文も病床で書いているのです。無聊を慰める為、壁に代る代るいろいろの絵を掲げて自らを慰めました。無論棟方の絵も掛けましたが、棟方は大概の絵に「志功」と署名します。それが夕方などになると、志功がどうしても「急功」に見えるのです。「功を志す」のが、「功を急ぐ」のです。ところが次には更に「恋功」と読めるのです。「功を恋して」いるのです。誠に「当らずと雖《いえど》も遠からず」の点があって、私は独り可笑しく笑いました。ところが或夕方、それがどうしても「忘功」と読めるのです。ここで私は膝をはたいて悦びました。そうだ、棟方はもう「功を忘れ」てよいのだ。ビエンナーレのグランプリーなど蹴とばしてよいと思います。もう悠々仕事に専念してよいのです。そうしたら、更に棟方は輝くでしょう。右顧左眄《うこさべん》などする必要なしです。

私の愛玩している乾山の一軸に左の賛があります。「千古不レ凋　存《ス》ニ勁節《ヲ》一　四時長見《クル》布《ク》ニ清陰《ヲ》一」という句は、乾山の一生をよく暗示する清句で、私は好きなのです。因にこの一軸は彼の死ぬる八十一歳の作です。「勁節」は頑強に節操を守る意です。私は棟方にもこの句が必要だと思いました。時折功を急いでか、無節操なことがあります。そうして、之からの仕事が「清陰を布《し》く」ものである事を望んでいます。

昭和十二、三年頃は、棟方は極度に貧乏でした。未だ誰も認めぬので、作品の買手は一人も出ません。それに家族はあるのです。棟方は人なつっこい性質があり、特に国元の人でも上京するときっと泊めてやったり、御馳走したり、帰りの汽車賃迄払ってやったりするのです。私はいつか奥さんの述懐を耳にしましたが、その為奥さんは夜具なしで寝る事があったり、食事迄とらなかった事があったそうです。奥さんは大変主人想いのところがあります。それに棟方は世間の事にはうとく、少しも常識的ではありません。之を引き締めて一家を守っている奥さんの務めも並大抵ではなかったでしょう。兎も角そんな工合で、一家はその頃は貧乏でした。併し同時に、近所の人達で棟方の人と為りに親しみを覚える人が何時も出ます。今は名をはっきり思い出せませんが、何でも近所の風呂屋のおかみさんでしたか、貧乏している棟方一家を親身になって世話しました。併し棟方の大恩人は島丈夫という方で、日本橋の薬品問屋の御主人です。同氏は別に藝術の愛好家とも思われませんが、棟方一家の事は終始変らず、よく面倒を見られました。今も変りありません。又故大原孫三郎翁も棟方を可愛がられ、棟方も求めに応じて倉敷の本邸の襖や屛風に沢山絵を描きました。いい作ばかりではありませんが、中で五智如来は優れたものでした。

多分昭和十二年頃でしたか、棟方は貧乏の極で、私の所に来ても帰りの電車賃に事欠く程でした。丁度その頃引越をせねばならぬ事情がありました。私は一案を立てて、幾許《いくばく》かの棟方の板画を懐に入れ、京橋の日本麦酒会社に急ぎました。当時専務の山本為三郎氏に刺を通じました。「山本さん、今日はお希い事があって来ました。有無を云わないで、之を二百円で買って下さい。之が何んなものか、そんな事を聞くのは後廻しにして下さい。どうぞ無条件で二百円下さい。」その時山本さんは心よく「よろしい、あなたが云うなら、貰いましょう。」そう云って、すぐポケットから百円札を二枚出して渡して下さいました。私は同氏にどんなに感謝したでしょう。今の人は「たった二百円か」と思われるかも知れませんが、当時の二百円は今の十万円にも当るでしょう。私はそれを懐にして、棟方の家へ急ぎました。その頃の棟方は多分中野近くの馬橋に住んでいたと思います。奥さんが玄関に出て来られたので、その金子を手渡しました。後で聞いたのですが、棟方と共に涙にくれ、先ず神棚に札《さつ》を供えて、手を合せたそうです。私は時々思い起して、私を信じて下さった山本さんに感謝を覚えます。

併し、それは棟方の貧乏を一時緩和させるに過ぎません。それで濱田と河井とに相談し、同志を集め、僅かでも月々定額を棟方に贈る事にしました。二、三年続いたでしょうか。ほんの僅かで、却ってすまぬ様な気もしました。しかし何かの役に立ったかも知れません。

ですがこういう事情のもとにあったに拘らず、棟方の仕事はその頃却って旺盛になり、素晴らしい板画を陸続と作りました。出来上ると、すぐ見せに来てくれました。中で大いに感心しましたのは、「善知鳥」（うとう）板画巻と続く「夢応の鯉魚」でした。後者は摺拓です。私は散らばし放題の画室で、棟方が子供を背負い乍ら、板を彫っているのを目撃しました。かかる最中での大作は、何と云っても「東北鬼門譜」と題する六曲一双の大屏風でした。呑気な事に、仏菩薩の顔の真中が屏風の折れ目に当っていたり何かしていました。中央の一体と左右両端の部分に素晴らしい個所があって、私は特に別摺にして貰い、之を掛軸にしましたが、今も民藝館に残っています。この大作の板木も、惜しい事に戦災で失われました。尤《もつと》もこの大屏風は、一度鳩居堂での民藝展に陳列されました。「般若心経」とか、「聖徳太子」とか題した作品も、その前後に出来た初期の佳作であります。いつの頃でしたか、或日棟方は一包の板画を持って来ました。見ると包の上に「歎異経」と書いてあります。「之は先生に献げる気持ちで彫りました」というのです。私とこの題と、どういう関係があるのか、はっきりしませんでしたが、予々私が美への誤った見方を嘆いている為なのか、見ると何やら十二神将の様なものです。之は「藝業仏十二体だ」と云います。今迄の作と違っているのは、全部一つの丸鑿だけで彫ってあります。併しそれよりも驚いた事は、板木に鋸目《のこぎりめ》があることで、平に削った板ではありません。こんな板にすぐ彫るのも乱暴ですが、結果として見ると一種の模様ともなって、鋸目が板画にひと味添えているのです。普通の版画家であったら、表面を綺麗に平に削ってある板でなければ使わないでしょう。併し棟方はそんなことに頓著なく、こまかい神経を使いません。いきなり与えられた板に、そのまま彫って了ったのです。この場合、もとより「鋸目のある方が味がよい」などという考えからそうしたのではなく、同時に鋸目があっては困るという神経質なところもありません。只いきなり屈託なく彫り上げたままであります。ここが棟方の立場の自由なところで、他の作家とは全く違います。兎も角、鋸目の残っている板を用いた板画は、今迄他に決して見かけません。その事も私は大変面白く感じました。

昭和二十七年でしたか、棟方は国展に、「いろは四十八文字」を板画にして出品しました。私は大変感心して、別に摺って貰い六曲一双の屏風に仕立てる為、色を交互に更えて貰い素晴らしい一組にしてくれました。四十八字には凡て異る模様が入り、一つとして繰り返ってはいません。その模様力にも感心しましたが、その配置が又非常に自由で、之迄

「いろは」を書いた書家は随分あると思いますが、この一聯《いちれん》の作はいつでも代表作となれるでしょう。（最近は芹澤銈介君も型染で大した「いろは屏風」を作りました。）

序《つい》でですから述べますが、道祖土頌四図一組が出来上った時「之は濱田先生へ献げたものです」と云って持ってきてくれました。道祖土（さやど）というのは濱田の住んでいる益子の小字名なのです。別に棟方は柳仰頌三図一組のものを刻みました。「柳仰」の二字が互に向い合っていて、その中に種々の細かい紋様が入れてあり、又しても棟方ならではの構図でした。

併し、大雄作は何と云っても「鐘渓頌」二十四図で、之は河井寛次郎に献げたものであります。「鐘渓」とは河井の窯の名です。之で愈々《いよいよ》棟方の本領が出て来ました。後年ロックフェラー夫人が民藝館で之を観て非常に感心され、一揃い是非欲しいと云われ、私が仲に立って六曲一双に仕立てました。表具師は大石豊斎でした。之はニューヨークに発送されました。恐らく今同市の「近代美術館」に飾られているでしょう。同夫人は同館の有力な理事の一人であります。之が縁で濱田と私とが一九五二年に渡米の際、イラード夫人から依嘱され、棟方の最初の海外での個人展を同夫人経営の画廊で開く事になりました。之は棟方の名を米国に広めました。何時でしたか、ワシントン市でも会がありました。之は確か濱田の焼物と一緒だったと思います。

前述の如く昭和三十年八月、棟方の板画の大規模の展観が東横百貨店の七階殆ど全部を使って催されましたが、観に来る評論家とては殆どなく、去年のビエンナーレの授賞以来、急に国内でさわがれ「棟方ブーム」という言葉さえ耳にするに至りました。有難く、又当然の事ではありますが、西洋で評判になったから日本で騒ぐ不見識に、一寸なさけない感じも受けます。

終りに一言します。現代の殆ど凡ての日本の画家は、或流派に属します。前衛派とか、抽象派とか、少しく古くは印象派とか超写実派とか、野獣派とかいろいろあります。併し棟方は如何なる流派にも所属した事のない作家です。之が第一の特色。第二は棟方は新旧の別とも無関係です。新しさを追い、流行に遅れないように息せく若い人達とは全く縁なく仕事をしています。此所《ここ》が却って棟方の仕事が、何時も斬新な所以《ゆえん》ではないでしょうか。

第三に棟方の仕事は現代作家の多くと異って、知的な性質はありません。それ故頭脳の作ではなく、体全体が生むものであります。それ故、神経の尖端でする仕事でもありません。今の知的時代には珍らしい仕事振りで、文明に毒された所もなく、極めて自然人に近いのであります。それ故、病的なところがありません。変態ではなく健康です。その作品が必然に古版画を屢々《しばしば》想起させるのは、心の状態に互に近似したものがある為と思います。要するに、細工されたものではなく、生誕したものであります。かかる原始人的な力を失っていないのは、今の時代では珍らしいことではないでしょうか。

第四に棟方の作には、西洋の模倣がありません。或西洋人が棟方の作には、ホッホやピカソがいるといいましたが、そんな泉から出たのではありません。それ等の洋画家を褒めてはいますが、影響したものがあるとすれば、寧ろ東洋の古版画、例えば宋版の「三世相」のようなものではないでしょうか。併し借りものではなく、版画界に独歩するもので、全く日本から生れたものであります。ここが却って西洋で感心された理由ではないでしょうか。余りにだらしなく、西洋の後ばかり追う画家の多い中で、棟方ばかりは日本が生んだ独自の作家です。棟方には模倣性は殆どありません。尤も大作「華狩頌」は通溝の壁画から暗示を受けた事は自分でも書いておりますが、併し全く自家薬籠中のものにしているのです。真似ではありません。棟方はその近著「板画の道」(此の本は一般の方々が棟方を知るにはよい手引となりましょう)がよく示すように、なかなか内省の強い人ですが、知識や主張から仕事をする人ではありません。何時も問答無用の仕事振りです。最近の一聯の作風の中では「蒼原」と題した一枚が第一の傑作であります。

三十一年の春でありましたか、近藤京嗣君の仲介で、棟方は茶掛になる板画を刻むことになり、それを「茶韻十二ヶ月」と題して茶道雑誌「淡交」に逐次発表しました。正月「松妙」、二月「蘭如」、三月「倭桜」、四月「釈迦」、五月「躍鯉」、六月「雨隣」、七月「棟風」、八月「太子」、九月「秋径」、十月「美誕」、十一月「侘助」、十二月「基督」。

この一聯の作は、なかなかよい出来でありますが、私が驚きましたのは十二月に配しました「基督」の一像で、まさに西洋中世紀以来の作だと思いました。前にも述べました通り、棟方の作では「釈迦十大弟子」が誰からも白眉だとされていましたが、この「基督」の一図では、表現が更に外から内にこもり、又動から静に帰り、手法も精、粗、渾然一体となって、一段の進境を示しました。今迄の棟方の作から何か一枚を選べと云われたら私はこの一図を推したいと思う程であります。

私はこの一枚に感心して、早速棟方に手紙を出しましたら、棟方は「そんなによいのかなあ」と云ったといいます。私としてみれば、ここが棟方の仕事のよさであって、若し自分で、はっきりとそのよさを説明出来るような仕事であったら、奥行は知れたものとなるでありましょう。

この「茶韻」には他にも優れたものがありました。特に六月に配した「雨隣」の如きは、風景画として神韻渺々《びょうびょう》たる感じを受けます。版画の風景画としては、広重の如きが有名ですが、それどころの比ではありません。之だけの深さのものは、風景画では版画史に未だかつてあるまいとさえ思われます。又「蘭如」と題したものは神秘的な気配さえ致します。尤も右の「茶韻」のうち「美誕」と題した裸婦像は茶室に適したものとは云えないでしょう。

近作には昭和三十二年秋の作「追開心経の柵」と題した般若心経十六図があります。各二尺角大のもので、人物と自然物とを交互に配置してあります。人物の方は何も仏菩薩ではなく、多くが裸婦で、而も胴体四肢奔放を極め、見ようによっては、行儀が悪いので、寺院等には置き難いかも知れませんが、自然物の貝とか花とか、葱とか鳥とかの一聯のものは、今迄版画の歴史にない描写で、どこか神秘な美しさが漂い、極めて独創的なものであります。心経の経句は陰刻陽刻交互に刻んであります。

昭和三十二年七月、私が入院中に棟方は私の心偈《こころうた》を板画にしてくれました。之は濱田の発案でした。最初は六十首程の草稿を渡しました。四、五日おきに棟方の奥さんが十枚ずつ仕上がると態々病院迄持参してくれました。私は寝台の上で之をどんなに楽しみ眺めたでしょう。奥さんの話では、棟方はいつも朝六時頃起きて朝食前に五、六種を刻んだと云います。作品はいつものと違って、おだやかな作で、色差しは美しいものでした。別に墨摺のも一揃い届けてくれました。中で本書の挿絵に入れたものが特に私の心を惹きました。処が私の心偈の全部をしてくれるという事になり、更に十二首程追加され総数七十二首の大作になりました。之は何れ一冊の本に纏めて出版する希望であります。一部は「大法輪」の求めで公表されました。

又最近（三十二年十二月）一図を届けてくれました。題を聞きますと「檜松の柵」だと云います。左側に真直ぐに立つ松、その枝の上に一羽の鳥、右側に曲った檜、その側に一匹の狗。之を例により裏から色差ししてあります。早速表装を案じ軸仕立にし、床に掛けて、とくと眺めました。この一枚は作者も自信があったと云いますが、なかなかの佳作で、益々棟方の不思議な画相に、誠に二度と生れぬ作者だという感じを改めて抱かされました。

私は前述の「雨隣」や「竜胆の柵」を眺めて、棟方の板画山水（特に山を背景とするもの）に、大した美の世界が開かれているのを感じ、もっと大版の作を試みて慾しく思い、病床から一筆書いて、大作の風景を刻んでくれぬかと注文しました。又私は之を二種作ってほしいと始めから頼みました。棟方の作は何が現れるか見当がつかぬので、二種あると何れかよいのを選ぶことが出来るからであります。又之を一番最近の作としてこの本の挿絵の最後の一枚としたい希いでありました。そうして出来さえよくば、グランプリグランプリ必定だなどと書いてやりました。処が、作者の困った病気や、つまらぬ交際やらで、なかなか実現しませんでしたが、愈々試みるという事を電話で知らせてくれましたので、その日を子供の様に待ちました。愈々完成の知らせがあって、浅川園絵さんにいつもの如く使いに行って貰いました。夜心待ちしていますと、目前に山水（高館の柵）と桜花（桜瓔の柵）との二種が現れました。私は眺めて、これは残念にも半プリ位だと感じました。どうも色彩が過ぎて図の中央が、ごちゃごちゃになって、すばらしい上段の山に引きかえ、前景が混乱しているのです。（之は後に分ったのですが、棟方が裏彩色せず間違って表彩色して了ったためでした。）

それで私は第二の作を待ちました。半月程の後、再び知らせがあり、今度は自信があるという話でした。併し「柳先生の云う良い悪いは、全く見当がつかず分らぬから、気に入ればよいが」と話したそうです。処が一見すると前のより画面が明晰で、全体としてよいのです。今度は「プリ」は慥かで、私も悦びました。

併し又我儘を云わせて貰って、更に一枚を刷り足してもらう事と、第一回目の作品を、もう一度刷って、うすく色差しして貰う様にたのみました。之は全く見違える程に甦り、この「高館の柵」を掲載する事に決定致しました。

ここに棟方を識ってからの二十年間の作品を、ほぼ年代を追うて（編輯の都合で前後しているものも多少ありますが）配列するに至ったのであります。棟方のような自由人を相手にして、それを誤りなく伝えようとする私の方も汗をかく始末でした。それに編輯中私は全く横臥の身でありましたので。この様にまで出来上ったのは全く名助手浅川さんの力添えによります。

終りに言い添え度いのですが、この本の為に棟方に一文をたのんだところ、「板画」と題する短文を書いてくれました。慣れぬ方には、文体も特別ですし、内容もすぐには飲み込めぬかと思いますが、私は読んでいて、棟方の板画と少しも変らぬものなのを感じました。それにこの一文には、東洋的ものの見方がまざまざと含まれていて、如何に近代の西洋の作家達の心の置き所と違うもののあるかを、しみじみと感じました。この一文は、棟方の作品のように、すばらしい所があります。棟方は所謂仏教徒ではなくとも、仏教真理がこの一文に厚く織り込まれているのを感じます。特に現代の作家には殆ど見られない、他力的真理への追求と感激とが示されております。

少し前のことですが昭和二十三年秋、日本民藝協会第二回全国協議会が京都の相国寺で催されました時、私は講演を致しました。それは後に「美の法門」〔本コレクション三巻に収録〕と題して、私の還暦に際して出版されました。その講演がすんだ時、棟方は私の所に走り寄って抱きつき涙を流し乍ら「先生有難いです」と云いました。私も思わず貰い泣きして、手を固く握りました。その時、棟方が宗教的真理を如何に素早く捕えるかに驚いたのを、今も想い起します。

（追記、「民藝」本年六月号に載った棟方の「板経」という短い一文は、現代藝術家の誰からも、未だ聞かない素晴らしい思想内容が盛られています。併しその内容を素直に理解し得るのは、又しても河井や濱田ではないかという印象を受けましたが、内容が余り独自で、且つ優れているので、私が希望してこの大本にも転載されるに至りました。）

私は書き洩らしましたが、棟方の倭絵や板画の表具は殆ど皆駄目なので、民藝館に備えるものは、一切やり直します。こういう事に無頓著で又不得手なところも、棟方の一特色で、よくとれば棟方の携わる領域ではないので、つい経師屋任せになるのです。昔はいざ知らず、今の経師屋は技術はあっても色彩や紋様の感覚が駄目で明治以後にはろくな表具がありません。それで経師屋任せの棟方の表具は殆ど凡てがひどいものに落ちるのです。

因に、最近棟方の版画の題には何々の「柵」と書いてあります。何の意味かと聞きましたら、彼の作全体が一つの聯《つらな》りがあり、縛《つな》がりがあるという意だそうであります。

作者はどんな世界を歩いているのか、見当もつきかねるほどの不思議さがあります。最近棟方の血圧が高く、腎臓が悪いとのことを聞き、とても心を痛めています。全くかけがえのない作家ですから、長生きをして貰って、日本の為、否、世界の為に沢山の仕事を残して慾しいものです。友人として切に自愛を祈る次第であります。

終りに、私は嘗て棟方の仕事への賛として、次の一偈を作りました。之でこの一文を終ろうと思います。

見ルヤ君

問ヒモ　答ヘモ

絶ユル世ノ輝キヲ

ここで「君」というのは棟方ではなく、棟方の作品を見る世間一般の人々に向って云うのであります。それ故之は、棟方の作品の本質を語ろうとした句と受取って慾しいのであります。（以上昭和三十三年三月病床にて加筆し終る）

かけがえのない人

——鈴木大拙先生のこと——

松が岡文庫の和室の一つに据えつけの仏壇がある。脇もあってよく寸心居士の筆になる「一日不作一日不食」の百丈の句が掛っている。その室でよく大拙先生とお会いした。

ある日、日差しのよい秋のことであったが、差しこむ日光をあびつつその室で先生と話をしていた時、たまたま来客の報らせがあった。絶えざる来客に悩まされている先生は、少し迷惑そうな顔をされた。ところが野暮くさい身形《みなり》をした通訳を伴って西洋の婦人がまもなくその室に入って来た。先生は「何御用かなあ」と英語で尋ねられた。すると、その婦人は「仏教のことをお伺いに上りました」と答えた。

その時、先生はすぐ仏壇のほうに向き直られて、朱塗りの握り手のあるバイ（打棒）を取って、いきなり備えつけてある平銅鑼《ひらどら》を一と打ちされた。この銅鑼はとても良い音のする一個で、往年文庫のために私が京都で幸運にも探し出したものなのである。もとより静寂な丘上の文庫に急に余韻のある音が響き渡った。その時、先生はまた客のほうに向き直られ、「お聞きなさい、ここに仏教がある」とただ一言簡単に答えられた。響きが静かに余韻を残しつつ消えて行った時、その婦人はこの応答に気を奪われてか、何も言わず、ただ「サンキュー」（有難うございます）といって、軽く会釈した。この瞬間の光景はなかなか劇的で、私には忘れ難い印象として残った。

その時、先生は「もし禅についてもっと何か知りたかったら、向うに見える丘の中に円覚寺という禅堂があるから、そこにお出でなさい」といわれて寺のほうを指さされた。

その婦人は、この会話であとは何も言わず、そこそこに辞して行った。何という名の人であったか、また何国人だったのか、そんな事は私も覚えていないが、その折の鐘の響きと先生の一語とが耳の底に残って今も離れぬ。

先生の居は、北鎌倉の円覚寺の境内にある正伝庵であった。それは震災後に建てられた普通の仮りの家で、そこに長く住まわれた。客間には一間幅の牀があるが、そこにはいつも大きな涅槃図が掛けてあった。版画に手彩色を施したもので、その原版木も所持されていると聞いた。大幅のその涅槃図の前には机があって、そこにはいつも位牌やら写真やら、花立てやら供えものが数多く無造作に置いてあった。

ある日、先生をお訪ねした時、私を抹茶を点《た》ててもてなされた。先生自らに茶を点てて戴くのも珍らしいことかと思われ、有難く感じて頂戴したが、その時、先生は一盌《わん》を点てるや、すぐ牀の前に座られ、仏前にその一盌を供えられた。そこには、いつも亡き夫人と親友であった西田寸心博士の戒名を記した仮りの位牌が置いてあった。そのどちらに献茶

1949年5月松岡文庫にて　鈴木大拙79歳、柳60歳

されたのかは知らないし、また仏に献げられたのかも知れぬが、それが終ってから私に一服をすすめられた。

こんな事は平凡なことで、当り前なしきたりとしても、何か暮しに秩序があって、大変温かく有難い気持ちを受けた事を今も覚えている。

大拙先生の著述は、今では夥しい数に上るであろう。総目録でも作ったら一冊子に編まれるほどの分量があるに違いない。しかし、その内容は別として、先生の以前の著書にはろくな製本や装釘のものがない。これは、こういうことに余りこだわらない先生の性質に依ることかも知れぬが、一つには先生の著作を出した出版所自身がそういう事に全く無関心であったためとも思われる。金玉の文字が、瓦礫の装釘で世に出るのは如何にも惜しいと私は、いつも思っていた。

しかし大変興味深いことには、これと全く反対の出版物が先生の手を通して幾多出されていることは、先生を親しく知った人たちだけに知られている事なのではあるまいか。先生は早くから古典的禅籍を立派な永久的な善本で出版することに熱意を注いで来られた。大概は限定出版であるから、禅の分野に疎遠な一般の読者には全く知られていないせいか、「限定本目録」等を好んで出している人たちの収録の中にも先生の編集本は決して現われて来ない。

しかし列挙すると、私が先生から頂戴したものだけでも相当の数なのである。その他、私の知らないものも、なお若干種はあろう。本文の取捨や校訂や、また特に索引等に特別な考慮を払われているのはもとよりで、またこれによって始めて世に知られたものもあるのだが、そういう事とは全く別に造本の上から注意されてよい出版物がなかなか多いのである。すべては和装本なことも注意されてよいが、先生はそれ等の本に、高野紙を好まれて度々用いられた。仏教にゆかりの多い高野の紙というので余計この紙に心を惹かれておられたのかと思うが、私共が見ても、大いに特色のある純手漉の紙でなかなか分厚いので、これを用いて両面に刷られた。このほか袋紙糸綴の和本もいろいろ出され、その中には大いに立派な造本のものがあるのである。内容、外形共に記録されてよいものの代表は、恐らく「仏果碧巌破関撃節」上下二巻一帙であろうか。

もとより、先生にとっては、本文が大切なので、原典を吟味し、選択されたのはもとよりだが、書物としてこれが永久に保存されて、古典がこの地上に永く大切にされるように心入れをされているのである。

先生を禅の鴻学《こうがく》として尊ぶ人は大勢いるが、先生の学者としての一生の半面に、こういう善本の刊行への並々ならぬ熱意があることを知っている人は少ないのではあるまいか。また日本に禅者は多く、また禅文学を尊ぶ人は多いだろうが、先生のように禅籍の善本の編纂刊行に心を込められた方は殆んど他にいないのではあるまいか。

先生自身の本が粗末極まるものが多いのに比べて大変面白い事実だと私には思われてならぬ。これにつけても、いつか先生の著作の（少なくともその或るものを）善本にして残すのは、われわれの仕事だとも感じられてならぬ。

最近、九十歳になられた先生は、さらに発願して禅籍の善本刊行を新たに図られ、私にその装釘の相談があった。私は生憎の中風で、何も自身でろくなお手伝いはできぬが、かねがね造本には心を惹かれていることとて、できるだけ先生のお手伝いをして、御恩に報いたい気持ちになって、お引受けして、目下本紙や表紙その他の事を準備中なのである。実は私自身も、なかなかの重病で、いつ死ぬかわからぬし、また九十歳という高齢の先生の、これが或いは最後の善本出版かとも、ひそかに考えられ、病いを押してお手伝いしたい心になったのである。今回、最初に企画されたのは『趙州録』だが引きつづき『雲門録』や『臨済録』や進んでは仮名法語類の出版も計画されているのである。最初の『趙州録』は、秋月龍珉氏がこれを手伝われ、また必ずや古田紹欽君も参加されるので、これらの出版は不日実現の運びとなるであろう。

先生は、絶えず希望を持ち計画を立て、いつも何か新しい仕事を企てられているが、九十歳の老齢で、この旺盛な意欲を持たれ前進して行かれるのは驚くほかはない。恐らくこれがまた、先生をして長寿を保たせているその秘訣かと思われるが、嘗《かつ》てブライスが私に言ったように全くIrreplaceable-man（かけがえのない人）という評が大いに当っていよう。

全世界における禅への関心の今日の興揚は、偏えに先生の力に依るのである。先日もハワイのホノルルで世界哲学者大会があった時、各国から集まった総ての大学者たちよりも、一番先生の講演が人気を集め、聴衆が堂の外にもあふれたという話を耳にしたが、私共にとっては先生を介して東洋が輝き始め、また仏教が正しく伝わり始めた事は、何としても有難いことに思われてならぬ。日本はもう世界に何かの贈り物をすべき時に来てはいまいか。ただ、それには東洋人としての自覚が、何より肝要なのである。この自覚を最も大きくまた深く、持たれているのが、大拙先生だと私には思われてならぬ。そうして、この自覚こそは、長年に亙《わた》る先生の一切の仕事の基礎をなしているのだと言えよう。

早くから、先生の学生の一人であった私は、幾分なりとも東洋的自覚に立って、先生の衣鉢の幾分かを継いで、先生の恩に報いたい念いに強くかられる。

浅川のこと

省みて感謝に余る事が数々あるが、よき友達を有《も》って此の日を暮している自分をしみじみ有難く思う。唯の親しい友達なら他の人達も有っていよう。併《しか》し自分の手本となる徳を備えた友達を、幾人か有つと云う事は稀有の恵みだと想える。

私はいつも私の目前に五、六のそう云う友達を数え得る事を此上ない誇りに感じる。若《も》し私が一生のうち此の世に何か甲斐ある仕事を遺せたら、それは大方友達のお蔭である。(私も出来たらそれ等の友達に何か役立つ人間でありたいと希う)。一つの正しい行為や仕事は個人の力だけでは中々背負い切れないものである。孤独は人間を鋭くする場合はあっても、狭隘にし変態にする。とかく縺《もつ》れ勝ちな私の心を清くしてくれた友達の一人に私はいつも浅川を数える。

彼が死んで早くも三年の月日が流れた。私も身内の幾人かをなくし、多くの知友とも別れたが、浅川の死ほど私の心に堪《こた》えたものはなかった。彼のことを想うと今も胸が迫る。彼はかけがえのない人であった。とりわけ私には彼が「徳」そのものの存在として残る。

何よりも人間として彼は立派であったと思う。而《しか》も彼位い自然にその徳を備えた人も少ないであろう。彼の存在はいつも彼の四囲《しい》を温め又澄んだものにさせた。彼を知る凡《すべ》ての者は、例外なく彼を愛した。彼の心には不思議な力があった。彼は右にも左にも一様に篤かった。

浅川の陰徳は鮮人の間には知れ渡っていた。僅かな収入の大方半は貧しい鮮人達の為に費された。幾年も此事をつづけていたが、日本人では知る人が少かった。彼は幾人も学生を貢いで卒業させた。彼は自分の貧乏を知らないかの様だった。彼の死が近くの村々に知らされた時、人々は、群をなして別れを告げに集った。横たわる彼の亡軀を見て、慟哭した鮮人がどんなに多かった事か。日鮮の反目が暗く流れている朝鮮の現状では見られない場面であった。棺は申し出によって悉《ことごと》く鮮人に担《かつ》がれて、清凉里から里門里の丘へと運ばれた。余り申し出の人が多く応じきれない程であった。その日は激しい雨であった。途中の村人から棺を止めて祭をしたいとせがまれたのもその時である。彼は彼の愛した朝鮮服を着たまま、鮮人の共同墓地に葬られた。昭和六年四月二日、彼は厄年の四十二歳で死んだ。

浅川は終始林業試験場に勤めた。最初は京城西大門外の阿峴里に住んだ、後には東大門外の清凉里に移った。幾度かそれ等の土地を訪ねた日がありありと想い出される。林業方面での仕事に付ては私はよく知らない。だが実質的に試験場の仕事を背負っていたのは浅川だと度々同僚から聞いた。仕事には熱があった。わけても植物の根の研究に心を注いだと見え、見事な図面を何十枚となく見たことがある。浅川は絵が中々上手だった。農具のスケッチ等には優れたのがある。朝鮮の山が青くなっている所があれば、大概は浅川の息のかかった所である。彼は苗圃でよく働いていた。仕事には極めて独創的な所があったと云う。実験に追われがちの様だったが、彼はその道の学者として立てる充分な素質があった。彼は綿密であり、そうして忍耐強かった。私も時々山林の話を聞いたことがある。彼には一種の哲学があった。「結局山林を自然法に帰せ、それより道はないのだ」、そう結論していたのを今も私は覚えている。「神のものは神に帰せ」と云う聖書の句など想い出され、結局科学も宗教も工藝も道は一つなのだと云うことを話し合ったことがある。彼の自然への観察には暗示に富んだものがあった。

彼は信仰に篤かった。席をメソディストに置いていたが教会とはそう深い縁はなかった。彼はその空気に飽き足りないことを私に度々話した。併し彼より恐らくいい教会員はなかった。神への感謝深い生活を彼は真に送った。彼は凡ての境遇を恵みとして受けていたが、此事に私は何より打たれた。此の気持ちは彼の生活を明るくし清め又深いものにしたと思う。彼は現世の悦びには甚だ無頓着だった。彼の様に暮せる人は世に多くはない。

本職の他に彼が熱情を献げたのは、人も知る様に朝鮮の工藝に対してであった。大正十一年の事だったと思う、我孫子に訪ねてもらった時、二人の話が煮えて、遂に「朝鮮民族美術館」の設立を決意した。最初は吾々二人の集めたものを合わせて出発させた。吾々はなけなしの金をためては漸次に数をふやした。今日美術館に残るあの美しい水滴の大部分は当時の浅川の蒐集である。その頃は今日の様な状態ではなかった。僅か十有余年前の事ではあるが、うたた隔世の感がある。当時は李朝ものと云えば馬鹿にされていて、堕落の時期と批評が定まっていたものである。私達はそのお蔭で僅かばかりの持ち金を十二分に働かせる事が出来た。私は平均年に一度程は渡鮮したが平常は内地にいる関係上、保管や整理や帳簿や様々な事務は殆ど浅川の手で成された。景福宮内の緝敬堂は彼を紀念する存在である、若しその美術館が将来人々から感謝される事があったら、その名誉は私心なき彼の努力の賜物に帰せられるべきであるのを忘れてはならない。

浅川には二つの著書がある。一つは生前に出で、一つは遺憾乍《なが》ら死の直後に上梓された。前者は民藝叢書の一冊として『朝鮮の膳』と題して刊行された。此様な著書は彼に最も応《ふさ》わしかった。続けて『朝鮮の紙』や『朝鮮の金工』等計画されたが、執筆の暇なくして終った。併し著書としての彼の存在を不朽ならしめるものは『朝鮮陶磁名考』である。少くとも朝鮮の陶磁を愛する者は今後此の本を顧みないわけに行かない。近時陶磁に関する著書の刊行が多いが、質に於て此の本に匹敵する名著はない。幾年かの努力の後に遂に完成され、稿本が私の手許についたのは生前半年程前の事であった。校正中多少訂正加筆する意向であったが、組版中に此の世を去って了《しま》った。あの本を見るにつけ、彼の彼を想う。

柳と朝鮮文化を結びつけた浅川巧　柳は生涯巧の写真を手許に置いた

浅川の死は将来試みられる筈の幾多の仕事を中絶して了った。とり返しのつかない恨がうたた多い。彼以外に彼はいない。彼の巧な鮮語は又他に人も出よう。その永い在住は更に他人に越される事もあろう。彼の如く器物を愛する人は今後も幾人かは出よう。併し彼の様に朝鮮が解った人はいつ何処に出ようか。歴史に精《くわ》しい人は沢山あろう、事情に通じる人は幾人か出よう。併し彼の様に鮮人の心に内から住める人がどこにあろうか。浅川は寧《むし》ろ鮮人の心で活きていたのである。否、鮮人以上に朝鮮の心が解っていたのである。此点で朝鮮に対し彼以上の仕事をした人は決していない。彼の仕事は基礎が違う。彼が朝鮮の服を好んで着たり、多くその食物で暮していたことなどはほんの外側の事に過ぎない。彼はもっと朝鮮の心に深く活き浸っていたのである。それ故その民族の苦しみも悦びも、彼の苦しみであり悦びであった。

嘗《かつ》て青物を女が売りに来たことがある。「ああ買って上げよう、いくらだ」「之は一つ二十銭ですが」そばで奥さんが云う、「今お隣りではねぎって十五銭で買えましたのよ」「ああそうか、それならわしは二十五銭で買ってやる」。貧しい女をそうしていたわった。奥さんはわざわざ高く買う夫の行為にほほえんだ。彼の所へは時々人知れず台所に贈り物が届けられた。みな貧しい鮮人達の志の現れだった。朝鮮人は日本人を憎んでも浅川を愛した。(こんな逸話が浅川には多いのである。集めたら何よりのいい伝記となろうと思う)。

私は色々の人に廻り逢ったが、彼位い自分を殺すことの出来る人はなかった。そうしてその事程彼を活かしたものもなかった。大体人間は二様に分れる傾きがある。どこ迄も自我を守って了う人と、いつでも自分を棄てる事の出来る人とである。浅川は後者の典型的な人であった。不思議にもそれが浅川を素晴らしい人間に活かした。彼の徳望は此性格から湧き出たと思える。彼は実に謙譲だった。之が彼の存在を壮厳なものにさえ変えた。少しも自分を傷めることなく自分を殺し得た彼には、不思議な力があった。

長い交りであったから彼には尽きない想い出が湧く。併し何よりも人間としての輝きが私には忘れられない。

私の記憶から消えない限り、彼は「徳」の存在としていつも私を清め励ましてくれるであろう。

朝鮮の友に贈る書

私の知れる、又は見知らぬ多くの朝鮮の友に、心からの此書翰を贈る。情の日本は今かくする様にと私に命じている。私は進み出てもだし難い此心を貴方がたに話し掛けよう。是等の言葉が受け容れられる事を私はひそかに信じたい。若《も》し此書を通して二つの心が触れ得るなら、それはどんなにか私にとっての悦びであろう。貴方がたもその淋しい沈黙を私の前には破ってほしい。人はいつも心を語る友を求めている。特に貴方がたの間に於ては、人間の愛が心の底から求められているのだと、私は想う。かく想う時どうして私はこの訪れを果さずにいられよう。貴方がたも此書翰を手にして、私に答える事を躊《ため》っ《ら》ては下さらぬであろう。私はそれを信じたい。

一

私は此頃殆ど朝鮮の事にのみ心を奪われている。何故かくなったかは私には説き得ない。どこに情を説き得る充分な言葉があろう。貴方がたの心持ちや寂しさを察しる時、人知れぬ涙が私の眼ににじんでくる。私は今貴方がたの運命を想い、顧みて又此世の不自然な勢いを想う。あり得べからざる出来事が目前に現われている。私の心は平和ではあり得ない。心が貴方がたに向う時、私も共に貴方がたの苦しみを受ける。何ものか見知らぬ力が私を呼ぶ様に思う。私はその声を聞かないわけにはゆかぬ。それは私の心から人間の愛を目覚ましてくれた。情愛は今私を強く貴方がたに誘う。私は黙してはいられない。どうして貴方がたに近づく事がいけないであろう。親しさが血に湧き上る時、心は心に話し掛けたいではないか。出来得るなら私は温くこの手をさえさし出したい。かかることは此世に於て自然な求めだと、貴方がたも信じて被下るだろう。

人は生れ乍《なが》らに人を恋している。憎みや争いが人間の本旨であり得よう筈がない。様々な不純な動機の為に国と国とは分れ、心と心とが離れている。不自然さの勢いが醜い支配に傲《おご》っている。然し永続し得る不自然さが何処にあり得よう。凡《すべ》ての心は自然にと帰りたがっている。凡てが自然に帰るならば、愛はもっと繁く吾々の間を通う筈《はず》だと私は想う。何事か不自然な力が吾々を二つに裂いているのである。

「汝曹互に愛せよ」と教えは云う。然しかかる教えが現われるよりも先に、人情は生れ乍らに「互を愛したい」と求めていると私は想う。愛は聖者の教えであるが故に深いのではない。人情に基くが故にその教えが深いのである。人が自然な人情のままに活き得たら、此の世はどんなにか温いであろう。此世に真に貴いものは権力でもなく知識でもない。それは一片の温い人情であるといつも想う。然《しか》し何が故か人情の生活は踏みにじられて、金力や武力が世を支える柱だと考えられる。かかる勢いは宛《さなが》ら「互を憎め」とさえ云う様に見える。国と国とはいつも戦いの用意を怠らない。然し人情に背くかかる勢いが、どうして永遠な平和や幸福の贈り手であり得よう。只かかる不自然さが蔓るばかりに、心が心から本意なくも裂かれているのである。長い間代る代るの武力や威圧の為に、どこ迄も人情を踏みつけられた朝鮮の歴史を想う時、私は湧き上る涙を抑え得ない。

朝鮮は今寂しく苦んでいる。巴紋の旗は高く飜らず、春は来るとも李華は永えにその蕾を封じる様である。固有の文化は日に日に遠く、生れの故郷から消え去ってゆく。幾多の卓越した文明の事跡は、只過去の巻にのみ読まれている。往く人々の首はうな垂れ、苦みや怨みがその眉に現われている。話しする声さえ今はその音が低く、民は日光を厭って暗い陰に集る様である。如何なる勢いが貴方がたをかくはさせたのであるか。私は貴方がたの心や身が、どんなに暗い気持ちに蔽われているかを、察しないわけにはゆかない。貴方がたには嘸血の涙があるであろう。人は大かたの苦しみには忍ぶ事も出来よう。然し愛と自由とを欠く処には、どうしても住む事が出来ないのである。啻《ただ》に貴方がたばかりではない。此世の如何に多くの人々がかかるものを追い求めて、どれだけ屢々《しばしば》その故郷をさえ棄てて、あてどもなくさすらいの旅に出たであろう。凡ての人は自由な空気を求めている。人情の温かさを慕っている。私は是を想い彼を想い、抑え得ない同情を貴方がたに感じている。嘗《かつ》て何処の国に情に基く政治があったであろう。愛による武力があったであろう。争いは道徳に欠け、戦いはいつの場合にも宗教を持たない。此事は真理を知る民にとっては苦痛である。私は日本がいつも正しく温い日本である事を希う。若し無情な行いに傲る事があるなら、その時日本は宗教の日本ではあり得ない。今日不幸にも国と国との関係は、まだ道徳の域にすら達していない。況《いわ》んやその間に宗教的な愛が保たれよう筈がない。もろもろの不正や罪悪が時として国家の名によって弁護される。いつも真理に国家が従うのではない。国家に真理が順応し変化されるのである。かくて屢々此世には不自然な勢いが白昼を歩くのである。人は多くその罪を疑ってはいない。それは避け難い不完全な世の出来事としていつも看過される。然しかかる行いの為に苦む民が茲《ここ》にあるなら、それは一国の恥辱であり又人類への侮辱であろう。正しい日本はかかる行いを改めるのに憚る事があってはならぬ。吾々はいつも真理に迄国家を高めたいと希うのである。私はそれが私自身の行いでないとは云え、少くとも或場合日本が不正であったと思う時、日本に生れた一人として、茲に私はその罪を貴方がたに謝したく思う。私はひそかに神に向ってその罪の許しを乞わないではいられない。日本が神の国に於て罪深いものとして見られる事は、私の忍び得る所ではない。私は日本の栄誉の為にも、吾々の故国を宗教によって深めたい。私は目撃者ではないとは云え、様々な酷い事が貴方がたの間に行われたのを耳にする時、私の心は痛んでくる。それを無言のうちに堪え忍ばねばならぬ貴方がたの運命に対して、私は何と云う可きかを知らない。私は心ひそかに許しを求め乍ら、こう心に囁いているのである。「若し日本が不正であるならば、いつか日本の間から貴方がたの味方として起つ者が出るにちがいない。真の日本は決して暴虐を欲してはいないのである。少くとも未来の日本は人道の擁護者でありたいと希っているのである」と。貴方がたはかかる声を信じては被下らぬだろうか。

此頃日に日に貴方がたと私達とは離れてゆく。近づきたいと思う人情が、離れたいと思う憎みに還るとは、如何に不自然な出来事であろう。何ものかの心が玆に出て、かかる憎みを自然な愛に戻さねばならぬ。力の日本がかかる和合を齎《もた》らし得ない事を私は知っている。然し情の日本はそれを成し就げ得ないであろうか。力強い威圧ではない、涙もろい人情のみが此世に平和を齎らすのである。私は人間としての貴方がたが、情には心を柔らげて被下る事を信じている。私は日本が如何なる道によって吾々の争いを拭い去ろうとするかを知らない。然し私は只ひとりの個人に過ぎないとは云え、私の心に湧き上る情愛に於て、貴方がたの中に深く活き得ないであろうか。私は多くの日本の人々が未だ発言しないとは云え、私と共に情の日本人である事を熟知している。吾々は朝鮮の運命に対して冷かである事を欲しない。

此世にはどれだけ多く許し得ない矛盾が矛盾のままに行われているであろう。私は仮りに日本人が朝鮮人の位置に立ったならばといつも想う。愛国の念を標榜し、忠臣を以て任じる此国民は、貴方がたよりももっと高く反逆の旗を飜すにちがいない。吾々の道徳はかねがねかかる行為を称揚すべき立場にいる。吾々は貴方がたが自国を想う義憤の行いを咎める事に、矛盾を覚えないわけにはゆかぬ。真理は普遍の真理であっていい筈であるが、時として一つの行いに二つの名が与えられ、或時は「忠節」とも或時は「不逞」とも呼ばれるのである。数えればこう云う矛盾はどれだけ此世に多いであろう。多いにつれてどれだけ無数の人々が暗い陰に悩まねばならぬであろう。その境遇に在る貴方がたを想い、又かくせしめた「暗黒の力」を想う時、私は心に傷を受ける。時としては心が激し、時としては寂しさに沈んでくる。況んや貴方がたには胸を圧せられる苦しみがあるであろう。貴方がたは今何に慰みを求めているのであろう。その運命を何と感じているであろうか。夢にだに安らかな想いは無いであろう。御身等の上に少しでも平和あれかしと私は祈っている。

然し私は人間に尚も燃える希望を抱いている。いつか自然は人間の裡から正しいものを目覚ますにちがいない。日本がいつか正当な人倫に立つ日本となる事を信じたい。之は何れの処を問わず、凡ての国家が懐抱する理想でなければならぬ。私はいつか真理によって日本が支えられる日の来るのを疑わない。私は今若い日本の人々が此理想に向って努力している事を知っている。貴方がたは人間としての日本人をも拒《しりぞ》けて被下ってはいけない。私の正しい観察によれば、個人として朝鮮の人々に憎みの心を持つ人は殆どないのである。

否、吾々は藝術を通じていつも朝鮮が卓越した国民であった事を想い回している。嘗て露国と戦いを交えたその間に於てすら、吾々は露国の偉大な思想や文学を、日に深く学んでいたのである。二つの国が裂かれるのは個人と個人との憎みによるのではない。私は情に於て吾々の同胞が隣邦の友を忘れてはいないのを信じている。少くとも未来の日本を形造る人々は理に疎く情に冷かでは決してないであろう。

若し日本が暴力に傲る事があるなら、いち早く日本の中から貴方がたへの味方が現われるであろう。私は人間の本質を信じている。人間としての日本人に希望を抱いている。人間は不正な事に満足し得る人間ではない。悲惨な事や淋しみに冷かな人間ではない。圧迫や争闘は衷心からの求めではない。今の世は不純な勢いを酵して、心ならずも醜い生活を続けている。然し打ち明ければ愛に悦び人情に潤おう生活が、人間の心からの求めなのだと私は想う。此世に暗黒の時が来ようとも、それは人間の本質をも奪う事は出来ぬ。自然はいつも甦る力を固く支えている。今は国と国とが隔てられ人と人とが背いている。然《しか》し異邦の人と互に心を打ち明け得たら、どんなにか人類は厚い幸福に浸るであろう。見知らぬ人との交情は、わけても親しさの想いが濃いであろう。人間はかかる幸福を求めている。吾々も亦貴方がたも、此求めに於てはいつも一つであると私は信じている。

貴方がたと私達とは歴史的にも地理的にも、又は人種的にも言語的にも真に肉身の兄弟である。私は今の状態を自然なものとは想わない。又此不幸な関係が永続していいものだとは思わない。不自然なものが淘汰を受けるのは此世の固い理法である。私は今二つの国の間にある不自然な関係が正される日の来ることを切に希っている。正に日本にとっての兄弟である朝鮮は日本の奴隷であってはならぬ。それは朝鮮の不名誉であるよりも、日本にとっての恥辱の恥辱である。私は私の日本がかかる恥辱をも省みないとは思わない。否、私は未来の日本を信じている。情の日本を疑わない。精神に動く若い人々は、日本を真理に迄高めねばならぬ任務を感じている。貴方がたも私と共にそれを信じてほしい。人間そのものの本質を信じる事によって、再び希望を私と共に甦らしてほしい。

ここに或治政の方針が人間の道に背くとしたら、かかる政治は永続しないであろう。如何なる力も神意には背くことは出来ぬ。背くならいつかその宿命として内部から瓦壊されるにちがいない。人間は神意によるその本質に於て凡てのものの捷利者《しょうりしゃ》とならねばならぬ。それが出来ないなら、それは個人としての又は国民としての拭い得ない恥辱である。ここに不正な力に虐げられる国があるなら、必ずや人間の正義は起って、その虐げられる国の味方となるであろう。人間の誠心にはかかる勇気が断じて消えない事を私は信じている。私は虐げられる人々よりも虐げる人々の方が、より死の終りに近いと思う。前者に対しては人間の味方が起ち上るだろうが、後者には必ずや自然の刑罰が加えられる。「剣をとる者は剣にて亡ぶべし」とイエスは告げた。此世に永らえ得る悪の栄えはないのである。

茲に反省を乞いたい一事がある。吾々が剣によって貴方がたの皮膚を少しでも傷ける事が、絶対の罪悪である様に、貴方がたも血を流す道によって革命を起して被下ってはいけない。殺し合うとは何事であるか。それが天命に逆らい人倫に悖ることを明確に知る必要がある。それは啻に酷いのみならず、最も不自然な行いである。それは決して決して和合に至る賢明な道とはならぬ。殺戮がどうして平和を齎らし得よう。吾々はいつも自然な人情の声にこそ耳を傾けねばならぬ。愛し合いたいとそれは云っているではないか。どうして吾々は人情のままに活きる事が出来ないのであるか。自然に逆らって迄争うとは如何なる心であるか。自然の深さを知りぬいていた老子は「不争の徳」を鋭く説いた。

私は再び反省を貴方がたに希いたい。争いの武力や憎みの政治が不純なものであるなら、朝鮮も亦《また》その存在をかかる力の上に建設してはいけない。私は武力や政治には少しだに信仰を持たない。それは国と国とを結びはしない。人と人とを近づけはしない。古往今来是等の道を通して内から愛し合った国と国とがどこにあろう。政治や軍力の平和は利害の平和に過ぎない。さもなくば強制の平和に過ぎない。私は真に朝鮮と吾が故国との間がかかる関係に終る事を欲しない。貴方がたも貴方がた自身の武力や政治に信頼をおいてはいけない。かかる力はどの国であろうとも人間の心を温めはしない。一国の名誉を悠久ならしめるものは、武力でもなく政治でもない。その宗教や藝術や哲学のみである。若《も》し信任し得る政治があるなら、それはプラトーンや孔子が説いた如き政治であらねばならぬ。然し不幸にも現代はかかる聖賢の声を用いる事を恐れている。然し吾々はかかる偉大な古人の

尹致昊らが催した柳夫妻の歓迎会　1920年京城（現ソウル）太華亭にて

教えが吾々を欺かない事を信じねばならぬ。私は貴方がたが朝鮮の存在を精神の上に安泰せしめられん事を切に望むのである。之は実に吾々に於ても亦固く保持せねばならぬ理想であると私は信じている。

貴方がたは今の治政者に絶望を感じられたにちがいない。然し人間そのものにも絶望して被下ってはいけない。真の愛や平和を求める心はその中に尚も温く包まれている。それは自然の意志によって甦らねば止まぬであろう。如何に世は寒いにしても、草はいつか地の懐から萌え出るであろう。よし刃の勢いに攻められる事があっても人間そのものが朝鮮の運命を固く保護すると私は確信する。否、私はいつか朝鮮が人情に最も温められる国の一つであるのを切に感じている。世は如何に殺伐になろうとも、人情は此世から消えないであろう。貴方がたは過去の苦しい歴史にてらして、何処の人間をも、もう信じ得ないと云われるだろうか。然しその淋しい声の中から、もう一度人間を呼んでみてほしい。おお、その時私は貴方がたの中に進み出よう。ここに貴方がたの手を握りたい一人の人間がいると云い出よう。然し私を見るや、又も偽りの日本人かと云って私を拒けるだろうか。然し私は私の誠心が、今迄の日本人でない何ものかを私の顔に現わす迄、貴方がたの前から退くまい。私は貴方がたが真に人間を恋している方だと云う事を信じている。私にさえ誠心があるならば、それは吾々の距離を近づけるにちがいない、若し近づき得ないなら、それは貴方がたの罪ではなく、尚も私の誠心が足りないからだ。私は再び私を浄めて出直そう。

日本は未だ人間の心に活ききってはいない。然し若い精神的な日本がここに現れて、いつか刃や力の日本を征御し尽す事を信じている。私はかかる日が現われて、朝鮮と日本との間に心からの友情が交される時の来るのを疑わない。少くとも私は此悦びに向って不断の努力を献げよう。私は悪が善に捷《か》ちおうせるとは思わない。私は人間の深さを信じ真理の力を信じている。必ずや正しい道が最後の捷利者である事を信じている。又自然の美しい意志がいつか満たされる事を疑わない。又刃よりも愛が絶大な力の所有者である事を疑わない。又は柔かい人情が平和の固い守護者である事をも信じている。よし様々な汚濁の勢いが蔓ろうとも、私は宗教が真に此宇宙を交配する力だと信じている。又藝術が此世を浄め美しくする力だと信じている。争いは本流を作りはしない。愛に飢える人情が此世の家庭を作るのである。人間の心の底にはどうしても奪い得ない情愛の求めがあると私は信じている。

私は重ねて貴方がたに私の心を伝えたく思う。決して今の武力や政治を通してのみ、人間を判じて被下ってはいけない。人間の裡に潜む深い性質はかかるものを越えて、真に平和や愛情を慕っているのである。悲しくもまだ今の日本は自ら正義の日本であると云い切る事は出来ない。（何処の国がかかる大胆な発言をなし得るであろう。）然し此国に住む人々はその本性に於て悲しい事や罪な事に冷ではないと知ってほしい。又愛や人間の道に就てその心を注ぐ事を忘れはしないと知ってほしい。又不正な事に関しては、不正であると云う明かな反省が吾々の間にある事をも知ってほしい。人間の正しい運命を保持しようとて、今吾々は努力しているのである。それ等の人々は真に貴方がたの淋しさや苦しさに対しての味方である。之は私一人の推量ではない。私の多くの知友が私と同じ感を抱いている事を私は知りぬいている。

私が先年「読売」紙上に「朝鮮人を想う」と題する一文を寄せた時、日本の見知らない多くの人々から、どんなに厚い共鳴の手紙を受けたであろう。若し貴方がたの心に交る時が来るなら、吾々はどんなにか深い自然な友情を、貴方がたに感じることであろう。朝鮮が日本を愛し、日本が朝鮮を愛するとは、如何に自然な感情であろう。私は吾々の血がいつか互に肉身の兄弟だと云う愛の本能を、吾々の心に甦らす事を厚く信じている。貴方がたはそれを疑うだろうか。そう信じては被下らぬだろうか。私はそう信じて被下る事を切に望んでいる。

二

私は朝鮮に関しては殆ど何等の学識を持たない。又朝鮮の事情に就て豊かな経験を所有する一人では決してない。然し私に是等の躊躇があるとは云え、ここに私をして発言せしめる資格を全く欠いているのではない。私は久しい間朝鮮の藝術に対して心からの敬念と親密の情とを抱いているのである。私は貴方がたの祖先の藝術程、私に心を打ち明けてくれた藝術を他に持たないのである。又そこに於て程人情に細やかな藝術を持つ場合を他に知らないのである。私はそれを眺めてどれだけ屢々《しばしば》貴方がたを、まともに見る想いがあったであろう。それは歴史以上に心の物語りを私に話してくれた。私はいつもそこに貴方がたの自然や人生に対する観念を読む事が出来る。貴方がたの心の美しさや温かさや、又は悲しさや訴えがいつもそこに包まれている。想えば私が朝鮮とその民族とに抑え得ない情愛を感じたのは、その藝術からの衝動に因るのであった。藝術の美はいつも国境を越える。そこは常に心と心とが逢う場所である。そこには人間の幸福な交りがある。いつも心おきなく話し掛ける声が聞こえている。藝術は二つの心を結ぶのである。そこは愛の会堂である。藝術に於て人は争いを知らないのである。互に吾れを忘れるのである。他の心に活きる吾れのみがあるのである。美は愛である。わけても朝鮮の民族藝術はかかる情の藝術ではないか。それは私の心を招くのである。どれだけ屢々私はその傍らに座って、それと尽きない話をかわしたであろう。

私は朝鮮の藝術ほど愛の訪れを待つ藝術はないと思う。それは人情に憧がれ愛に活きたい心の藝術であった。永い間の酷い痛ましい朝鮮の歴史は、その藝術に人知れない淋しさや悲しみを含めたのである。そこにはいつも悲しさの美しさがある。涙にあふれる淋しさがある。私はそれを眺める時、胸にむせぶ感情を抑え得ない。かくも悲哀な美がどこにあろう。それは人の近づきを招いている。温い心を待ちわびている。

貴方がたの過去の運命や又思想は如何なるものであったろうか。その地理や隣邦との関係から来る避け得ない環境の為に、温く平和な歴史は永く保ち難かったであろう。まして東洋の静かな血が通い、仏陀の教えによって育てられた心には地の生活が如何に無常に思えたであろう。貴方がたは静かな森の中や、人里の稀な山深くに心の寺院を建てた。それは真に修道に応《ふさ》わしい場所であった。淋しさのみが淋しさを慰めるのである。声なくして静に佇む悲母の観音は貴方がたの愛した姿であった。高麗の陶磁器は日々人の心に親しみたい為の器であった。それは古代に於てのみではない。李朝の代に及んでも日常の凡ての用品にさえその心を深く滲ませた。為すこと行うことに、見るもの触れるものに、貴方がたはその静なもの淋しい心を反映させた。日々眼に触れるそれ等の器具の淋しい姿は、必ずや貴方がたの心の友であったであろう。互に慰められつ慰めつ日々を送ったにちがいない。それは情に柔らかな作品であった。私は今それ等の作をありありと心に想い浮べている。流れる様に長く長く引くその曲線は、連々として無限に訴える心の象徴である。云い難いもろもろの怨みや悲みや、寂しさや憧がれが、どれだけ密にその線を伝って流れてくるであろう。その民族は応わしくも線の密意に心の表現を托したのである。形でもなく色でもなく、線こそはその情を訴えるに足りる最も適した道であった。人は此線の秘事を解き得ない間、朝鮮の心に入る事は出来ぬ。線にはまざまざと人生に対する悲哀の想いや、苦悶の歴史が記されている。その静な内に含む匿れた美には、朝鮮の心が今尚伝わっている。私は私の机の上に在る磁器を眺める毎に、寂しい涙がその静な釉薬の中に漂っている様に思う。

屢々是等の作品は私にこう話し掛ける。「人生はいつも淋しくしめやかに見える。長い間私達の民族は苦しい歴史を続けてきた。然し誰もその悶える心を察してはくれない。又何処《どこ》にも私達の心を打明け得る友を持たない。私達はせめてもの想いに是等の器具にその情を洩らしたのである。それ等のもののみは私達を欺かない日々の友であった。後に生れてくる人々よ、希くは是等のものを傍ら近くに置かれよ。それは声なくともいつも人情を恋している。是等のものを愛し用いて、吾れ等の心を温め給えよ、温められようとて私達は是等の作を造ったのである」。おお、私はかかる声が器の底から絞り出る時、どうして私の手をそれに触れずにいられよう。

或時その淋しい姿は亡霊の如く浮び出て私にこうも告げた。「他国の人々よ、どうしてそう酷い事を吾々の民族にしむけるのであるか。私達の虐げられた運命が貴方がたの歓楽になるのであるか」。私はかかる叫びを聴く時、真に断腸の想いがある。「なぜなぜ私達に愛を贈らないのであるか」、或ものはかく私に尋ねている。「これ程人情に飢える吾々に答える人情はないのであるか」と咏嘆の声が聞こえてくる。「わけても血に近い日本の人達よ、兄弟の愛に吾々を結ぼうとなぜしないのであるか。吾々は同じ母の懐に眠り、同じ伝説に生い立った昔を想い回すことがあるではないか。嘗て私達の僧は経巻を携え、仏体を贈り、寺院の礎を飛鳥の都に置いたのである。宗教に栄え藝術に飾られた推古の文明は私達の心からの贈物であった。それ等のものは今も尚昔乍らの姿を残している。それにどうして再度ならずも、吾々の文化を馬蹄に蹂躙して厚い友情を裏切ろうとするのであるか。かかる事が日本の名誉であると誰が云い得るのであるか」。私はかかる直接な訴えに詰られる時、答え得る言葉を持たない。

私がその器を淋しく見つめる時、その姿はいつも黙禱するかの様である。「神よ、吾れ等が心を遠く遠く御身の御座に迄結びつける事を許されよ。見知らぬ空に在す御身のみは、吾れ等を慰めることを忘れ給わぬであろう。御胸にのみ吾れ等が憩いの枕はあるのである」。たわやかな細く長く引く線は、そう祈るが如く私には思える。是等の声が聞こえる時、どうして私はそれ等の作品を私の傍から離し得よう。おお、私はそれを温めようとて、思わずも手をそれに触れるのである。

四年前私が朝鮮を訪ねて以来、只の一時でもそれ等の作品の何れかを私の室から離した事がない。それはいつも私に話し掛けたい様に見える。私はそれを冷い暗い場所に長くしまうに忍び得ない。私がそれを机の上に置く時、それは悦んでくれるかの様に思う。それはいつも私を待っていてくれる。私はそれに近づかないわけにはゆかぬ。ましてその美しい姿は私の心を引きつけている。それを眺めそれに手を按く時、私には心と心とが触れ合う想いがある。それはいつも私の情愛の友だ。私も亦彼等の親しい友だ。それが淋しく悲しい姿に見える時、私も淋しく悲しい想いに襲われてくる。それが私の傍らに在って悦ぶ様に思える時、私も心に嬉しく思う。かくして二人はいつも共に悲みや悦びの世界に歩む。

それは親しさの作品である。愛に憧れる作品である。それは人の心をいつも招いている。人の情を待ちわびている。どうして私はそれを音ずれずにいられよう。ここに私がいると私はいつも心に囁くのである。その作者よ、心安かれよと私は念じている。かくしてそれが私の室にある限り、私達はいつも二人で暮している。私は孤独ではない。其作品も孤独ではない様に思う。孤独の寂しみに堪えないで、それ等のものは作られたのではないか。

私はそれを孤独にしてはならない。私は朝鮮の藝術よりも、より親しげな美しさを持つ作品を、他に知る場合がない。それは情の美しさが産んだ藝術である。「親しさ」Intimacy

そのものが、その美の本質だと私は想う。いつもかく想う時、どうして私はその作者と同じ血を受けた今の朝鮮の人々に親しさを感ぜずにいられよう。私は早く貴方がたから離れている関係を破らなければならぬ。

然しかかる「親しさ」に於てのみ、私は朝鮮の藝術を解しているのではない。私はその内に潜む驚く可《べ》き美に対して、全き敬念を捧げないわけにはゆかぬ。それは親しさであると共に、真に驚く可き美の示現である。悲惨な運命に虐げられた朝鮮はその藝術の美に於ては君皇の位に列している。何人もその悠久な美を犯す事は出来ぬ。生命は短く藝術は長いと詩人は歌う。然し藝術に現われた朝鮮の生命こそは無限であり又絶対である。そこには深い美がある。美そのものの深さがある。静な内へ内へと入る神秘な心がある。それは神殿を飾るに足りる藝術である。朝鮮はよし外に弱くとも、その藝術に於て内に強い朝鮮である。厳然として自律する朝鮮である。

或者は支那の影響を除いては、朝鮮の藝術はあり得ないかの様に云う。或は又支那の偉大に比べては、認め得る美の特色がないかの様に考えている。実に専門の教養ある人々すら、時としてかかる見解を抱く様である。然し私はかかる考えが真に独断に過ぎなく、理解なき謬見に過ぎぬのを感じている。私はそこに日本に於てと同じく支那の影響を否みはしない。然しどうして支那の感情が、そのままに朝鮮の感情であり得よう。特に著しい内面の経験と美の直観とを持つ朝鮮が、どうして支那の作品をそのままに模倣し得よう。よしその外面に於て歴史に於て関係があったにせよ、その心とその表現とに於て、まがう事ない差違があると私は解している。

朝鮮の内なる感情がその民族に於て固有であり、内なる歴史がその経験に於て独特であるに従って、その藝術も亦真に独歩である。批評的歴史家はその国是を「事大主義」であると云う。然し少なくとも藝術に於てはそうではない。朝鮮の藝術そのものが、それ自身の美に於て偉大である。どこに事《つか》えるべき他の大があったであろう。今日法隆寺や夢殿に残された百済の観音は、支那のどの作品に劣るであろう。又どの作品の模倣であり得よう。それ等は日本の国宝と呼ばれるが、真に朝鮮の国宝とこそ呼ばれねばならぬ。又は茲に慶州石仏寺の彫刻を撰んだとする。それはもとより唐代の作と関係があるにちがいない。然し他に倣い他に事《つか》えた痕跡のみであろうか。そこには真に動かし得ない朝鮮固有の美があるではないか。私はその窟院を訪ねた日を忘れる事は出来ぬ。そこは朝鮮がいつも保有する深さと神秘との絶える事のない蔵庫である。人々は又高麗の陶磁器を宋窯の模倣であると云う。然し試みにその器に流れる線を一分でも何れへか矯めてみよう。吾々は立ち所に高麗の美を見失うのである。藝術は真に心の微妙な発現である。それはそれ自身であって如何なる他の性質にも還元し得ない作である。高麗の美は決して宋の美ではあり得ない。両者にはその成分に於て技巧に於て近い素質もあろう。然し現わされた美には、まがいもない差異が厳存する。高麗の器に流れる微妙な線の美しさは、少しでも宋窯に求める事は出来ぬ。それは真にそれ自身の線であって、一分だにそれを変えるなら、それは既に朝鮮の心から離れるのである。李朝の作に於てもそうである。明《ミン》の磁器と李朝のそれとのどこに類似があろう。どこに明の「大に事えた」李朝の美があろう。そこにはそれ自らの心があり生活がある。朝鮮の美は固有であり独特であって、決してそれを犯す事は出来ぬ。疑いもなく何人の模倣をも又は追随をも許さぬ自律の美である。只朝鮮の内なる心を経由してのみあり得る美である。私は朝鮮の名誉の為にも是等の事を明晰にしたい。

その藝術が偉大であるとは、直ちにその民族が美への驚く可く直観の所有者であると云う意味がある。然もそれは粗野な美にあるのでもなく、強大な特質にあるのでもない。それは実に繊細な感覚の作品である。私は朝鮮民族の、美に対する敏鋭な神経に対しては、実に疑い得る聊かの余地をも持たぬ。私はその藝術を通して厚い敬念を朝鮮に捧げる心を禁じ得ない。それは如何なる人たるを問わず正に抱かねばならぬ驚嘆である。此名誉こそは永く厚く尊重されねばならぬ。然るに何事であるか、その藝術的素質に豊な民が、今醜い勢いの為にその固有の性質を放棄する事を強いられているのである。私はこの世界の損失に対して傍観するに忍び得ない。藝術への尊敬こそ国と国とを近づけるのである。世界を美に迄揚げるのである。日本は嘗て朝鮮の藝術や宗教によって、その最初の文明を産んだのである。今日此事は感謝を以て記憶されねばならぬ。私は悠久な朝鮮の藝術的使命を畏敬する事が、日本の執らねばならぬ正当な態度であるべきを想う。世界の藝術に独特な位置を保有する朝鮮の名誉は、今後も尚永続されねばならぬ。その民族が絶えない限り、かかる藝術は再度ならず甦るであろう。一国の藝術、又は藝術を産むその心を破壊し抑圧するとは抑も罪悪中の罪悪である。

吾々の間に朝鮮の作品が賞美せられてから、長い年月は過ぎた。然も今日それは甚しい市価をさえ呼んでいる。然し専門にそれを研究する学徒に於てすら、その美の内面の意味を捕えて、その民族固有の価値を認得しようとする者は絶えてない様である。何故朝鮮の藝術を讃える事によって、その作者である民族をも讃えないのであるか。昔の時代は去ったとしても、民族の血の質に迄変りがあろう筈がない。よし事情の変移はあろうとも、素質を迄否む事は到底出来ぬ。今日朝鮮に藝術が現われないのは、単に製作の余裕が与えられないからである。それは寧《むし》ろ吾々にこそ責任があるであろう。私は朝鮮が真に美しい藝術を再び産む事を信じたい。私は近来二、三の友と知るに及んで益々その希望を強めている。若しも美術館にその古藝術を保護する事が、邦人のよい仕事の一つであったなら、それ等のものの未来の作者を畏敬する事を、どうして吾々の任務から取り去ったのであるか。過去の朝鮮を愛して未来の朝鮮を敬わないのは、過去の朝鮮に対する侮辱に過ぎない。過去への全き尊敬は未来への信頼に活きねばならぬ。私は古えの朝鮮が驚くべき藝術を私に示す事によって、現代の朝鮮にも深い希望を持つ事を学ばしめたのを感謝している。為政者が朝鮮を内から理解し得ないのは、一つには全く宗教や藝術の教養を持たないからである。只武力や政治を通して内から結び得る国と国とはない筈である。真の理解や平和を此世に齎らすものは、信を現わす宗教である、美に活きる藝術である。かかるもののみ第一義である。第一義なものにのみ人は真の故郷を見出すのである。信や美の世界には憎悪がなく反逆がない。永えに吾々の間から争いの不幸を断とうとするなら、吾々は吾々の間を宗教や藝術によって結ばねばならぬ。かかる力のみが吾々に真の情愛と理解との道を示すのである。人はそれを理想に止まると云うであろうか。然し之が唯一な然も最も直接な交りの道であると云う事を真に悟らねばならぬ。正に為さねばならぬ規範の命は、躊躇なく為されねばならぬ。

私は朝鮮に住む日本人の、所謂親しい経験に対しては多くの信頼を持たない。内なる朝鮮に入り得ない限り、それは只外面の経験に過ぎぬ。かかる経験は少しだに理解の裏書とはならぬ。人々には宗教的信念も薄く、藝術的洞察も乏しいのである。不幸にも人々は貴方がたを朋友として信じる事を忘れている。彼等は只征服者の誇りに貴方がたを卑んでいる。若し彼等に豊な信仰や感情があるなら、必ずや貴方がたに敬念を払う事に躊躇しなかったであろう。若しも朝鮮代々《よよ》の民族が、その藝術に於て何を求めているかを知り得たなら、恐らく今日の態度は一変されるにちがいない。多くの外国の宣教師は自らを卓越した民だと妄想している。然し同じ醜さが優秀だと信じる吾々の態度にもある事を私は感ぜずにはいられない。然し敬念や謙譲の徳が無い処にどうして友情が保たれよう、真の愛が交されよう。私は日本に対する朝鮮の反感を、極めて自然な結果に過ぎぬと考えている。日本が自ら醇した擾乱に対しては、日本自らがその責を負わねばならぬ。為政者は貴方がたを同化しようとする。然し不完全な吾々にどうしてかかる権威があり得よう。之程不自然な態度はなく又之程力を欠く主張はない。同化の主張が此世に購い得るものは反抗の結果のみであろう。日本の或者が基教化を笑い去る様に、貴方がたも日本化を笑い去るにちがいない。朝鮮固有の美や心の自由は、他のものによって犯されてはならぬ。否、永遠に犯され得るものでないのは自明である。真の一致は同化から来るのではない。個性と個性との相互の尊敬に於てのみ結ばれる一があるのみである。

私は今度朝鮮に対する私の情を披瀝する為に、一つの音楽会を貴方がたに献げたく思う。会は五月初旬京城に於て開かれる筈である。私は之が貴方がたへの情愛と敬念とのしるしである事を希う。又藝術的天賦に豊な朝鮮民族への信頼のしるしでありたく思う。その民族が殊に音楽に対して敏鋭な感情を持つ事を私は屢々耳にしている。貴方がたは私の此企を受けて被下るだろうか。私と私の妻は此会を通じて貴方がたに逢える時の来るのを、どれだけ心待ちしているであろう。若し心が心に交り得るなら、それは如何ばかり深い此世での幸いであろう。新聞紙上に伝える所によれば、私達の渡鮮は藝術を通じて朝鮮を教化する為だと書かれている。然し之は全くの誤伝に過ぎない。それは皮浅な眼で私達の企を解釈した報道に過ぎない。私には教化とか同化とか云う考えが如何に醜く如何に愚な態度に見えるであろう。私はかかる言葉を日鮮の字引から削り去りたい。朝鮮の友よ、見知らぬ多くの友よ、私の如き者を例外だと思って被下てはいけない。希くは精神に活きる私の多くの知友が、正義や情愛を慕う心に忠実である事を信じてほしい。若い日本の人々は真理の王国を守護する事を決して忘れはしない。それ等の人々は既に貴方がたの味方である。私達は貴方がたを近い友として理解する用意を欠かないであろう。貴方がたと私達との結合は真に自然そのものの意志であると私は想う。未来の文化は結合された東洋に負う所が多いにちがいない。東洋の真理を西洋に寄与する為にも、又東西の結合を全くする上にも、東洋の諸国は親密な間柄であらねばならぬ。わけても血に近い朝鮮と日本とにはもっと親しさや情愛が濃い筈であらねばならぬ。吾々はかかる友愛をいつか又支那や印度との間にも結ばねばならぬ。かかる結合が未来の文明に対して深大な意義を持つ事を貴方がたも信じて被下るであろう。それは只の夢想ではない。深く要求せられた自然の声そのものであると思う。私は海を越えて厚い心を貴方がたに寄せる。私は貴方がたが此心を受けて被下る事を疑わない。共に吾々は自然の心に帰らねばならぬ。人情の自然さに互を活かさねばならぬ。情愛にこそ真の平和があり幸福がある。真理はそこに固く保たれ、美はそこに温く活きるのである。

私は貴方がたを想う。その運命を想い、その衷情を想う。私は此書翰を貴方がたの手に委ねたい。之を通じて私の心が貴方がたの心に触れ得るなら、此世の悦びが一つ私の上に加わるのである。更に又私の心を貴方がたが訪ねて被下るなら、二重の幸いが私に降るのである。此世に於てはかかる事が真に深い幸福を意味するのである。見知らぬ力がかく為させ給う事を私は心に念じたい。私は貴方がたの上に祝福を祈りつつ、玆に筆を擱《お》こうと思う。

一九二〇年四月十日

千葉県我孫子町にて

柳　宗　悦　認む

（大正九年六月号「改造」所載。本田増次郎氏による英訳抜萃が The Japan Advertiser June 16th 1920 に投稿された。最初の部分の朝鮮訳が同月の「東亞日報」に連載された。）

沖縄人に訴うるの書

一

沖縄学の先駆者は、彼の著書の一つに題して『孤島苦の琉球史』と名づけた。誰か此の言葉に胸を打たれないであろう。切々たる想いが迫るではないか。識名の名園を訪《とぶら》う者は、勧耕台へと案内を受ける。何処を眺めるとも丘又丘であって少しも海が見えぬ。こんな場所の発見は、孤島に住む者のせめてもの慰めである。だが心もとない慰めではないか。

沖縄は小さな島々に過ぎない。それも中央からは幾百海里の遠い彼方の孤島である。昔は往き来にさぞや難儀を重ねたであろう。今だとて親しく此の島を訪う者はそう沢山はない。だから県外の者の此の島に対する概念は多くの場合いとも杜撰《ずさん》である。疎んずる者は何か蕃地の続きででもある如く想像する。沖縄人は長い間此のような屈辱を受けた。遺憾ではあるが、今も此の不幸な事情は全く拭われておらぬ。

だから沖縄人は沖縄に生れたことを苦しむ。そうして琉球人と呼ばれることを厭う。私が沖縄を訪おうとした時、親切な者は囁いて私に此のことを知らせた。本土に笈を負うて来る者は、屢々《しばしば》琉球の者であることを匿《かく》そうとする。あれ程楽しげに郷土の謡に興じる生活も、一度内地を踏めばはたと止める。沖縄の言葉はどんなに邪魔になるか。あの珍らしい沖縄の姓にどんなに引け目を感じることか。なぜなら誰も沖縄を親しげに感じてはくれないからである。まして驚きや敬意を抱いて、沖縄の味方をしてくれる者はいないのである。稀に逢えばどんなに嬉しいであろう。だが周囲の事情は冷たい。一視同仁の御代とは云え、沖縄に生れた宿命は呪われているように思える。早く母語を棄てて標準の言葉に更えよう。早く沖縄の着物を脱いで、内地の衣裳を纏《まと》おう。一日でも早く本土の風に化すことが幸福を約束する所以《ゆえん》となろう。どんなに屢々こう云う考えが、脳裡をよこぎったことか。誰もそれを幸いな態度とは思わない。併《しか》し事情はそれを強いて来るのである。抑も誰が此の矛盾を呼び起すのであるか。

二

地域は狭い。物資には限りがある。運輸は不便である。住民は少ない。暮しは貧しい。新しい施設にはおくれている。何もかも日本に於ての最小の県なのである。予算は少ない。産業は乏しい。天災は激しい。こんなにも貧窮な県はないのである。誰も異口同音に此のことを嘆く。

官吏の多くは左遷の想いで鬱々と来るのである。誰にも同情される身分である。疫病や毒蛇の話は山程も聞かされてくる。始めから一日も早くこんな地を去りたいのが本志である。身は此の地に移り乍《なが》らも心はいつも離れている。県民は是等の人々のもとに統治を受けねばならぬ。それも漸く土地の事情に通じる頃、それ等の官吏は転任して了《しま》う。此の島に渡ることを喜び、身を以て県民の幸福を守護し、其の精神を振興せしめようと計ってくれた人が、今迄何人いたであろうか。百年の計を建てて六十万の同胞の為に、骨を此の孤島に埋めようと志してくれた者がいたであろうか。悲しい哉、事情は其のことを許さないように見える。凡ての官吏は或る教養と良き意向との所有者ではあろう。併し棄て身になってくれる者があろうか。此の土地に敬愛の想いを燃やしてくれた者があろうか。誰もそれを保障することに躊躇を覚えるであろう。

三

沖縄の貧しさは余りにも人々の念頭を去らない。なる程計数の上から見るなら、其の微弱さを匿すことは出来ない。経済の動きは鈍いのである。それに文化の波は遅々として岸辺に近づく。凡《すべ》てに力が足りないように見える。孤島の未来はとかく暗い。それに誰も出て、富や光を約束してはくれないのである。

だが私は問う。果して之が沖縄への正しい見方なのか。沖縄はそんなにも貧しい島々に過ぎないのか。外は小さくとも内に何か大きなものを有《も》ってはいないか。果して自然に於て、人文に於て、言語に於て、はた又工業に於て、そんなにも乏しい国なのであるか。私は力強く「否、否」と答えよう。久しい間呪われて来た此の国の運命を想い、私は敢然と抗議を申込もう。小さな島であり乍ら、之程に文化財に富む国が日本の何処《どこ》にあるのかを問い糺そう。

人は文化の程度を、只土地の広狭で計ってはならぬ。只経済の多寡で数えてもならぬ。工業の新旧で評してもならぬ。真の貧富はどれだけ其の国が多くの文化価値を有するかに掛る。ここに価値とは正しきもの、誠なるもの、美しきもの、健かなるものを云う。是等の性質こそは文化の軽重を測る尺度である。文化価値をおいてどこに文化の意義があろう。かかる本質的価値に乏しいなら、如何に流行の先を進むとも、如何に尨大な施設を有つとも、如何に大きな販路を開くとも、二次的な事に過ぎないではないか。

果して沖縄は小さいであろうか。小さいのは土地や人口や経済のことに過ぎなくはないか。文化価値に於ても果して貧しいであろうか。小さな面積の中に、こんなにも多くの文化財を織り込んだ土地が、日本の何処に見出せるだろうか。沖縄が大きな沖縄だと云う認識は、鬱然として興って来なければならぬ。

四

多くの悲劇は繰り返されたであろう。孤島苦はつぶさに嘗《な》められたであろう。だがかかる命数なればこそ、かち得た幾多のものがないだろうか。之が為に特別な使命が此の島に与えられていないだろうか。感謝に余ることがないだろうか。

容易に渡れない孤島であったことは、独自の文化を保つのにいたく好都合であったと云えよう。強く荒波に守られていたが故に、今もよく古格ある文化を続けることが出来たのである。本土に於ていち早く傾きかけた大和の風が、今も沖縄の為に支えられているのである。或人は進歩がないと云って之を責めるかも知れぬ。併し進歩を何の標準に照らして計ろうとするのか。退歩したと呼ばれる国に、更に活々した新しいものがないだろうか。進歩を只遷り変る姿に求めるより、永遠の価値に不変の新しさを見出し得ないだろうか。正しいものは常に朽ちない。正しさがなくば新しいものはいつも朽ちる。

沖縄が力のない小さな島であると、なぜ嘆くのか。一小島嶼にして千余年の独自な文化史を有つものが世界の何処にあろうか。却てあらゆる文化面を小さな空間の中に具備していることこそ驚嘆すべきであろう。沖縄は狭いが故に、あらゆる文化がここに圧縮せられ、煮つめられ、結晶されたのだと云っていい。ここの文化の濃度は容易に他では見ることが出来ぬ。日本のどこに今旅したら、外は自然から内は生活に、大は建築から小は器具に至る迄、か程迄に美しさを保つ国を見出せるであろう。本土に於て固有の文化は漸く稀薄である。

ここに日本を見よと、どうして沖縄人は叫ばないのか。日本とは違うと想像される沖縄に来て、始めて害われない日本に逢えるのである。様々な面に於て本土よりも此の孤島が保持する文化度は濃い。なぜ沖縄人は此のことを語るのに遠慮がちなのであろうか。

恐らく今沖縄の人々にとって、何より必要なものは「誇り」である。何もかも貧窮だと他人も呼び自らも卑下する現状に於て、此の萎縮から沖縄を解放するものは、沖縄自体に対する自負心である。其の文化価値に関する自覚である。自己の命数を暗く思う人々がいるなら、私は代って讃嘆すべき沖縄に就て数々のことを列挙しよう。

五

標準となるべき中央語が、雑多な語調に乱され、特に外来語の混入によって和語としての純正さを失いつつある時、私達の前には沖縄語が宛《さなが》ら大写しの如く現れてくる。今は和語を整理し、それを正しい方向に導く可《べ》き絶好の機会である。こう云う時代に私達にとって貴重なのは、まだ和語が本来の姿で残っている地方の土語である。見棄てられた東北が急に価値を帯びて来たのは、言語学者の近来の功績である。だが本土のどんな地方に旅するとも、海南の孤島沖縄に於てより、古格ある和語の多くを見ることは出来ぬ。国民意識

1940年元日沖縄に向う湖北丸船上にて　民藝の同人たちと

が旺盛になって来た今日、沖縄語の存在は、寧《むし》ろ国宝視さる可きものであろう。標準語と呼ばれるものに対して、権威を以て其の整理に貢献し得るのは沖縄語である。それは啻《ただ》に古文献に於て学び得るのみではない。現に活々と用いられている日常の言葉から、多くの示唆を得るのである。発音の如き幾多の興味ある題材を投げる。沖縄語の価値は将来益々驚嘆を以て眺められるであろう。

だが日本国語としての沖縄語の価値は単に学者の攻究に委ぬ可きことではない。自国の母語に対する自覚は何より県民の中から湧き上らねばならぬ。沖縄が最も貴重なる国語を豊富に所有する沖縄であるとの自覚は、県民の血を沸かすだけの力を齎《もた》らそう。そうして此の自覚より沖縄の精神を振興せしむる源泉はないであろう。母語への熱情なくして県民の精神は旺盛になれぬ。用語への卑下は文化を最も萎縮させる。どの偉大な民族が、自国の言葉を遠慮がちに用いたであろう。

土語を以て綴る悠久なる文学の発生を望むや切である。嘗《かつ》ては「万葉」に摩す雄渾なる詩歌を生んだ沖縄語であることを、片時も忘れてはならぬ。詩人よ、出でよ。堂々と沖縄語を以て沖縄を表現せよ。それは日本にとっての大きな名誉である。

六

県民は自己の首都が、日本第一の美しい都市だと云うことを熟知しているだろうか。ここに美しいとは自然と人文とのいみじき結縁を云う。こんなにも純粋に混り気のない様態を保有している都市が何処にあろうか。歴史を背負う城門や寺院や堂宇、其の彫刻、世にも見事なる本葺の屋根、其の赤瓦と漆喰の白、苔にむす石垣、昔を語る石畳の街道、都を廻る丘陵や田畑のなだらかなる起伏、遠くに開ける広々とした海原、其の碧緑の色、珍らしき植物と美しき花。仮今衰えたりとは雖《いえど》も、首里は又とない首里である。もっと尨大な都市は別にあろう。殷盛な市街は他にあろう。だがそれ等のものは不浄な幾多なものとの混雑に過ぎない。首里ほど人文と自然とによき調和を示し、独自の風格に統一された都市がどこにあろうか。かかる事実への自覚は、県民を幸福にさせずばおかないであろう。詩人は出でて其の美観を歌うべきである。画家は筆を励ませて其の大観を描かねばならぬ。

啻に其の首都ばかりではない。何処にも美しき場面に出逢う。建築の形相、特に屋根の美観に至っては、将に日本随一である。天平の古都はかくも美しかったであろう。其の古都を夢むる者は、沖縄を訪うがよい。眼前に其の光景が示現されるであろう。県人は須らく故山の美を語らねばならぬ。かかる特権と使命とが県人の双肩に掛っていることを自覚せねばならぬ。

七

東洋の美徳はいつも祖先への崇拝に集る。だが漸《ようや》く此のことが道徳の理論と化しつゝある時、今も活々した様に於て、此の美徳を保っているのは沖縄である。而も祖先への祀りは只道徳的本務として考えられているのではない。もっと溯って心霊の本能として今も続いているのである。末世の吾々が改めて其の必要を説くが如き比ではない。それは祖先への景仰と呼ぶよりも、寧ろ祖先との直接な交りである。霊魂の実在は理論のことではない。人々にとって之より活々した事実はない。想うに沖縄の文化の基礎は、其の深さをここに発足すると考えられる。若《も》し此の信仰が失われたら、沖縄はいとも平凡な沖縄に沈んで了うであろう。東北の土俗が活々しているのは、等しく此の事実に淵源を有つからである。

そうして何よりも著しい其の表現が墳墓に結晶されて来たのである。此の世に如何に多くの墓があろうとも、かくも見事な形相のものを、他で見出すことは出来ぬ。それは驚く可き霊想と量感との結合である。人間が生んだ建造物として世にも讃嘆せらる可きものであろう。沖縄人は彼等の祖先、彼等の同胞を世界随一の墳墓に祀っていることを誇ってい い。而もそれは只の碑石ではない。単なる小祠ではない。霊魂が日夜を送る聖廟である。その堂々たる形態に比べるなら、本土に見られる墓石の如き如何に貧弱を極めているであろう。

沖縄人は彼等の生活の基本をなすかかる霊廟を有することを誇りとしていい。況んや其の霊墓が比類なき美観を有つことを誰か否定し得よう。其の或ものは真に国宝に列せしめねばならぬ。啻に上玉陵《たまうどうん》に於てのみではない。下一般の家庭に至る迄、世にも見事な墳墓を造ったのである。沖縄人は彼等の骨を埋むる霊所が、正に世界一だと云う歓喜の情を有たねばならぬ。

近時此の墳墓を破壊する如き主張をなす者がある。沖縄独自の存在意義に就て愚昧なるを告白するに等しい。之を否定するのに如何なる合理的理由があるとしても、更に合理的なるものは彼等の墳墓への熱愛である。

八

地方の特色は地方の風俗に掛る。就中《なかんずく》其の服飾は地方を独自の存在に高める。幸いにも日本は和装を有し、各地にはまだ僅か乍らも特殊な風俗が残る。だが何処を旅したとて沖縄程固有の服装を今も続けている所はない。まぎれもない大和の風であって、而も之程の古格あるものを他に見ることは当底出来ぬ。誰もあの「能」の美しい衣裳には讃辞を惜しまぬ。それならどうして其の唯一の直系である沖縄の服飾に無関心でいられようや。而もそれは沖縄の自然と気候と色彩とが必然に招いた衣裳である。其の調和から凡ての美しさが発している。恐らく日本の現存する地方的風俗として最も尊重せらる可きものであろう。況んや特色ある風が各地に於て漸く衰えかかって来た今日、其の存在こそはとりわけ感謝を以て省みられねばならぬ。まして近時の風が浅墓な形や質や、卑俗な模様や色調に沈んで来た時、独り沖縄ばかりは大和の風を残して、優れた質と美しさを保っているのである。近次頻《しき》りに服装の改善が称えられ、近代の生活に適するものが主張される。其の必要は本土の服装に於ても同じである。だが此のことと沖縄独自のものを尊ぶこととが両立しないであろうか。特に活動を求める生活に対して、在来の服装を合理的立場から批判することとは出来よう。併し生活の複雑性を只合理性からのみ割り切ろうとするのは、最も不合理な所置であろう。自国の歴史と自然とが産んだ固有の服装を愛する念慮は、郷土を振興せしめる最も大切な道ではないか。そうして此の郷土愛なくして、どこに固有の文化が発達しよう。沖縄の服装はそれ自身一つの合理性に立っているのである。郷土の服装への愛慕は、沖縄の存在を力強いものになすであろう。酷いもの害あるものがあるなら改めていい。併し反省も無くそれを放棄するのは、自覚なき時代の力弱い態度に過ぎぬ。

改善すべき点があるとするなら、それは沖縄固有の風俗を乱さぬ範囲に於て試みられねばならぬ。改められた服装に於て尚かつ沖縄独自の美を示さねばならぬ。改善には其の根底に郷土愛が欠けてはならぬ。之より合理的な基礎はないからである。地方の服飾は中性的であってはならぬ。徒らに又都会の風を追うが如きは慎む可きであろう。どこ迄も地方的であることに美を示さねばならぬ。そこに何よりの誇りを見出さねばならぬ。

九

染織に於ける沖縄の卓越した位置に就ては、もはや贅言《ぜいげん》を要しないであろう。大工場は他県にあろう、産額は他国に譲ろう。だがそれ等の事実を前にして、沖縄の織物は質に於て美に於て決して揺ぎはない。近時新しい法を入れて他府県に追従しようと試みる者がある。だがそれ程愚かな処置があろうか。啻に琉球自らの特色を失うのみならず、沖縄が漸く一歩近づく時、他は更に一歩前に進むであろう。追従の反復は沖縄の屈辱である。若し沖縄が彼自身の特色ある織物に立つならば、其の美に於て凡てを圧することが出来よう。それは全く沖縄独自の舞台である。首里、那覇を筆頭に、久米、宮古、八重山の諸島を擁して、歴史は燦然と輝いているのである。特に「手結」の手法による絣は古今独歩であり、多彩な色絣に至っては将に天下第一である。徒らに新しい法を追って格をくずす如きは、沖縄の織物から美を奪うのみではなく、まもなく経済的発展をも閉塞せしめるであろう。

四囲に強敵は迫って来るからである。仮りに成功を得たとしても、かかる勝利は沖縄の恥辱である。どこにも沖縄自体を見ることが出来ないからである。況《いわ》んや沖縄程正しい伝統と、多くの織手と、独自の手法と、優れた材料とを現に所有する所はないからである。本土の何処に於てかくも変化のある優れた織物の数々を見出し得るであろう。織物に於ても沖縄が沖縄に帰ることは、郷土を高揚せしめる所以ではないか。

染物に至っては、不幸にも其の仕事が殆ど停止するに至った。だが「びん型」が染物として第一流のものたるは既に定説である。まだ灰の下には火が燻ぶっている。今にして新しく炭をつぐ者が出るなら伝統は甦るであろう。当事者の此のことへの怠慢は惜しみても余りあることではないか。新しい用途を講ずるなら、道は広々と開かれるであろう。琉球は「びん型」の琉球であることを再び歴史に示さねばならぬ。何の意味あって、他府県の染を追う屈辱を重ねるのであるか。染織は最も光輝ある沖縄の資源である。

一〇

不幸にも本土に於ては音楽と生活との交りは稀薄にされた。とりわけ都市の生活に於てそうである。音楽は音楽会に行かずば聞くことは出来ぬ。而もかかる会はひとり音楽者の手に委ねられる。音楽は家庭の所有ではなくなったのである。生活の中に音楽が活きた日は既に去った。都会の生活からは一つの民謡も湧き出ては来ないのである。偶々あれば俗悪なものに過ぎぬ。近時地方の民謡が好んで求められるのは、有たない者の飢えた心とも云える。だが沖縄の事情を見れば如何に異るであろう。沖縄は民謡の中に暮す沖縄ではないか。何たる至福であろうか。生活と音楽とは二つではないのである。

文化のさ中に暮すと云われる吾々は、更に音楽から詩歌や舞踊を分離させて了った。詩人と音楽者と舞踊家とは分業化せられた専門家に過ぎない。それは一般の民衆とは縁が遠いのである。民衆に交るが如きものは低調なものとさえ考えられる。だがかかる事情こそは拭い難い悲劇ではないだろうか。

沖縄人は誰も唄い誰も踊る。そうして屢々音に和して詩を生んでゆく。文字を知らない人達からさえ歌が生れてくる。そうして驚くことにかくも民衆の生活に深く入ったそれ等のものが、俗悪であった場合がないのである。沖縄は終りなく美しい民謡を吾々に届ける。あの八重山の如きは、民謡の天国ではないか。謡が生活か、生活が謡か、こんなにも音と歌と踊りとが一つに溶け合った国はないであろう。どんな都会の音楽者も、それ等の人々より音楽的ではあり得ない。音楽の音楽は琉球の所有である。「万葉」の古韻を慕う者は、其の格調が今も活きる沖縄に来ねばならぬ。舞楽の本性に触れようとする者は、今も生活の中にそれが活きる沖縄を訪ねねばならぬ。

日本にとって沖縄こそは又とない貴重な存在である。

島々に運ばれる焼物は日々夥しい数に上るであろう。磁器ならまだしも、何故陶器を迄他県のものを迎えるのであろう。壺屋がどんなにいい窯場であるかを振り向かないのは不思議である。

一一

私達のように日本全土の焼物を集めている者が、仮りに其の中に壺屋の骨甕を置いたとしよう。どんなに力強い品物が傍らにあったとて、壺屋のものは圧倒的な威力である。或ものは既に装飾が過ぎ、近来はコバルトを用いる為毒々しい色を呈したりする。だが簡素なものや、昔の色彩を保つものだと、実に比肩するものがない程立派である。其の姿は漢代以降綿々として続く素晴らしい東洋の形態を示してくれる。本土の品で是程の力を含んだものは、もはや絶えたのである。而も其の美しさは只腕の冴えや、たくらむ趣好から来るのではない。背後の暮しや心の持方、村の気風や、伝わる習慣や、持物や言語や更に建物や、凡てのものが綜合されて湧き出るのである。決して一人の藝術家の天分に俟つ品物ではない。もっと社会的な本能的な力から盛れ上って来るのである。壺屋ばかりには今も活々と此の力が働いている。

貧しい沖縄人が、特に田舎の人達が、普段使いにしているものを取り上げよう。それが壺屋のものである限り、一つだとて醜いものを見ることがない。仮令《たとい》粗笨《そほん》に見えるとも、如何にそれが自然なる情から作られてくる健全な品物であるかを考えないわけにゆかぬ。若し壺屋のもので醜いものがあるとするなら、それは近頃趣好を凝らしたものか、さもなくば他国の品を模したものばかりである。壺屋が壺屋自身の伝統に立つ時、少しも過ちを犯していない。形に於て模様に於て素晴らしい出来栄えを見せてくれる。

壺屋に於て沖縄は沖縄の存在を誇ることが出来る。それはどんな本土の窯場よりも、もっと純粋であり、本格である。

一二

私達はあの石門や、橋梁や、墳墓や、石碑や、欄杆や、石燈や、階段や、獅子像や、井戸に於て、世にも優れた技倆を示してくれた無名の石工に就ても語る可きであろう。就中石燈の美に至っては、どんな本土のものも之に匹敵することが出来ぬ。それを見ない限り、茶人は彼の庭に燈籠を据えてはならぬ。

試みに今も屋上に安置する魔除けの獅子を見るとしよう。普通の屋根屋が漆喰で吾々の夢想だもしない作品を創造する。それは遠く巧拙の彼岸から湧き出てくる美しさのように見える。強いて独創を求める如き者の作品ではない。識らずして識る本能の力に帰すべきであろう。沖縄は世にも不思議な力の所有者である。なぜ此の力を遠慮なく示してくれないのだろうか。感嘆する人々は速かに集ってくるであろう。

一三

沖縄人よ、私達は如何に過去及び現在の沖縄に敬嘆すべき数々のものがあるかを広く人々に知らせよう。まだ多くの人達の琉球に対する予想は、杜撰を極めている。如何に豊な文化財がここに見出せるかを彼等に伝えよう。そうしてそこに如何に多く吾々が学ばねばならぬものかを忠告しよう。

県人よ、今や長い間の屈辱的気持ちを放棄すべき時が来たのである。沖縄の貧しさを悲しむよりも、其の驚く可き富に就て、語り出ず可き時が来たのである。何よりも大和文化の独自性を最も多量に所蔵するのは沖縄だと云う自覚を有たれよ、そうして本土には既に衰えた数々の文化財が沖縄に現存することを、絶大な誇りとされよ。何事よりも今重要なのは沖縄精神の高揚である。産業の興隆や交通の振興は此の基礎なくして何の効用があろう。沖縄人は沖縄人たることに誇りがなければならぬ。此の自覚をおいて何時沖縄の運命を開こうとするのか、自信を有たれよ、沖縄が有つ文化の使命は大きく深い。此の自覚こそは偉人を生み出さずにはおかないであろう。

沖縄よ、万歳。琉球よ、万々歳。(昭和十五年紀元節の夕)

アイヌへの見方

一

或有力な民俗学者が嘗《かつ》てアイヌのことに関してこう述べているのを聞いたことがある。「実際それ等の人々は哀れである。種族の保存を云々する人達もあるが、文化に浴していない彼等の存在が、永続きしたとて何もならない。徒らにその悲惨な暮しを長びかすことは、友達としての吾々の務めではない。消えるべき運命のものは寧《むし》ろ消える方がいい。只人間の歴史の一段階として吾々はせめても其の生活や信仰や行事等に就て記録をとっておいてやりたい。之が民俗学者の有《も》つべき思いやりであり、又務めでなければならない。」語る人は如何にも憐憫の情を込めて、こう述べた。

だが私の心は即座に何か反撥するものを感じた。私は此の民俗学者のよき意志に就て疑うものではない。又彼が忠実に記録する事項が価値のないものだ等と考えるのではない。不服なのはアイヌを只文化からおくれた悲惨な種族だと見る其の見方である。或は又吾々の方が如何にも文化の進んだ国民なのだと云う其の優越感に就てである。そうしてアイヌの存在を只過去の歴史にのみ認めて、未来の文化に何も寄与すべきものがないかの如くに考える其の態度である。果してアイヌはそんなにも後れた人種であり、之とて文化価値を有たぬものであろうか。果してアイヌの未来を積極的に開拓する道を講ずるのは徒労であろうか。アイヌに憐憫をかけることはいいが、かけ方に何か不遜なものがありはしないか。吾々自身の文化内容に就て反省する所が余りにも少くはないか。始めから凡《すべ》てを見くだして見ると云う其のことに何か不注意がないであろうか。

実際アイヌの生活から、欠点を拾い上げることは易々たることであろう。文字を有たないとか、科学がないとか、生活の程度が低いとか、衛生の思想に乏しいとか、大きな産業がないとか、人口が少いとか、迷信が多いとか、こう云うことを数え上げるのは容易である。だが同時に驚嘆すべきものが何もないであろうか。吾々より寧ろ進んだものを何も持ち合せていないだろうか。吾々の方で学ばなければならないことが何一つないだろうか。寧ろ彼等の方が吾々より圧倒的に優れている点が何もないであろうか。吾々の文化は、彼等に対して、そんなにも誇っていいものであろうか。吾々に却て弱味があり彼等に強みのあるものがないであろうか。

若しそう云う特点が彼等にあったら、吾々は進んでそれを尊敬し、そこに学ぶべきではないか。そうしてそれを更に発展さすことこそ吾々の真の友誼であろう。憐憫も友誼である。併《しか》し敬念は一層深い友誼ではないだろうか。なぜなら前者は消極的な態度を示すに過ぎない。だからせいぜい彼等を記録すると云う態度に終ろう。だが後者は積極的である。彼等の中に価値を認め、彼等を活かし、彼等を吾々の中にも甦らすことになるからである。今迄どうしてそう云う積極的なアイヌ観を有ち得なかったのであろうか。民俗学者にそう云う見方は不必要だと云うのであろうか。私が多くの学者に不服を感ずるのは、彼等はアイヌに好個の学的対象を見出しているが、それがとかく個人的な満足に終っていて、アイヌの運命の為に闘おうとしているのではない。自己を捨て忘れて、アイヌの為に憂い気づかっているのではない。そう云うことには寧ろ冷かであって、自己の知識を増すことにのみ熱情が集りがちである。どこかそこに利己的な影がないであろうか。

私は何も学問的な記述がアイヌにとって価値の薄いものだと述べているのではない。其の学問にもっと深い人道的根底を求めているのである。彼等の記述は多くは三人称的ではないか。アイヌを第三者として、自分と常に或間隔をおいて眺めているのである。だから二人称的なものには進んでゆかない。アイヌと親しく語り合おうと云うのではない。ましてや一人称的に、若し自分がアイヌであったらと考えるのではない。アイヌの運命を自己の運命の如く憂い悲しみ奮い立ってくれるのではない。学者達の憐憫の情はたかだか富める者が貧に就て、美しい言葉で遠くから語ると云うに過ぎなくはないか。そこには切実さがないのである。「亡びゆく彼等の為に、せめて記述だけは残そう」と云う其の心やりには、美しさはあっても迫力が乏しい。身自らアイヌになって其の声を聞いたら寧ろ不快と悲痛と忿怒との複雑な感じを抱くであろう。

二

私達の方が遥か文化の進んだものだと云う考え方は、注意を要する。なぜなら、あらゆる方面に於てそうだと断定出来ないものが数々あるからである。此のことを気づかないのは所謂《いわゆる》文化人を以て目する私達の大きな不覚である。丁度都会人が地方人を見下し、其の価値を見逃して了《しま》う場合と同じである。良心があったら、そんな断定を軽々しく述べるわけにゆかない。

私は過日来民藝館に陳列せられたアイヌの各種の工藝品を見て、感嘆おく能《あた》わなかった者の一人である。それは啻《ただ》に美しいのみならず、立派でさえあり、神秘でさえあり、其の創造の力の容易ならぬものを感じるからである。見て見厭きないばかりでなく、見れば見る程何か新しい驚きを貰う。そこに出来不出来はあろう。併し其の美に虚偽はないのである。不誠実さはないのである。こんな驚くべき現象を今の文化人の作に見出し得るだろうか。ありとあらゆる偽瞞と衒気と変態とにまつわる今の吾々の作物と比べ、どんなに道徳的なものであろう。そこに歴史的発展の差異はあるかも知れぬ。併し価値的に見て、吾々の作こそ寧ろ退歩して了った数々の面を有つではないか。

試みに僅かの布片と糸とを所謂文化人に持たせてみよう。それでアイヌの作より優れたどんな模様が産めると云うのか。ためしに一片の木材と一個の小刀とを与えて見よう。それで吾々からどんな見事な作を期待出来ると云うのか。一つの匙でもいい、一つの煙草入でもいい。果して誰でも易々とアイヌの作を負かし得る形と模様とを捕え得るだろうか。寧ろ及びもつかない一面があることを正直に告白すべきではないだろうか。そこに見出される美的価値量を現在の吾々のどの陶器や織物や漆器や木工に易々と見出し得るであろう。著名な作家の作と雖《いえど》も、彼等ほどに楽々と創造的ではあり得ない。私は何も吾々の方が凡ての点に於て劣っていると云うのではない。だが吾々の方が後れて了っている数々の面があることを謙譲に承認すべきが、吾々の務めであると考えるのである。

それなら憐む前に彼等から先ず学ぶべき態度をとっていいではないか。彼等に敬念を抱き得ないのは、吾々にそれだけ心の準備がないのだとも云える。そうして若し彼等の作に充分の敬意を払い得たら、どうして彼等を見下し、彼等に冷やかであり得ようや。吾々は吾々の文化をいやが上にも向上せしめる為に、彼等に寧ろ師として学ぶべきもののあることを見出すべきではないか。それだけの驚きを彼等に感じない者が、彼等を論ずる資格があるだろうか。

私は何もアイヌのままの文化を吾々に植えよと云うのではない。何もアイヌの着物と紋様とを吾々の間にも用いよと云うのではない。だがどんな形や模様の着物を有つとも、其

1947年10月15日白老にて　左から川上澄生、宮本サキ、柳、三宅忠一

の美しさの格をアイヌの着物の有っている格にまで高めよと云うのである。現にアイヌの用いている着物の多くは美術館に列べられていいのである。だが吾々の用いている着物で、どれだけ遺し得るものがあるであろうか。仮りに二つのものを並べて陳列するとしよう。果して吾々の方に勝ちみがあるであろうか。心もとないのである。

其のアイヌの着物が出来る工程を見よう。ずっと幼稚な原始的な方法で作られているのは言うを俟《ま》たない。それは初期の道具時代を出ていない。だが不思議である。出来上る結果から見ると、ずっと進んだ方法で作る吾々の着物の方が、色でも模様でも、俗で低調で、そうして不誠実なものがどんなに多いことか。吾々はアイヌの衣服をかりそめにも下卑なものとか未開のものとか呼ぶことが出来ない。

若し美の王国に凡てを持ち出したら、そうして神が審判の位置についたら、原始的だと云われる多くの着物は、幾多の文明国のものをぬいて高い位を与えられているであろう。なぜならそこには虚偽の性質がないからである。そうして創造的な本能が力強く働いているからである。

先日ある服飾研究会の主催のもとに、世界各国で現に用いている服装の興味深い展観があった。欧米のものが中心であり、之に南洋諸島のものが加えられた。それ等のものの発生や分化は、各々の国の風土や歴史に起因するのであるから、其の存在には何れも必然な理由があろう。だが布の質から云って、紋様から云って、染めから云って、どこの国のものが一番優れていたか。実に未開人と蔑まれる民族のものが圧倒的に美しかったのである。所謂文明国のものは質の良さに乏しく、色彩も紋様も多くは低調で、生産の不誠実さは被うべくもなかった。文明は必ずしも進歩を保障するものではない。染織に費された知識や技術や機巧には数段の差があるであろう。それにも拘らず結果から見て退歩して了った点が著しいのである。

一見して原始的なものと気附く面もあるから、何かそこに発達しないものが含まれていよう。だがそう云う引け目を越えて、美しい真実なものが輝いている。そこには美への本能がそこなわれていない状態に於て活々と働いているのである。だから醜くさが入る余地はない。それに人の作るものとは云うが自然の加護が強く加わっている。此のことは人間の過ちからどんなに作物を救っていることか。品物にはもとより上下があろう。併し下の場合だとて偽はない。之は驚くべき事実だと云っていい。誤魔化しものの多い現在の吾々の品物と、どんなに基礎を異にするであろう。めったに美しいもののない文明国の現在の工藝品と実にいい対比である。なぜ未開人と蔑まれる民族の布が美しいのか、どうしてそこに誤謬が少ないのか。大きな公案ではないか。此の公案を文化人は忠実に考えぬいたことがあるだろうか。そうして此の展覧会で、どれだけの人が此の事実に直面して、吾々の将来の服飾に就て、内省し熟考してくれたであろう。多くの人は南洋民のものを、たかだか奇異なものとして眺めて了ったのではないだろうか。

三

今迄多くの批評家達は、アイヌのような民族を目して「未開」とか「原始的」とか云う形容詞で総括して了った。そうしてこの概念はどんなに度々、其の民族の生活や信仰や作物を、程度の低いものと考え込ませて了ったことか。併しこんな荒々しい危険な見方はない。なる程歴史的順次から見ると、初期の形態を尚残すものであるから、そう呼ばれても致し方ないかも知れぬが、後期の発展が更に正しく更に深いものだと、常に言い切ることが出来るであろうか。

彼等の土俗的な信仰を例にとろう。多くは迷信であると簡単に蔑まれて了う。理性的で

だ信じているが、これは一面に於ては文化人と比べ遥かに強い信仰力を示すもので、此のことを考えると、しばしば信仰に

ないと云う意味で幾多の欠陥はあろう。神学が伴わないと云うことで幼稚さはあろう。だが信じる態度に彼等の方が真剣な場合がどんなに多いことか。彼等は謂わば全身で信じている。だが文化人の信じ方は頭だけに終る傾きがないか。観念的なものに流れるきらいがないか。或は又感傷に耽ることが多くはないか。だが未開人と呼ばれる人々の場合に、そんな甘さはない。心の遊びはない。彼等の信仰はもっと切実なのである。迫っているのである。そこには恐怖さえあるのである。戦きがあるのである。だからなま易しい信心ではない。文明人は禁忌を有たない。だから恐怖を知らない。此のことを寧ろ誇りと感じて、素朴な信仰を嘲《あざけ》って了う。だが禁制は多くの誠実さと道徳との根強い基礎ではなかったか。罪への切実な意識は此の教の賜物ではなかったか。禁制を嗤《わら》う文明人の信仰はとかく安逸に流れて了う。彼等が原素人より、もっと純情な信者であったことは少い。全身が震えるほどの信じ方をしている場合が少い。知識人はとかく懐疑的である。信仰の質と量とが之によってどんなに変り又弱まることか。之を理性的だと云う意味で弁明はするが、結局一面を得て一面を失うきらいがあろう。もともと信仰は合理性に止まるものではない。人は容易に不合理を詰るが、合理を詰る者の少いのは不思議である。信仰は合理を越えたものではなかったか。原素人の信仰には幾多の不条理なものがあろう。併し其の中に条理をすら許さぬ或神秘なものを見ないであろうか。条理に秀でて信仰に弱い文化人の欠陥を見逃すことは出来ない。信ずると云うからには、戦くほどの切な信仰でなければならない。そ

ここにこそ信実な信仰の姿があろう。

だが、原素人にとって魂魄の世界は現実である。否、現実の出来事より、もっと切迫したものだとも云える。見えないものが目前に見えるのである。だから死人は死人ではない。死によってもっと活きた霊となるのである。それ故見えないものが、見えるものよりも、もっと明かに見えてくるのである。霊魂の実在は疑う余地を許さない事実なのである。原素人はいつも此の魂魄の世界と触れ合って生活する。それに導かれ誘われて生活する。こんな暮しぶりの信仰が、只理知の内容に終るが如きものとなる謂われがない。彼等があって信仰があると云うより、信仰があって始めて彼等があるのである。たとえ信仰の条理には乏しくとも、条理を越えた信仰が彼等を眠らせておかない。それはいつだとて全身を揺り動かすだけの力がある。とかく文化人の信仰が観念の遊びに終り、感情の甘さに耽りがちなのと鋭く対峙する。吾々の宗教はアイヌのに優る幾多のものを有とう。だが迷信に充ちると蔑む彼等の信仰より、更に一段と純粋な信仰度を示しているだろうか。

私は長らく神学の或る大学に関与したことがある。私はそこで教鞭をとる学者達の相応な神学的知識に就て疑いを差挟む者ではない。併し如何に篤信の人達と異るかを見ないわけにゆかない。彼等の理知と信仰との間に、正しい平衡はない。彼等の信心は結局理知的なものに止って了う。私は同時に幾多の門徒達の生活を見た。彼等に学問はない。信仰が何であるかの問いに答え得る者すらめったにいない。だが彼等の多くは篤信なのである。

有難さに涙を有つ人達なのである。信心の側から見るなら、如何に神学の教師達よりも純粋なものを有つかを否むことが出来ない。知識ある学者達は、学問のない彼等の信心を蔑んでいいであろうか。同じことがアイヌの生活に対して云えないだろうか。

四

私がここで長々と信仰のことに就て語ったのは、アイヌの生活や行事や作物の凡てに渡って、濃く深く信仰が働いているのを見ないわけにゆかないからである。如何なるものも信仰を離れて存在してはいないのである。

なぜアイヌにあんなにも美しく物を作る力があるのであろうか。今も本能がそこなわれずに、美を創り出す働きがあるのであろうか。なぜ彼等の作るものに誤謬が少ないのであろうか。どうして不誠実なものがないのであろうか。たとえ拙い場合でも罪から遠いのであろうか。彼等に何の美学があり、技巧があろう。だがなぜか識らずして美しいものを産む。知っていて尚かつ醜いものを生みがちな吾々と、どうしてこんなにも事情が違うのであろう。

色々な理由を数えることが出来よう。だが其の力を彼等の信仰に帰すことは、最も妥当な理由の一つである。何よりも彼等の切実な信仰が、背後に動いている美の素因だと考えないわけにゆかない。信仰はとりわけ二つの方向に美を深めてくれる。第一は吾々の感情を高揚させる。吾々を囲む凡ての四囲が魂魄の世界である。それは吾々の歓喜や悲哀や恐怖の泉である。吾々の心は眠っているわけにはゆかない。どんなものにも霊の囁きがある。作るものだとて死んだものではない。迫るような此の感じは、彼等の仕事を鈍く浅くしない。アイヌの工藝は手先だけの業ではない。頭だけの巧策ではない。彼等の信仰に色附けられた仕事である。信仰の意味を有たなくして仕事はしない。之がどんなに美に影響するであろう。謂わば信が産む美だと云っていい。之が美しさを純粋なものにさせる。

第二に禁制の信仰は彼等を道徳的にする、彼等は掟に対して不誠実であったことはない。彼等は天罰を疑わない。彼等には不正なことへの恐怖がある。だから虚偽を許さない。こう云う心理が生活や仕事に及ぼす影響はどんなに著しいであろう。禁制への恐怖を吾々は嘲笑うが、どうして不誠実と虚偽とが吾々の間にかくも普通なのであろうか。是等の差異が美に作用しないわけがない。アイヌのみではない、凡ての原素人の作物に偽瞞の影はない。

私達は何も高度の宗教が栄えた六朝の頃や、西欧中世の時期を想い返さずともいい。そこに完全な信仰と藝術との調和があり結合があったのは言うを俟たない。信が深くば美も亦深く、美が厚ければ信も亦厚い。此の法則は昔のみではなく、今も変りがあろう筈はない。無数の醜いものが群る現在の工藝界で、ひとり健全な道を歩むものを求めると、彼等の背後にいつも篤信な生活が控えていることを見逃すわけにはゆかない。現在の日本では北方の諸国や南方の沖縄に、確実なものが今も作られているのは何を語るだろうか。それ等の地方が最も厚く土俗的信仰を残している個所なのを知るであろう。人々はそれ等の土俗的なものを迷信と云う批評で片附けるかも知れぬが、仮りにかかる信念が地を掃うとするなら、地方の農村にどんな作物が残るであろう。それは新な偽瞞と繊弱さとに包まれてくるに違いない。彼等の信仰を、只土俗的とか迷信とか云う言葉だけで決済することは出来ない。たとえ不合理なものがあるとしても、同時に真実なものの内在することを疑うことは出来ない。此の「真実なるもの」こそアイヌの作物を美しくさせないではおかないのである。信仰を多く失った私達は、アイヌの作物を只原始的なものとして眺め去っていいであろうか。かく評する権威が果して吾々にあるであろうか。もっと謙譲に寧ろ吾々の劣っている点を見直すべきではないだろうか。

アイヌの文化はたとえ程度のおくれたものであっても、そこには何か本質的なものがあるのである。一個の「マキリ」、一枚の「切伏」を見ても、果して吾々に之だけの美しさのものを難なく作れるかを考え、美への本能の衰えたことを省みないわけにはゆかぬ。

アイヌへの見方は色々あろう。併し彼等の中に価値あるものを見出す時ほど、正しい見方を有ち得る場合はない。アイヌへの憐憫は、アイヌへの敬念より大きな力ではあり得ない。

個人作家の使命

一

私は処々でこの問題に触れてきたが、もう一度まとめて書いておきたい。それに今まで云い残していたことも多いように思う。

哲学でも宗教でも藝術でも近代になるに従って個人の所産になった傾きがある。ものの見方が何かにつけ個人中心である。云わば天才主義であり、英雄崇拝である。かりに藝術史をとって来よう。殆ど凡《すべ》ての頁が著名な藝術家の列伝のような観がある。個人の作でないものは歴史的意義が薄いようにさえ見える。一個の無銘な優れた作があると、批評家が代って誰々の作と推定して了《しま》う。それが出来ないような場合でも、作物を或卓越した個人の仕事として理解する。

裏から云えば一般の民衆は平凡なものとして歴史から消されて了った。いつも崇められるのは少数の個人で、集団をなす大衆ではない。こう云う個人主義的な時代では、工藝のような民衆の生活と関係の多いものも、個人的に取り扱われた。否、個人的に批評し得るようなものだけが認められた。所謂《いわゆる》藝術家、即ち個人作家が重要な位置を歴史に占めたのも無理はない。裏から云えば職人の工藝は下積となって存在の影がいたく薄い。

立派な作を産んでくれる天才を讃えることは自然である。又そういう作を有《も》つことは人類の喜びとも云える。個人の深さには人類全体の深さが結晶しているとも云える。だが個性を尊ぶのはよいが、一旦それが個性主義になってくると、色々の誤謬や弊害が生じる。第一は個性の薄い民衆への軽蔑が伴う。民衆へのこの冷淡は、民衆への救いを遮って了う。職人の仕事がそのために段々下落して了った。こうなると益々少数の天才ばかりが、立派な作を産めるのだという考えが強くなってくる。世間では銘の入ったものだと信用する。そうして遂には物を見ずに名で買うようにさえなった。

この結果、個人作家の使命はどう解されているか。職人の仕事などが到底追従の出来ぬ作品を産むことが誇りである。個性的なもの、思想的なもの、神経的なもの、技巧的なもの、様々の方向に個人の力が集注された。なぜならそれ等のことは、教養の無い職人達の到底企て及ばない高い領域である。一言で云えば個性主義は個人作家と職人とを区別して了った。その結果個人工藝と民藝とは分離し対立して了った。所謂「工藝美術」と「工藝」との差が判然と分れて了った。美を目的とするものと、実用を目的とするものと、上下に分れて了ったのである。そうして実用を旨とする職人の工藝は、下賤なものとして歴史的意義が稀薄になった。かくして民衆が立派な工藝を産む機縁が絶たれて了ったのである。最近の民藝の堕落はその結果である。少数の天才だけが仕事らしい仕事をして、大衆はそれに参与する折がなくなったのである。そのため一般民衆の美意識は非常に低下している。買手にもよき選択力はなく、作り手にもしかとした目標がない。作家達は彼自身の作家達であって、民衆と協力し、民衆を指導し、民衆を守護する作家ではない。寧ろ民衆を嗤《わら》い民衆から離れることに彼等の仕事の高さを感じるのである。放棄された民衆はかくして正しい美意識を喪失した。民衆には今美の目標がない。伝統的に僅《わずか》に残っている品だけが、比較的今も美しいのは昔の目標が今も続いているからである。非伝統的な最近のものにこの目標はない、それ故《ゆえ》道を踏みはずすに至ったのである。今出来の実用品にはよいものは非常に少い。私は工藝全般の凋落を、個人作家と職人達との分離に帰したい。昔はかかる分離がなかったのである。あっても極めて僅かである。

二

秀でた個人が立派な仕事をすることは過去に於ても現在に於ても、又未来に於ても変りはない。だが歴史は波を描いて進む。個人のみが尊ばれた態度は、今や過去のものになりかかっている。之に反し大衆が新しい意義に於て、頭を擡《もた》げている。ホイットマンが彼の詩で歌ったような「民衆」とか「集団」とか「平常」とかいう平易な領域に新しい意味が見出されてきた。私は工藝に於てもこのことが将来重く見られるようになることを信じる一人である。

もとよりいくら民衆の意義が高まろうと、偉大な天才の価値に変りはないが、併《しか》し個人作家の使命に対する見解には、極めて大きな変化が来べきものと思う。古い意味での個人作家の立場は当然死にゆくもの、死すべきものと考えられる。そうして新しい意義に於て、もう一度その使命が反省されねばならないのを感じる。

今日まで個人作家は彼独りが作り得るもの、他人のよく従い得ないもの、云わばその特殊性に彼の意義を感じた。裏から云えばそれは民衆を指導する作品ではなく民衆の接近を許さない作品である。その結果工藝は益々狭い尖鋭な仕事に極限された。今の作家達は民藝には冷淡である。宛《さなが》ら自分達と職人とは生れが違い階級が異ると考えるように見える。民藝の発展のために作品を準備する作家は殆どいない。否、今日までかかることに個人作家としての意義があるとは夢想だにしなかったのである。併し将来は大衆と離反する天才ではなく、大衆を支持する天才が論じられてよい。民藝と縁がないことに於て作品の高遠さが論じられるのではなく、それがどれだけ民藝に親しく交渉し得るかによって、その価値が論じられる日が来てよい。言い換えれば、職人達のよき指導者としての、又よき協力者としての個人作家の立場が当然考えられねばならない。今尚個人主義的な立場が固守され、民藝の発展が杜絶されているから、私は一応このことをはっきりさせておきたいのである。

三

少くとも最近では個人的立場に大きな動揺が迫っている。今までのように民衆と交渉のない工藝の名声は地に落ちるであろう。そうして民衆の協力者としての作家的立場が重く見られるに至るであろう。恐らくこのことがない限り、工藝全般の向上は来ない。

作家達は今どういう態度を採っているか。他の誰も造ることの出来ないような作品を得意とする。そのことに個人的独創性を感じるからである。意匠の嶄新とか、形態の新奇とか、技巧の精緻とか、新手法の発見とか、新材料の工夫とか、他人の追従を許さぬ作物を産むことに注意をむける。従って誰も真似出来ないもの、二度と繰り返されないもの、そういうことに誇りがあるのである。そうして之が社会的位置を得る所以であり、経済的保障の道であり、又審美的優越であると考えられたのである。

併しそれは狭く又排他的な考えに過ぎない。古来工藝家には秘密が多く、歩く道は余りにも個人的である。質に於ても量に於ても特殊である。他と交る機縁を避けるからである。この世をよくしようとするよりも、自分だけをよくしようとする傾きが強い。併し真に深い個人は人類を代表する個人であってよい。人類と自己との隔離は、却って自己の意味を活かさない。今まで踏まれてきた個人作家の道には、当然指摘されるべき欠陥が多い。

追従を許さぬ独自の作を造ることは一つの価値ではあろうが、唯一つの価値ではない。又それを個人工藝の最高の性質と考えることは出来ない。果してもっと巨大な道が他にないか。不思議にも個人作家でこのことを反省しているものが殆どいない。まして作家として新しい道を切り拓く者が殆ど見当らない。だが今までの態度に疑義を差挟むべき多くのものがあろう。その個人的考えが、どれだけ作物を深めたか。特に将来に於てその行き方がどれだけ工藝界に貢献するか。個人作家にも社会人としての責任はないか。彼自身の作のみを美しくするより、工藝全般の向上のために、自己の作を準備すべき使命はないか。彼の社会的責任は仕事を個人的内容に止めさすであろうか。

四

私はこう想像しよう。ここに誰にも出来ない作で美しいものと、誰にも出来る作で而《しか》も美しいものとがあったとする。ここに私は後者の方にずっと心を惹《ひ》かれる。なぜなら、後者の方が社会的意義に於て更に深いと考えられるからである。之によって多くの美しいものが生れることが約束されてくるからである。そうして誰にも美しいものを作ることが許されてくるからである。美しいものが少量の世界から解放されるからである。

仮りに美に達する道に非常に困難な道と、容易な道との二つがあるとする。若《も》しここに或個人作家が出て、その易行道を示し得たとするなら、彼の社会的意義は巨大なものであると考える。何故なら大多数の民衆は易行道によってのみ美に達することが出来るからである。難行道は彼等の通り得る道ではない。少数のものだけが為し得る仕事は、工藝の道としても狭い。

仮りに一人でなければ現わせない美と、協力によってのみ現わせる美とがあるとする。私は後者の方が、更に多くの幸福を社会に約束すると考える。仕事を一私人に局限するより、広く社会に拡大することは、人類の希望であり意志である。さもないと人類全体の位置は低下する。仕事が個人に止まる間、社会は美しくならない。否、醜さの方が増してくる。

仮りに一枚の皿に絵附けをする。誰にも描けないような個性的な絵と、誰でも熟練さえすれば出来る絵とがあったとする。今までは前者がひとり謳歌されたが、非個性的な絵の美しさが、如何に工藝の性質に適うかがもっと深く考えられてよい。個性の癖は美から云っても終りのものではない。誰が描いたか、それを問う必要がなくなることは、工藝にとって幸福である。

今日まで個人作家の仕事は自分一人の仕事をすることであったが、今後は他人と仕事の喜びを共にすることに方向が変るであろう。誰が携わっても同じように美しいものが産めるその道を作家達が示し得るなら、それは目覚ましい仕事ではないか。自分が仕事をすることと、他人が仕事をすることとが結ばれてくるからである。かく考えると追従を排斥し

た個人道は、協力を尊ぶ非個人道へと転ずるであろう。作家の任務は工人達との結合にあ
る。多くの人の真似てよい仕事、ついてきてもらいたい仕事、一緒に歩みたい仕事、容易
に倣える仕事、誰でも携わり得る仕事、数多く生れる仕事、民衆に開かれた仕事、かかる
仕事こそ価値内容が莫大である。それはもはや孤独ではない、隔離ではない。多くのもの
の手本であり、指導であり、又僚友である。

五

私の考えでは自分一人だけが立派なものを作れるという喜びより、皆と共に立派なもの
が作れるという喜びの方が内容がずっと大きい。自分一人が救われるということは最小の
喜びであってよい。そうして他人と共に救われるということこそ最大の喜びであってよい。
将来の個人的作品の価値は、それがどれだけ厚く民衆と交渉し得るかということで決定さ
れよう。民衆にも作り得るよい手本を示すことこそ、個人作家の新しい仕事である。
民衆に出来るようなものは平凡なものだと非難する人もあろう。又それは工藝の格を引
き下げることだと云い張る人もあろう。併し非凡なもの、異常なもの、稀有なもの、必ず
しも美しいとは限らない。否、大概の場合は癖が目立ち臭味が強く、変態なもの極端なも
の病的なものと結びつき易い。それはよい場合でも危険の多い道筋である。之に反し平凡
と云われるもの必ずしも平凡ではない。知的に無教育な職人の作が、直ちに凡俗だとは決

して云えない。否、古来の名器は大部分が職人の手で出来たのであって、寧ろ平凡な世界から生れている。若し非凡なもののみ美しいなら、民藝の如き平易な領域には、美しいものがない筈である。併し事実はそれを肯じない。渋味をもった器は、悉《ことごと》く云いたいほど民藝品の中に発見される。「大名物」の如き、平凡さから来る非凡さである。それが若し平凡な民藝品でなかったら、非凡な美しさを有つものとはならなかったであろう。

「平常心是道」と南泉禅師は云ったが、異常に見ゆるものは却って波乱葛藤の境地に止まり、未だ至らざるものと云ってよい。坦々たる大道は平凡に見えても本通りである。荊棘《いばら》の多い嶮道も一つの道ではある。併し最高の道でもなく又最後の道でもない。私は大道の美を遥かに讃えるものの一人である。

　誰も安全に往き来出来るその大通りを工藝のために見出したい。工藝に於けるかかる大通りが何であるかを示すことこそ、将来の個人作家の大きな任務である。道を見失った民衆には道しるべが必要である。作家達が自己一人に立てこもることは、工藝を向上させない。それは過ぎ去るべき態度に過ぎない。

　私がこのことを主張するのは、民藝の勃興が工藝にとって絶対的に必要なのを感じるからである。ひとり個人工藝が栄えても、一方民藝が栄えない限り、工藝の王国は来ない。今日民藝が凋落してきたのは、作家達の立場に社会的誤謬があるからである。作家と職人との分離は工藝の悲劇である。如何に職人と異るかが誇りである時代は過ぎ去るであろう。

何人も携わり難い作品への自負はやがて壊滅するであろう。之に反し将来は彼等の作品がどれだけ職人達に役立っているかによって注意されるであろう。彼等は指導者たる使命を負びるのである。誰にも出来ない作に腐心することではなく、誰にも出来得る美しい作を、指南することに彼等の使命があるのである。それ故彼等の作がどれだけ深く民藝に交渉し得るかが、評価の目標となるであろう。

個性の道も一つである。併し個性を越えた道は更に大きな仕事をする。彼は自らを救うのみならず他をも救うからである。否、他を救うことによって、最もよく自らを救うからである。個人作家は師表でなければならぬ。民衆は則るべきものを有たねばならぬ。作家は先駆者である。民衆は大成者である。この間に交渉なく調和なくば「工藝時代」は来ない。

それは道徳に於てと同じである。常に自己の作が人々によって真似されても差支えないように準備せねばならぬ。進んで又他からも真似し得るものでなければならない。この平明さより偉大な内容はないからである。それは万民の則るべき手本、則り得る手本でなければならぬ。併しそれは自己を下げる意味ではない。民衆を上げる力である。自己を深く掘らずばこのことは出来ない。之に反し他を排し自己のみを守る道は、自己を傷け他を害う道であるのを知らねばならぬ。

個人作家の使命はその新しい意義に於て最も重大である。

『新しき村』に就ての手紙

某兄——貴兄の御手紙によって此秋十月頃「新しき村」に就ての非難が、此同じ「大阪朝日」に数回連載された事を知りました。私はそれを読む機会を持ちませんでしたが御手紙の中に引用された言葉によって、それがほぼ如何なる性質の批評であったかを想像しています。私には明かに卑しい動機から書かれたと思うその批評の為に、貴兄迄多少同じ危惧を抱かれる様になった事を心残りに感じています。忌憚《きたん》なく申せば、貴兄の批評も、あの村の企てが畢竟《ひつきよう》夢想に過ぎぬと云うごく一般な見解に一致するのだと思われます。然《しか》もそれに加えてその通俗な記事の為に村の生活の状態をさえ危まれるのを貴兄の為に不幸な理解だと感じています。私は直接「村」の会員ではありませんが、敢て私の考えを御伝えして弁明の位置に立ちたく思います。

私は凡《すべ》ての人に向って此「新しき村」の事を想う毎に二つの事柄を信じ切ってほしく思います。一に「新しき村」の理想が人間の正当な希願だと云う事を信じきって被下い。次には此企てを始創した私の友達の人格をどこ迄も信じぬいて被下い。一言で申さばその仕事の性質も仕事をする彼も、人間の運命を輝かす為に今与えられていると云う事を信じて被下い。然もかかる信頼は決して欺かれる事のない信頼だと云う事と感じぬいて被下い。私はかかる信頼を貴兄に促す為に此手紙をお送りしたく思うのです。吾々は日々の生活によって此社会が夥《おびただ》しい矛盾に充ちている事を見せつけられています。今は凡てが物質の勢いに支配されて、心はその幸いや悦びを保ち難くさえなっています。注意は利己の事にのみ集中されて、人と人との隔たりは日に遠ざかって行く様です。互の補助に活きた時代は過ぎて、互の排斥が時の勢いを占めています、人は容易くその隣人に近づく事さえ出来なくなっています。此世は「目にて目、歯にて歯をつぐなう」事のみを知って、自らを他に結びつけようとはたえてしない様です、戦争は讃美せられ物質は愛着せられています。然し凡て心の希願は糧を産まぬものとして日に日に忘れられて行く様です、かくて様々な矛盾や苦痛がかかる勢いの裏を流れてゆきます。人情は虐げられ信念は薄らぎ、生活は冷かに送られています。然も之が矛盾である事を多く怪しむ者のない程に、今の世はその不自然さに慣れています。然しかかる勢いが、人間の心からの求めではないと云う事を貴兄も熟知せられる事と思っています、かかる反省が吾々の心をよぎるなら、吾々は今為さねばならぬ仕事に就ても明かな意識に移らねばならぬと思います。恐らく吾々は進歩しつつある物質文明そのものを呪う必要もなく、又時代を昔に返す運動にも加担する要はないでしょう。然しかかる文明を越えて人間本然の心の王国を再び樹立せねばならぬと云う事は、当然吾々に起り来る自覚であらねばならぬと信じています。争いよりも愛に人間の本性が内在すると信じ切る事を貴方は誤りと思われるでしょうか。平和が人間の真の求めであり、かつはかかる平和が戦いではなく互の愛によってのみ得られると言い切ることを貴方は躊躇せられるでしょうか、人と人とは互の情に活きる悦びを許されている筈でしょう。心と心とはもっと隔たりなく憎しみなく無心に近づく事を許されている筈でしょう。かかる自然な悦びを此世に現そうとして、茲《ここ》に今の生活を改めようと試みる者があったら、貴方はそれに敬念を払われる事を逡巡されるでしょうか。正しい生活の道を踏もうとして企てられた「新しい村」の性質に就て、貴方は尚も疑念を持たれるでしょうか。それが人と人とを内から結ぼうとする抑え得ない志によると知るなら、誰も衷心からかかる新しい生活に尊愛の心を抱くでしょう。人はとも角かかる生活を批評する前に此理想への十分な理解と敬念とがあっていい筈です。

然しよしかかる企てを理想としては愛するとも、此世に実行し難いと云う故を以て、貴方はその理想を棄てようとなさるだろうか。それは実現し得ない理想は無益な妄想に過ぎぬと云う論理に基いている。然し私は屢《しばしば》繰返される此常識を破る事にしかく困難を感じてはいない。私はかかる批評は嘗てその人が心に荘厳な使命を感じた事のない無経験から来るのだと思っています。真に人間の追い求める理想、心の内から湧き上る必然な理想とは、その実現に如何なる困難がある無いを問わず、正に持たねばならぬ規範的信念だと解していまず。真の理想とは吾々の取捨による所産ではない、正に無条件のものと為さねばならぬ所謂《いわゆる》「当為」'Sollen'の感だと信じています。又かかる意味がないものは理想に堪え得ない内容であると思っています。空想は吾々心の作為であるが、理想は神命であって吾々のことではありますまい。汝正しく愛をもて活きよとは吾々の声ではなく、無上なものの声だと私は信じている。理想は喚求であり命令であって、常に規範の内容をおびるものと云わねばなりますまい。貴方は之はどう解されるでしょうか。私は凡ての宗教的理想は悉《ことごと》くかかるものであると解している。人は'Utopia'「理想郷」と云う語を、只夢想郷の如く解していつも嘲《あざけ》るかの様に用いている。然し真の意味は、要求せられたる理想即ち深い実感に基くが故の理想であって、夢みるが如きものではあり得ないでしょう。私は「新しき村」が必ずやかかる意味の理想に基礎をおいている事を信じています。理想は神の招きであって、則ち最も切実な事実であって、決して架空な夢想ではないと云う事を明かに云いたいのです、貴方は理想と空想とが全然別個のものである事を意識せられないでしょうか。尚もそれを夢想と解して、宛ら邪道であるかの如く、又は屢危険であるかの如く思うのは、その人に嘗《かつ》て一度も宗教的感激がなかったと云う事の表白に過ぎぬと考えています。私は心から貴方が「新しき村」の理想に疑いを持ち得ない一人となる事を望んでいます。

然しかく云う時、貴方はよし理想の意味を認められても尚も其実行難に躊躇を抱かれるだろうと考えます。実行し難い事が直に空想である立証だと云われるかを危んでいます、然し私の見解によれば実行し難いと云う事は聊《いささ》かも其理想への傷にはなりません。今の不自然な勢いの世に於て、どこに実行し易い神の命があるでしょうか、寧《むし》ろ実行し難い事こそ、その内容に絶対の権威があると云うことを想わせる筈です。理想は自ら吾々に断乎として決意を促しています。若し困難と云う故を以て行為に最初から躊躇があるならば、その人は未だ真の理想を体験していないのだと私は解しています。真に理想に活きる人には行為への躊躇は聊かもあり得ないでしょう。理想と実行とはその本然な意味に於ては不二なものであると確く信じています、屢説かれた知行合一の教えにはかかる深い基礎があると思っています。空想には結びつく行いは無い筈です、況《いわ》んや命を献げしめる力はない筈です。然し理想は吾々の生命の全くを求めています。かかる理想に活きた人は屢自若として殉教の血をさえ流しています、かかる理想が此世で至難である為、神に活きた人々は此世では例外なく苦悶の限りを嘗めています。然しかかる困難はその人の理想の誤謬を意味するのでしょうか、又はそれが絶対の意味を持つと云う名誉を語るでしょうか。此世では実現し難いと云う事が、どうしてその理想への非難になり得るのですか、どこに実行し易い真理があるのですか、それが容易になった時はやがて世が光に照らされた時でしょう。暗い今の世は勇敢な人々に、実行し難い理想への密着を求めています。

私は此困難な理想の実現に既に歩を進めた「新しい村」の人々には二重の敬念を持って

いいと考えています。貴方は凡て批評家の思想や学識よりも、彼等の理想がより深い根柢に基いている事を信じていいでしょう。更に又批評家の安逸な言葉よりも、彼等の困難な実行により厚い誠心があり勇気があると信じていいでしょう。何の理由を以て貴方は此企てへの敬念を放棄せられるのですか。吾々は何等かの意味に於て当然「新しき村」の精神に活きる人であっていいと信じています。私は貴方が非難と同情との間に尚も迷われる意味を解し兼ねています。

然し私は考えとしての「新しき村」にのみ信頼を置くのではありません。それを始創した私の友達を信頼する二重の悦びを持っています。よし仕事の初期に於て様々な不幸な出来事に悩むにしても、彼はいつか人の心を一つに結びつけるでしょう。彼には十分な信念と、誠心があるのを私は信じています。彼は辛抱強く様々な障害を切りぬけるでしょう。彼にはそれだけの意志もあり又慧智もある事を私は知っています。最初の一年それは最も困難であるべき出発の年に於て、様々な苦闘がある事は誰も察し得る事柄でしょう。試みの時に起る出来事によって、意味なくも村の人々を誹る愚さと卑さとを私は笑い去る事が出来ます。かかる不幸があったとしても「新しき村」の意義に何の変異も起らず、又彼の信念に聊かの動揺も無いでしょう。之に反して私の友は一日と深く彼の理想を意識するにちがいありません。試練があるにつれて彼の意志は尚冴えるでしょう。凡ての抵抗を生長に移植するだけの力が彼にあることを私は信じています。

1920年宮崎県児湯郡「新しき村」にて　左から柳、武者小路

数日前私は彼から音信を受けました。彼は希望をもって新しい村での生活が、今は平和と勤勉とによって送られている事を書いています。私は此理想の永遠さを信じています。又彼を信じています。尚此村に就て疑いがあったら、彼に直接逢われる事をお勧めします、且つその前に彼の著書を繙《ひもと》かれたら必ずや何ごとかを貴兄の心に贈ると思います。彼が何故にこの企てに一身を献げる様になったかの自然な径路は、彼の著書の熟読によって自から貴兄に判明せられる事と思っています。此手紙が貴兄の眼に触れる頃は新しい年の始め頃と思います、遠くの地から貴兄に御喜びの心をお伝えしてここに筆を擱《お》きます。（十二月十七日夜、我孫子にて）

工藝の協団に関する一提案

この小篇が取扱おうとする主題は次の如くである。

○何故工藝のギルド Craft Guild が必要たるか。
○又ギルドを作る以上、何故工藝の村を建てる事が必然に感ぜられるか。
○又何故協団 Communion の生活が工藝家にとって、最良の生活様式と考えられるか。それ等の理由。
○そうして又かかるギルドが吾々によって組織されねばならぬと云う自覚に就て。
（注意）私が玆《ここ》に工藝と云うのは手工藝 Handi-craft の意であって、機械工藝の意ではない。

○吾々が今当面せるディレンマに就て

私達はもう知慧の実を喰べたのである。昔の人の様に無心でいるわけにゆかない。又時代も認識の時期に達した。

私達は知る事によって多くの新たな悦びを得ている。美を鑑賞し得ると云う事は恵みである。昔の人は今私達が企てている様な美術館を建てる事は出来なかったであろう。又そこに蒐集された作品に、私達ほど驚きと愛とを感ずる事は出来ないであろう。「美を味う悦び」、之は今の時代に特に与えられ許された恩寵であると云っていい。

だが私達は古作品を味うと同時に、新しく作ると云う任務をおびている。此問題に入る時、知識ある私達は、明かなディレンマに当面する。

㈠ 私達は美を知って後作り、

㈡ 又個人的作家として作る。

だが此二つのまがいもない事実は、正しき古作品の性質と矛盾する。

㈠ 彼等は美を知って後作られたものではない。

㈡ 彼等は個人の作ではなく、民衆的作品である。

それなら私達は私達の知識をどう処置したらよいか、又個人的位置をどう考えたらよいか。中世の宗教書「テオロギア・ゲルマニカ」は次の様に教えた。

「信ずる前に、知ろうとする意志を働かす者は、神に関する完き知慧を得る事は出来ぬ」と。

此言葉の中には動かす事の出来ない精神上の法則がある。然《しか》るに之に反して私達は多かれ少かれ主理主義 Rationalism に陥っている。知ると云う働きが凡てのものの先に立つ。だが古作品は無心に生れた。実際過去の優れた工藝品は却って雑器として取扱われているものの中に発見される。それ等は粗末な実用品であって、美術的意識から作為せられたものではない。あの茶人に認められた茶入も茶碗も、嘗《かつ》ては雑器であって下手《げて》ものに過ぎない。今日もてはやされる宋窯とてもそうである。青磁もそうであり、多くの李朝物もそうである。皆多量製産のものであって、勝手道具であり普段づかいである。又一地方の一時代の民衆的作品であった。

然るに古作品中、個人の少量製作に成るものはどうか。大概在名のものは上手《じょうて》に属し、弱くなり、且つ作為が甚だ著しくなる。あの偉大な光悦の、偉大な「鷹ガ峰」の茶碗は、個人的作品中最もいいものの一つであろうが、朝鮮の「井戸」の茶碗等に比べると、どうしても勝ちみがない。あの一へらの削りや手作りの高台には、強さはあるが尚作為が残る。個人的作者で美意識を多量に有つ代表者は木米《もくべい》である。併《しか》し木米の賢明も下手《げて》の前には愚に見える。かりに世界の工藝品中から、最も卓越したものを百個選ぶとする。そうしたらその凡てが無名の作であるのに気附くであろう。個人的作品は知識と少量生産との禍いから、甚しい制限をうける。丁度今の神学者の知識が、その信仰に禍いを及ぼしているのと同じである。

扨《さて》、若《も》し此事実が否定出来ないとすると、個人的作家である吾々は、どう此事を考えたらよいか。此矛盾を切りぬける事が出来るかどうか。

昔の様な意味の無心な民藝は、今日の社会制度が一変しない限り、もう二度とは起らないであろう。それに目覚めたものは皆知識の実を喰べて了《しま》ったのである。それならどうしたら意識的な吾々が、正しい工藝を産む事が出来るか。此難問題に解答を与えようとするのが、今度のギルド Guild（組合）の生活である。

○試みんとするギルドに就て

扨、以上の問題をもう一度次の様に約言しよう。

「如何にして知識的な個人的作者たる吾々が、あの古作品に見らるる様な、自然な無心な美を産む事が出来るか」。

どうしても出来ないと云い切って了っていいか。そこには救の声がもう聞えないであろうか。私は希望を棄てない一人である。若し希望がないとすると、将来に於ける工藝の意義を、消極的価値に止めねばならぬと云う自殺すべき結論に達するであろう。

私は希望ある解答を次の三つの道に見出そうとするのである。或は三つの段階と云う方がよいかも知れない。そうして是等の三段を経由する事によって、始めて真の工藝道に達する事が出来ると信ずるのである。

一　修行 Discipline　　自力道

或は之を内省と信仰と生活とに数える事も出来よう。私はそれぞれの意味を簡明に解説せねばならぬ。

一　修行

二　帰依 Surrender　他力道

三　協団 Communion　相愛道

修行。修行と云うのは「我れ」の訓練である。自覚であり内省である。知るとは何か、何を知るべきか、知る我れとは何か、そこに熟慮と洞察とがなければならぬ。私達は知識を否定して進むべきではない。認識の時代であるから、此認識力を活かす道をとらねばならぬ。従って吾々に課せられた修行の荷は古人のよりも重い。美とは何か、正しき美は何を示すか、又どうして正しき美が生れたか、美を見る眼をどう養ったらよいか、吾々は何を作り如何に作るべきであるか、吾々の使命は何か、それを果す準備が出来ているかどうか、どれだけ工藝の意義を捕えているか。私達は当然是等の事を反省し、それを深める様に修行を怠ってはならぬ。理解と自覚、之が吾々の第一歩である。之は思想的苦行精進である。そうしてあの幾多の偉大な東洋の思索者が説いた様に、吾々の内省はあの「玄」の世界、「無」の世界迄深められねばならぬ。之を自力的な修行とも呼び得よう。

帰依。併し自力だけでは駄目である。転じて他力に至る必要がある。自覚にはまだ「我れ」が残る。進んで自我を放棄せねばならぬ。凡てを自分で為し得ると思うのは錯誤である。自己の放棄は自己への否定ではなく、開放である。此捨身が帰依の意である。丁度宗教の思索が神への奉仕に転ずるのと同じである。吾々は自分の力だけで、正しいものを築き上げる事は出来ない。どうしてもそこには自然の加護がなければならない。此加護は自然に仕える事によってのみ与えられる。出家の心は一切を仏に委ねる意である。同じ様に私達は自然に身を任せるべきではないか。自己に執着すれば、それだけ作為が残る。美しい古作品は、自然に忠順であった。どこにも自己への執着がない。現れている国民性や地方性は血液から来たので、個性の主張から来たのではない。従ってそこには必然さがある。「自然さ」と「美しさ」とは同意義だと云える。工藝の美は自然が与えるよき材料からくる。そうしてその材料から必然に或形や模様が要求される。美しい作には無理な所がない。自然への帰依が美の保証である。帰依は自我の主張ではないから、凡夫《ぼんぷ》にも許された道である。易行道である。他力道である。若し此道が許されていなかったら、救いは遠いであろう。

協団。協団と云うのは協力の団結、相互補助の生活である。組織より云えば団体 Corporation であり組合 Guild である。何故かかる協団が必要であるか。此点が重大である。私達は自己の修行や、自然への帰依だけでは足りない。それは生活に迄進まねばならぬ。その生活様式の中で一番必然であり鞏固《きょうこ》であり且つ深いものは協団である。再び宗教に之を例えるのが一番明瞭であろう。昔、求道者は、世捨人となり隠者となり、社会を離れて独り道を修めた。併し個人的努力は難多く弊多く力足らず目的に達する事が甚だ少ない。

隠者は遂に集って協力的修行に移った。かかる団体的修道者の集りを修道院 Monastery と名づけた。又凡ての信徒が寺院を要求し教会を要求し、そこに信仰の結合を見るも同じである。人々は之によって個人的生活が陥る独断から逃れ、意識の超過に禍わされず、宗教の雰囲気に入った。そうして力を協せる事によって信念を強め、生活を浄めた。私は之に類する生活様式が、将来の工藝を救う道であると云う事を疑う事が出来ない。

此真理を又別の一角から眺めよう。

実際よき工藝が生れし時代は、皆ギルドの組織に現われている。外国で云えば中世、日本で云えば明治初年の頃迄、何れもそうである。美しさが衰えたのは、ギルドの組織が破れて、資本製作に移ってからである。最も健全な工藝は民衆のかかる団体的製作であった。私は工藝そのものの性質が此協団を本質的に要求していると信じる。美も民衆的であり、作の分業的過程も協力を要し、作らるる物も民衆の用品であり、数も亦多量である。工藝は之を民主的藝術 Democratic Art とも協団的藝術 Communal Art とも呼び得よう。過去の歴史にかんがみても、個人的生活から出た個人的作は疾病が甚だ多い。主我に溺れ作為に傾く。真の工藝は個人的藝術 Individual Art ではない。それ故現代の様に数人の目覚めた個性によって、工藝が起ってくる場合、それ等の作者が一団となり、協団に移って進むなら、個人的弊害から離脱する道が開けはしまいか。人は自己を主張すればする程、却って拘束を受ける。自己の離脱のみが、自由な自己の獲得である。従って協団は個性への否定ではない。ギルドは互の敬念によってのみ成立する。中世時代の協団は相愛が原則であって、個人の自由と平等とを之によって守護した。

私は更に又別の一面から、此協団の必然なるを説く事が出来よう。過去に於て諸々の工藝はよき歩調を以て並行して進んだ。その瓦壊は近代の事に属する。今の工藝を見れば何等美の方向に統一がなく連絡がない。此放縦と分離とは工藝にとって一大障害である。よき器物には、それに似合う机や、敷物や建物がなければならぬ。一言で云えば工藝には美術と異り綜合的発展がなければならぬ。それにはギルドを組織し、互に結合し統一するより他に、よりよき道はない。私達は互に補佐し敬愛し鼓舞して進もうではないか。奉仕の生活は協団によってのみ完くされる。

扨、若し此雰囲気が出来るならば、嘗て美を意識した私達は、美を生活に迄とり入れ、美に交り、遂に美を忘れる域に迄達するであろう。その時は雑念に煩わされる事もなく、批評に迷う事もないであろう。私達が互に信じ互に結ばり、そうして自然に一切を任せている限り、篤い信仰と不動な安心とをもって、仕事に専念精進する事が出来る。そうして個人的作者が常に陥るあの焦慮と作為とから、全く脱し得るであろう。

そうして此協団が私達に素朴な生活と、正しき経済的発展とを保証すると云う事を一言書き添えたい。私は此組合組織と工藝との不可分離な関係を美の問題から近づいて行ったのであるが、此道が経済的生活の最も健全な様式となると云う事は、ギルド社会主義者の強く主張する所である。彼等が云う様に之は現代の資本主義と機械主義との大なる魔手から安全に脱れしめ、人類に幸福を将来する所以となるであろう。

まして協団は全き奉仕の生活である。そこには謙譲の徳が呼ばれ質素の生活が要求される。自己を投げ出し、大なる世界に一致せんとする生活である。それは正しさへの奉仕であり、同時に美への奉仕であり、仕事への奉仕であり、隣人への奉仕であり、社会への奉仕である。之を健康なる生活と呼び得ないであろうか。

協団であるからには、一つの村に形づくられるのが一層必然であろう。之によって更に深く相愛の実を挙げる事が出来る。それは理解と相愛とによって、結合せられた一個の自治体になる。(もとより事情により性格により、一村に共同して生活する事に困難を感じる人もあろう。その場合は固き信念の結合によって、組合の一人として其精神と規定とを遵奉してもらえばよいと思う)。

正しき作は正しき生活様式からのみ来ると云うのが、私の信念である。

○此ギルドが何故私達によって始められねばならぬか。其理由。

○又私達をおいて此ギルドに必然な出発を与えるものは他にないと云う自覚に就て。

ギルドは一つの組合であるから、もとより団体生活である。併し単なる集合は真の協団とはならない、又如何なる協団も工藝に適すると云う事は出来ない。そこには互を結合させる共通の信仰がなければならない。又次にかかる共通のものがあっても、かりに其信仰の標準が誤っていたら、何の役にも立たない。それ故此団体は正しき工藝美への、共通の信仰を有ったものでなければならない。此点は昔のギルドとは異る。昔のは美への共通な信仰に於て結合したのではなく、時代がかかる経済的結合を要求したのである。中世紀で云うならば、之にキリスト教の信仰が結合を一層堅固ならしめた事は云う迄もない。それ故昔のは信仰的併びに経済的結合である。然るに既に美を意識して了った私達には、正しき美への共通の信仰が本質的な結合の要素とならねばならない、のみならず社会の経済的安定の確立だけでは、美を保証する事は出来ない。何故なら既に美意識を有つ現代人は、誤った意識によって美を殺すに至る恐れが充分にあるからである。今のギルド社会主義者は、経済的併びに道徳的結合のみを説くが、それだけでは不充分である。彼等の生産から、すぐに美しき作を期待する事は出来ない。機械工業より転じて手工藝に入ると云っても、凡ての手工藝が美しいわけではない。手工藝だから皆美しいとは云えない。昔の様に美意識に禍わされない時代には、経済的併びに道徳的結合のみで、美しき作は出来たであろう。併し先にも書いた様に、工藝の美を殺す原因は、工業主義のほかに、主理主義が主要な禍いとなっているのである。私の考えでは美に対する正しい理解の結合がなければ、いくら手工藝が栄えても美の堕落は直らない。否醜い手工藝も同時に激増するであろう。

私達は長らくの教養により、互の思想の交りにより、又久しき経験により、遂に私達の美に対する直観を信じてよい時に来たのである。孔子は四十にして「不レ惑」と云ったが、お互に此年齢に近づいている私達は、今直観に於てもう惑わざる域に達したのである。そうして正しき工藝の美は、雑器のうちに最も顕著に見られると云う事に於て、全く見解が共通である。却って下手《げて》と蔑まれるそれ等のものに、何故美が最も豊に宿るか、又その美が何を私達に語っているか、それ等の事に対して私達の理解は皆一致する。之によって工藝の美の標準を規定する事が出来た。私達の此見方が単に独断的なものでないと云う事は、幸にも初代の茶人達が加担してくれている。雑器の美、下手《げて》ものの美を最初に認めたのは、それ等の人々であった。かかる意味で別に歴史的関係はないが、それ等の人々を私達の先駆者と呼ぶ悦びを有ちたい。(私は此事実を後で気附いたのであって、見方を初代の茶人に負うたわけではない。否、へたに茶人に負うたら、今の茶人の様に、何一つ正しい美が分らなくなったであろう)。

私達の今試みつつある「日本民藝美術館」、又嘗《かつ》て京城に設けた「朝鮮民族美術館」の二つは、私達の理解せる正しき美の標準の具体的提示となるであろう。

嘗てモリスは同じ様な運動を起した。実際彼の意志に共通な幾多のものを私達は感じている。だがどうして彼は失敗したか。その原因は幾多あるであろうが、本質的な致命的な原因は、彼が正しき工藝の美を知らなかったのだと云う事に帰着する。彼自らが試み、彼が他人にも勧めたのは工藝ではなく美術であった。云わば美意識に禍わされた工藝である。私達が脱却せねばならぬと思うそのものを、彼は試みようとしたのである。「ラファエル前派」とは称しているが、まだ充分にゴシックに帰ってはいない。之はその派に属する人々が、主に美術家であって、工藝家ではなかったからであろう。残された彼の作を見れば、彼が工藝の本質的な美を見失っていたと云う事を看過する事が出来ない。之が彼のギルドの失敗の主因である。

扨、正しき美への理解を共通に有つ幾人かの個人が、同一時代に、同一の国に、ほぼ同一の年輩に、而も親しき友人として群出すると云う事は、誰も歴史上に予期する事は出来ない。然るに此驚く可き幸が、今吾々の間に与えられていると云う事に対して、盲目であっていいであろうか。

私はかかる恩寵は歴史に二度と繰り返えらないものだとさえ考えている。工藝の美に対する最も深い理解者は、歴史上日本人であったと云う誇りを忘れる事が出来ない。我国に於てほど器《うつわ》がその美に於て尊ばれた例は他にないであろう。私達は伝統的血液を受けているのである。私達は、私達の有つ、共通な美の理解に潜む驚くべき使命に対して、今遠慮すべきであろうか。若し私達が結合して進まずば、誰か此大業を成し得るであろう。

今民藝美術館を企てるに至って、又その仕事が進捗するにつれて、私は一層工藝のギルドが実現せらるべきだと云う信念を強めている。ギルドがかかる工藝の美術館と結合する事は理想的ではないか。美術館を建設するなら、そこを中心に協団の場所を計画すべきである。古作品は、私達に、取るべき方向、踏むべき道を、日々示してくれるであろう。そうして此伝統こそは、将来何が正しい創作であるかを暗示するであろう。工藝に於て創作は、過去への反逆でもなく絶縁でもない。よき伝統のよき継承とよき発展とが真の創作である。何故なら、伝統とは「過去のもの」と云う意味ではなく、そこには人間が長い歴史中に築き上げた本質的な美の、客観的表現があるからである。そうして私達はその本質的な美のみは継承して行かなければならないからである。

のみならず私達の一群が、只作家ばかりでなく、種々な人々を含むと云う事は、此ギルドの組織を一層徹底せしめ、完全ならしめる所以となるであろう。作家のほかに之を思想として大成する人があっていい。又研究の道より工藝の歴史を探求する者があっていい。今や史料は積《かさ》なり技術家は揃い、思索者は集る。此団体から何か力が出ないであろうか。今日迄の学者は直観の体験に疎く、今日迄の作者は思想の内省に乏しい。然るに吾々の間に於ては、是等の二相よく補い、互に互を助けて、更に深い世界に入る事が出来る。此恩寵を空しくしていいであろうか。天が与うるものを受けずして、何を受けようとするのであるか。

私達のギルドが畢竟小さな協団に過ぎぬと評するであろうか、そうして国家的ギルドの理想からは遠いと云うであろうか。併し波紋は一点の中心から起る。私達の企てようとするのは本質的な出発そのものである。如何なる人がギルドの世界的結合を即時になし得よう。歪められた工藝の道を、本道に導き、そこに目標を建て得るなら、続く人々は道を見失わずにすむであろう。大成は来る可き人々への贈物である。発端のみが吾々の現世に於て成し得る悦ばしい重大な任務である。

凡ては吾々の為に準備せられた。只残るものは、為さんとする意志のみである。

昭和二年二月三日

於洛東神楽岡

柳　宗　悦

私は此小篇を親しい少数の友に送る為に起草したのである。ここに現われた思想が、多くそれ等の友に負うている事を深く感謝したい。そうして之が長い交友の、よき記念となる事を望む。若し思い誤りや、不明な個所を見出されたら遠慮なく指摘して欲しい。私は其厚誼によって私の思想を更に深めたい。

「たくみ」の開店に就て

私は嘗《かつ》てキリアム・モリスが、なぜ店を持つ様な世俗的な仕事までしなければならなかったかを訝った事がある。併《しか》し今日ではそれが彼の仕事の有機的な一部で、必然的な発展なのだと云う事を私自身で味う様になった。尤《もっと》も私は此「たくみ」と別に経済的関係はない。只私達の仕事が此店のお蔭で一歩具体化され、此店も亦私達の存在で実際化されるに至り、相互に友誼的な交渉があるわけである。此店の先駆として同じ様な性質の「水沢」があり又「港屋」がある。双方とも縁故はあるが、世間の噂とは全く違って、是等の店を開く相談を受けた時、まっ先に反対したのは私である。それは経済的に冒険であるし、思想的理解だけでは用意に無理があると思えたからである。商売は俗事に縁多く、学者や趣味家が携わるのは危険である。併し私の忠告はまに合わず既に店は開かれて了《しま》った。それで後は友達として出来るだけ助け、少しでも危険を少なくするより仕方なかった。私はそれ等の企てをやり出した友達の純な気持ちには今でも打たれる。併し心配した如く「水沢」は永く続かず、「港屋」は寧《むし》ろ骨董商の方に進むようになった。それで正しい新作の工藝品だけを取り扱ってゆく希望は、依然として未来に属して了った。然《しか》るに一方各地で見出される埋もれた民藝品の数は加わり、而《しか》も新たに吾々で計画した新作物が此二、三年で急速に進歩し発展し、捌け口の必要が迫った。内から湧き上る泉は、外に溢れ出ないわけにゆかない。若し是等の新作を取り扱う店が無ければ、切角の仕事は杜絶するより仕方がない、その要求から地方的に必然に生れたのが鳥取市の「たくみ」であって、全く吉田璋也君及びその親友たちの熱心な努力による。然るに三度目の此冒険は幸い山本龍蔵翁や山本鉄太郎氏の如き理財にたけた人の援助があって、人間の少ない田舎の都市に於てすら黒字を出すに至った。まだ小範囲ではあっても此仕事がその地方の農村をどれだけ潤おしたかしれない。併し仕事は当然拡大されねばならない。製作は鳥取地方だけではないのである。

私達は今日迄何が正しい作物なのか、何処に正しい作物が在るか、どうしたら正しい品物を新たに産む事が出来るか、是等三つの事に努力を集中し、雑誌「工藝」をその機関として発行した。幸いにも凡ては順調に運び、最後に残った問題は、生れてくる品物をどうして社会に届けるかの方法であった。さし当り唯一の簡便なやり方は店舗を有つ事にある。私は之がなければ仕事の実際化が来ないのを知るに至った。実は消費組合と結合する事が更に望ましいのであるが、此理想はすぐには実現出来ない。それで所も東京の、場所も中央に近い所に綜合的な店舗を有つ事が一番必然であり、当然であると考えるに至った。併し私は経済的経験に乏しく此仕事を自身でやるべきではないのを知っている。何か一つの組織に於て此事を可能にしなければならない。私の友達は皆同様に此考えに賛意を表してくれた。私は此話を具体化する為に布哇《ハワイ》より帰るやすぐ転々旅を続け各地の友達に事を計った。その結果仕事が順調にある鳥取市の「たくみ」が延長されて、東京に店を有つ様になるのが一番必然だと思えた。私はまもなく「たくみ」から進んで仕事の申込をうけた。かくして三ヶ月の後遂に事が決し、西銀座街に十二月十六日を卜して開店するに至ったのである。

それ故此店は日本全国の工藝品を取り扱う店なのである。ここには各地の各種のものが寄り集ってくる。併し私達は漫然と品物を寄せるのではなく、吾々が信じて正しいと思うもののみを集め、品物に統制をつける筈である。さもなければ社会的に正しい仕事にならない。標準が曖昧になり誤った物まで売る様では、一つの罪を社会に行っているに等しい。私達は出来るだけ此点を慎みたいと思っている。もとより仕事は途上にあって理想には遠く、品物に多少の出来不出来は免れないが、併し巷間に売る一般の品物に比しては既に段違いにいい、而も九割九分迄他店にない品物である。吾々は品物に対し道徳的責任を益々強くし品質の高上を計りたいと考えている。さもないと店自身に生長がなくなる。

工藝の運動も色々あろうが、要するに此世を健全な美しさに高めるのが大眼目である。それが為には却って手近に各家庭に出来るだけ正しい実用品を広く入れる事が大切である。

此事への橋渡しをするのが此店の任務である。それ故売れる品に標準をおくより、正しい品に目標をおいて進みたい。そうして正しい品こそ売れてよく、又結局はかかるものこそ一番売れるのだと云う信念で貫きたいと思っている。夢を見ていると云われるかも知れぬが、さもないと吾々としては仕事にならない。幸いにも「たくみ」の経済的方面は水谷、森等の諸兄や両山本氏等の監督による精確な計数的整理があるから仕事は存外安定に進むに違いない。此仕事は全く信じ合う友達の協力の所産である。かくして互に長所を負担し欠点を補足し合って進めば何か大きなものが生れるであろう。私達は希望を以て仕事を始め出したのである。商売と云うよりも一種の社会的運動であるから、種々困難を伴うと思うが、無理をせず賢明に前途の見透しをつけて進めば、仕事は必ずや実を結ぶ事と思う。結局凡ての人から信頼されていい店としたいのが念願である。此事が果せれば既に社会への貢献は大きい。吾々は人類の為に正しい仕事がしたいのである。それ以外に目的はない。

解説　「正しさ」「自然さ」と神の意志

中見真理

柳の生涯を見渡した時、その活動の広がりとともに、多種多様な人物との関係を長期にわたって保ち続ける力に誰しもが驚かずにはおれない。民芸運動ひとつをとってみても、綺羅星のような人材を抱えながら運動を展開し成功させている。しかも柳の交友範囲は、国境・民族・身分をこえ、英米はもちろん、当時の帝国日本の周縁に置かれていた朝鮮、台湾、沖縄、アイヌの人々や、名もなき職人たちにも及んでいる。

柳はなぜこれほど多様な人々とのつながりを長きにわたって持続させ、次々と実り豊かな活動を展開し続けることが出来たのだろうか。本書収録の文章からは、神の意志としての「正しさ」と「自然さ」を重視する柳の姿が浮かび上がってくる。このことが謎を解明する何らかの手掛かりとなるだろうか？

柳は学習院に十五年間学んでおり、そこで英語教師の神田乃武・鈴木大拙、ドイツ語教師の西田幾多郎、歴史の教師の白鳥庫吉等々、錚々たる教師に師事している。この時代に巡り合った教師のなかで、後に「かけがえのない人」と表現される鈴木大拙とならんで、その後の柳の思想と行動を決定づける意味で重要性を持ったのは、服部他之助という中等科時代の英語教師であった。柳は、植物学者でありエマソンの愛読者でもあったこの服部に最も親しみを抱いていたようである。毎年のように服部とともに赤城山を訪れ、そこで自然界の美を見る目を養っている。柳は「自然に優る美はない」という美意識を生涯持ち続けるが、その出発点には、自然の神秘に目を見開かせてくれた服部との出会いがあった。同時に柳は、読書を通じて、「自然は常に完全である」、「一切のものは自然の裡に含まれている」という考えをロダンから学んでいる。この自然観は、一枝の花、一粒の砂にも不可思議を見出し、荘厳さを感じ取るブレークを研究主題に選ぶことによってさらに強化されてゆく。

この結果柳は、「自然」ないしは「自然さ」というものをきわめて重視してゆくこととなるのである。

一方、後に白樺派を結成することとなる武者小路実篤や志賀直哉等の仲間との交友からは、所属組織内での評判の善し悪しに左右されず、わが道を行く姿勢が育まれていった。学習院院長の乃木希典を反発とからかいの対象にしていた彼らは、学習院内では決して評判が良くはなかった。所属組織のなかでの評判を気にせず、組織に埋没しないこのような態度からは、身近な世俗的権威にとらわれず真の「正しさ」を追求する姿勢が養われていった。さらにトルストイを読んだことから、柳は、「正しさ」というものが、当時絶対とされていた国家の提供する価値基準をもこえ得ることを学んでゆく。柳の生きた時代の国家は、多くの人にとって圧倒的な力を持っていた。しかし同時代を生きながら、トルストイという一個人の信念は、国家を屈服させる力を持ったのである。

「正しさ」と「自然さ」を求める心は、白樺の活動を通じて交遊の深まったリーチとの対話のなかでも重んじられてゆく。本書に収録されているリーチに宛てられた手紙(まるで論文のようである)は、柳が、得意な英語を駆使しながら、リーチとの間にいかにレヴェルの高い知的交流をはかっていたかを示している。さらにここには以後変わることのない柳の思想の骨格が鮮明に現れている。例えば多様性と合一をめぐる思索が展開され、多様性に「一」を可能にするものとして神秘主義が見出されている。また天国にいる遠い存在としての神ではなく、この世に遍在する神のとらえ方に共感が示されている。真実は一つで、世界は複数であること、禅に出会い、日本文化への意識を高めていること等についても記されている。しかし注目したいのは、この手紙のなかで、友とともに神の意志に適った道を歩もうとする柳の決意が語られ、「正しく」「自然なもの」が重要であると述べられている点である。

柳は、すでにトルストイの平和活動に「正しい偉大なものを慕う人間の求め」を見出していたが、「正しい」信念を追求すべきとする姿勢は、武者小路の新しき村への共感としても表現されている。友への絶対的信頼を表現した『「新しき村」に就ての手紙』は、本書に収録された文章のなかでも最も感動的である。柳は、次の二つのことを信じ切って欲しいと述べている。ひとつは、新しき村が、「正しい生活の道」を目指して計画され、「人と人とを内から結ぼうとする抑え得ない志」から生まれた「人間の正当な希願」だということ。もうひとつは、それを始創した友への信頼（彼には十分な信念、誠心、意志、智慧がある）である。そして、理想と空想を区別し、理想への確信を持つことが重要だと説き、新しき村を夢想だとする批判に対し、次のように力強く弁明している。空想は我々の心の作為であるが、「理想は神命」であり、真の理想とは、我々が取捨することの出来ない「神の招き」である。「神に活きた人々はこの世では例外なく苦悶の限りをなめて」いるが、たとえ厳しい道であったとしても、「理想」は実行されてゆかねばならない。

柳は一九一四年に、「思想家としてのブレーク」のなかで、「吾々の思想、吾々の事業はそれ自身神の意志にそうものでなければならない」と説いていた。そして後に発表する「宗教哲学の再建」において示されるように、その後の柳は、さまざまな主義主張にとらわれることなく、神の立場を唯一絶対とする方向へと思索を深めつつあった。

このような観点が、国家の価値観をこえる視座とともに、柳の朝鮮での活動となって展開されてゆくのである。柳は、三・一独立運動後に朝鮮と深くかかわることになった時に、「何ものか見知らぬ力が私を呼ぶように思う」と述べている。「あり得べからざる出来ごと」に直面し「自由な空気」を奪われた朝鮮の人々の心持ちを察する時、心の平和は乱され、柳は、彼らの苦しみを自己の苦しみとして受け、「黙してはいられない」心境となった。柳の朝鮮に関する果敢な行動の背後には、疑いもなく神の意志が働いていたのである。

柳にとって、日本と朝鮮の関係は、「自然」な人情から離れた状態を示すものであった。「朝鮮の友に贈る書」のなかで、柳は、次のように述べている。日本の不完全な行いのために苦しむ民がいることは恥辱である。その罪を朝鮮の方々に謝したい。神に向かっても「その罪の許しを乞わないではいられない」。日本がいつか正当な人倫に立つ国になることを信じたい。自然に反するものが淘汰されるのは「この世の固い理法」である。二つの国の間の不自然な関係が正されるよう切に願っている。人間の道に背く政治は永続しない。どのような力も「神意」にそむくことは出来ない。殺し合うことは「最も不自然」な行いであり、「真の愛や平和を求める心」は、「自然の意志」によって甦る。いかに寒くても草がいつしか地面から萌え出るように、必ずや「正しい道」が最後の勝利者となり、「自然の美しい意志」が満たされることを信じて疑わない。

この文章を発表した頃から、柳のもとには、日本に滞在していた朝鮮人留学生たちが訪ねてくるようになり、彼らを中心として結成された「廃墟」同人や、朝鮮YMCA、東亞日報関係者等との民族をこえた交流が広がり深まっていった。そこから、光化門破壊反対や、朝鮮在住の浅川伯教・巧兄弟の協力も得て、朝鮮民族美術館の開設へと活動が進展している。

一方、朝鮮での活動を展開するなかで、柳は、民芸という発想を獲得するに至る。一九二四年一月の木喰仏の発見ともあいまって、それはそれまで主に宗教哲学者として知られていた柳に、民芸運動という新たな活動の場を与えてゆく。「上人発見の縁起に就て」には、柳が「不思議な因縁に導かれて」上人を発見するに至った過程と、そこから当初予想もしていなかった活動の広がりがもたらされる様子が活き活きと描かれている。柳はその後も数々のモノを発見し、ヒトを発掘することとなるが、この文章は、「出会い」がもたらされるためには、それなりの準備が必要であることも教えている。柳が、幸運にも木喰仏を発見した背景には、真の美を認識する力を得る努力をしていたこと、民衆的作品に引かれるようになっていたこと、宗教と芸術が結びついた世界に関心を抱いていたことの、三つの準備があったのである。柳は、とくに木喰仏が、「自然の中から湧き上がる作為なき」作品であることに心惹かれ、木喰上人に招かれるようにして、他の一切の仕事を放棄し、一年間を全く上人の調査研究に費やすこととなった。上人の遺した「御宿帳」を見ながら場所を想定し、佐渡、遠州、日向、長州等の片田舎を訪ね、滞留場所を探し、上人の足跡を明らかにしながらの仏像発見の旅は、困難の連続であったが、研究は当初の予想をこえて限りなく広がり、大きな実りをもたらしていった。柳は、研究成就の陰には「各地の未知の友」の存在があり、彼らによって「仕事が鼓舞せられ且つ進歩された」と語っている。この時地方を訪ね、未知の友の協力を得ながら調査研究活動を展開した経験は、その後日本各地における民芸品発掘の旅に際しても活かされてゆくこととなる。

民芸運動のなかで柳が心がけていたことは、美しい品物を出来るだけ見出すとともに、個人作家たちそれぞれの個性を正しく見抜き、各人の性質にとって自然な道を探りあて示してゆくことであった。富本憲吉、濱田庄司、河井寛次郎、芹澤銈介、棟方志功という作家たちについて書かれた文章は、柳が、それぞれの個性をいかに的確に把握し、各人の資質が発揮されるために適した方法を考えていたかを示している。

個人の適性を見極めるという点に関して、本書収録の文章には述べられていないが、柳が、リーチに陶芸家としての資質を見出し、彼を陶芸家に導いたことを思い起こしておきたい。柳は、何をなすべきかに悩み日本を離れていたリーチを北京に訪ね、陶芸家としての道を歩むようすすめ、我孫子の自宅の庭に窯を設けて陶芸に没頭させたのである。

柳が他者に向き合うときの基準となったのは、何がその人にとって「正しく」「自然」であるかを見極めることであり、それは神の意志をその人のなかに読み取ることに他ならなかった。柳は、ブレークと同様に、すべての人のなかに、無限の神が潜んでいるとみており、他者に対して自己を「寂滅」させることによって、他者に働く神の意志を知ることが重要だと考えていた。同時に盃が容量以上のものを保つことが不可能であるように、「人間の心は神からの賜物を超えることは出来ない」とも認識していた。従って神から与えられた使命を正しく探り当て、それぞれの資質を活かしてゆくことが大切だと受けとめていたのである。

ここに取り上げられている作家たちは、いずれも世俗的名誉を追うことなく、それぞれにとっての「自然」を生かしながら、美の大道を歩み、「正しい」仕事をした結果、名をなすこととなった人々であった。

柳は、民芸運動のなかで、良い素質を持ちながら不運によって埋もれている作家、正直な道を歩んでいるために受け容れられていない作家たちを出来るだけ見出してゆきたいと述べている。「仕事に正しく身をささげる限り運命は決して何人をも棄てない」とも確信していた。

このように柳は、価値を有するにもかかわらず、社会から見出されず正当な評価が与えられていないもの（ヒト・モノ）を埋没状態から引き上げ、世に送り出すことに喜びを感じていた。朝鮮における活動においても、同様であった。柳は、当時蔑まれていた朝鮮の文化のなかに、埋もれた価値あるものを見出し、それを世に知らしめようとしたのであった。そのような観点は、一九一九年に書かれた「ホイットマンとエマソン」という文章のなかにもみることが出来る。柳は、無名のホイットマンが『草の葉』を出版した際に、誰ひとり評価しなかった(むしろ酷評されていた)なかで、高名なエマソンがホイットマンの才能を高く評価したことについて述べ、エマソンの手紙が若い無名のホイットマンにどれほどの喜びや、慰め、望みを与えたことかと書いている。

柳が二十代半ばに心血を注ぎ込んだ研究対象のブレークも、彼の生きた時代には埋没した存在であり、柳の時代においてすら正当に評価されていなかった。しかし柳によれば、彼が時代によって見出されるのは「自然の意志」であるはずだった。

後に柳が一遍上人について書くことになるのも、念仏門のなかで、法然や親鸞に比べ、社会から忘れられがちになっていた一遍が、正当に評価されるよう願った結果であった。柳は、六字の名号以外を捨て切り、「名号只一つ」を残すことで、念仏門を「究竟の頂きにまで高め」、「浄土門の最後の仕上げをした」人物として一遍を高く評価し、いつかは時宗の「宗旨の深さ」が認められる日がくると確信していたのである。

このような観点は、名もない職人たちにも温かい眼差しを向けることにつながっている。「思い出す職人」は、優れた正しい仕事をしながら、世に知られることなく亡くなっていった二人の地方の職人――五徳等の優品を生み出していた伊勢谷運吉という秋田の鍛冶屋と、酒田で正しい手法により船簞笥用の美しい金具を作っていた白崎孫八という鍛冶屋――を取り上げ、彼らが永久に闇に葬られることのないようにとの思いを込めて書かれた献辞である。

しかし柳が重んじたのは、あくまで「正しい」仕事をする作家であり職人であった。世俗的名誉を追う俗人は、そこからは排除されている。「「たくみ」の開店に就て」でも、正しい品こそ売れるのだという信念が示され、儲けるためではなく、「人類のために正しい仕事」をすることが重視されていた。

価値があるにもかかわらず、正当に評価されていない人々の文化を称賛し、彼らの地位を引き上げたいという願いは、沖縄やアイヌ、台湾先住民の文化への高い評価にもつながっている。柳は、沖縄について、多くの人がただ貧しいと言っているが、そこには他にみられない豊かで卓越した文化があり、沖縄には、「特別な使命」が与えられているはずだと述べている。またアイヌ文化についても信仰の深さに支えられた見事な工芸品を称揚し、和人はそこから学ぶべきだと説いている。そして劣等感を植え付ける政策や優越感を持って彼らを蔑む人々を批判するとともに、自己の文化に誇りを持とうとしない人々の姿勢についても問題にしている。

晩年の柳は、民芸の理想的美が生みだされるための精神態度の探求を、仏教に手掛かりを求めながら探ってゆく。柳はすでに一九二〇年代後半から三〇年代にかけて、これからの時代の個人作家は、他を排し自己のみを守るのでなく、民衆を引き上げ民衆とともに歩む必要があると説いていた。そのためには自力の道を放棄し、自然に帰依することが重要であるとし、ギルド（協団）の組織化を不可欠なものとして提案している。そして戦後には、妙好人や一遍上人に着目するに至っている。しかしこのような思想的営為の起源を、民芸以前にまで遡ってとらえることも可能である。例えば本書収録の「聖者と乞食との対話」（一九二三年）では、神のすべてを受け容れるためには、心を空しくしておかなければならないと述べ、「受け容れる心」を持つことが大切だと強調している。このような観点が、民芸を経て、戦後に仏教研究を深めるなかで改めて重視され、民芸美を生みだす理想的人間像としての妙好人（「受け取り手の名人」）や一遍上人（「捨聖」）への高い評価につながっているのである。

いま私たちは、柳宗悦という名を耳にするとき、何よりも民芸運動の創始者としての柳を思い浮かべる。宗教的人間としての柳を思い起こすことはほとんどない。しかし柳は、常に自己を寂滅させながら、神と向き合い、神の意志としての「正しさ」「自然さ」が自己のなかに働くことを求め続けた宗教的人間であった。次から次へと展開される柳の活動も、神の意志に導かれながら進められていったのである。

そして柳が、多彩な人々との関係を長期間保ち続けることが出来たのは、他者に向き合う場合にも、自己を寂滅させようと努めていたからであった。柳は、すべての人の才能が埋没させられることを神への冒瀆ととらえていた。従って他者においてもそれぞれの資質が最大限に発揮されるよう願っていた。加えて「正しい」仕事は、個人の力だけで背負い切れるものではなく、仲間とともに歩むことが重要だと認識していた。このような他者への接し方が、人間関係を持続させることにつながっていたのである。

現代人の多くは、近代のもたらした自己顕示と競争に疲弊し、他人の幸福を喜べなくなっている。また各人の本然の姿を見失いがちとなっている。本書収録の文章のなかに、人間関係の「質」を取り戻すためのヒントを、必ずや読み取ることが出来るに違いない。

解題

「学習院のこと」

「学習院新聞」一九四九年十一月十九日所載。同新聞の「白樺派の人々」という特集記事に寄稿したもの。副題として「伝統の美風と高き品格・沈滞の現学生に寄す」とあるが、これは記者が付けたものであろう。柳のスクラップ・ブックに収められた訂正本を底本にした。


「トルストイの百年祭に際して」

「大阪朝日新聞」一九二八年九月十日所載。柳の十代から二十代にかけて、その心をとらえたトルストイに関する文章。


「宗教家としてのロダン」

「白樺」第一巻第八号（一九一〇年十一月十四日発行）所載。同誌ロダン特集号に寄せた論文。


「思想家としてのブレーク」

一九一四年十二月二十三日、洛陽堂より刊行された『ヰリアム・ブレーク』のうちの一章。この本には「彼の生涯と製作及びその思想」の副題があり、柳宗悦をブレーク研究に赴かせた親友バーナード・リーチに献じられている。

七百五十頁を超える大著で、再版はされず、一九五四年二月五日より刊行が始まった春秋社版『柳宗悦選集』（以下『選集』）にも収められていない。本巻では、柳所持の初版本を底本とした。この所持本には、珍しく柳の加朱がなく、翌年「白樺」第六巻第二号（一九一五年二月一日発行）に「『ヰリアム・ブレーク』正誤表に就て」が発表され正誤表が掲載されているので、それに基き初版本の誤植を正した。なお、書中の引用その他で訂正を要する個所は、校註を付してある。

『キリアム・ブレーク』の内容は次の通りである。

「序」「備考」「第一章　久遠の人」「第二章　スエデンボルグの黙示」「第三章　ゴシックの影」「第四草　野に彷徨ひし日」「第五章　匿れたる愛」「第六章　歓喜の歌」「第七章　睿智の歌」「第八章　預言の声」「第九章　地獄の歌」「第十章　肉体の歌」「第十一章　反抗の歌」「第十二章　復興の歌」「第十三章　山嶽の頂」「第十四章　太洋の岸辺」「第十五章　預言詩――帰神の歌」「第十六章　預言詩――流出の歌」「第十七章　激怒せる日」「第十八章　永遠の福音」「第十九章　最後の審判」「第二十章　人としてのブレーク」「第二十一章　思想家としてのブレーク」「第二十二章　ブレークと彼の前後一〜四」「追補　一略語　二補註　三著作年表　四主要参考書　五索引」及び挿絵六十枚。

　二十五歳の青年学究の著作でありながら、当時のブレーク研究として世界最高の水準に達する大著であり、かつ柳独自のブレーク観の充溢した名評伝と言えよう。とりわけ、縦横に引用された詩篇と、随所に挿入されたブレーク作の絵画とによって、この稀有な人物の特質がみごとに浮彫りにされている。また、二百頁近い「追補」は、学究としての柳の研究方法の徹底した周到さをよく物語っている。

「ホイットマンとエマソン」

「白樺」第十巻第五号（一九一九年五月一日発行）に寄稿した文。ホイットマンとエマソンの結びつきを簡明に記述している。再録なく、右掲載文を底本とした。

「宗教哲学の再建」

「思想」一九二三年一月号（同月一日発行）に寄稿。（一九二二・一二・三）の日付がある。

現在の宗教哲学の、ある立場に立つことから出発する方法を批判し、無仮定に基礎づけられて、神を通じて神を理解することを求める。

右掲載文を自筆の訂正を活かして底本としたが、文末の※印のある加筆は、挿入個所不明のため、そのまま文末に掲出した。

「バーナード・リーチへの手紙」

一九一五年十一月八日、十九日、二十四日の日付のある、バーナード・リーチあての手紙。柳におけるキリスト教神秘主義と禅の融合、「直観」の思想が、よくあらわれている。

「聖者と乞食との対話」

「文化生活」第三巻第一号（一九二三年一月一日発行）に寄稿。「聖者と乞食の対話」と印刷されている表題に「と」を書き加えたのみで、他に訂正はない。中世の一挿話を紹介して、信仰と神の本質を語る。

「木喰上人発見の縁起」

初め山梨日日新聞社、一九二五年五月三十一日発行の「木喰第二号」に「不可思議の因縁上人研究の経路に就て」という題で掲載された文で、全面的に書き改め加筆されて『木喰五行上人略伝』（木喰五行研究会、一九二五年八月二十日刊）に「附録 上人発見の縁起」として収録された。文末に「（大正十四年五月二十五日認、七月二十四日補）」とある。『選集』第九巻（春秋社、一九五五年五月十五日刊）、『蒐集物語』（中央公論社、一九五六年二月二十八日刊）、『民藝四十年』（宝文館、一九五八年七月十日刊）に、「木喰上人発見の縁起」と改題して転載された。底本には『木喰五行上人略伝』所収のものを自筆の訂正を生かして用いた。

『選集』『蒐集物語』『民藝四十年』に転載のものは、用字法の訂正にとどまる。

但し、底本の柳の書き込みのうち、二の冒頭の木喰仏との出会いの年については、明らかに柳自身の誤りであるので「大正十三」に改めた。柳の誤りは、『選集』『蒐集物語』『民藝四十年』収録のものにいずれもそのまま残されている。

「才市の歌」

一九四九年十月二十日、法蔵館刊の楠恭編『妙好人才市の歌㈠』に続いて刊行の予定であったらしい『妙好人才市の歌㈡』の序文として書いた草稿。欄外に「楠君の本の序文（第二巻）草稿」とある。この本は柳の生前には刊行されず、一九七七年十一月十日に刊行された第二巻には、この序文は収録されなかったが、一九八八年四月三十日に刊行された『定本　妙好人才市の歌（全）』に収録された。柳の文は完成原稿と見てよく、また才市の歌の性格についてよく本質を解明しているので、ここに採録した。

「妙好人源左」

「大世界」第十一巻第六号（世界仏教協会、一九五六年六月一日発行）への寄稿文。「わが心の友を語る」の欄で源左のことを述べる。

「一遍上人」

「新論」第一巻第二号（新論社、一九五五年八月一日発行）に寄稿。

浄土門における一遍上人の位置と意義を考察し、念仏の道を究竟の頂きにまで高めた、と述べている。

右掲載文の柳の加筆を採り入れて底本とした。初出稿は鶴見俊輔編『柳宗悦集』（『近代日本思想大系』24、筑摩書房、一九七五年六月二十日刊）に採録されている。『柳宗悦宗教選集』4（春秋社、一九六〇年一月三十日刊）には用字・表記を改めて収められており、次の二ヶ所に補筆がある。

二二六頁・四行目　西山派から発したことが分らう。→西山派から発したことがわかろう。（改行）因に聖達の門弟として勉学した時、彼の法兄に顕意があった。彼は深草義をとなえ、一遍上人とは深い交りがあった。

二三一頁・十四行目　有難い道→有難いまた易しい道

「思い出す職人」

「工藝」第百八号所載。秋田の鍛冶屋伊勢谷運吉と酒田の金具屋白崎孫八の想い出をしるす。一九三五年十一月五日と六日に書いた文を、この東北民藝特集に当って発表した。挿絵の解説として以下の文章を寄せている。

「丸輪五徳」「長い冬の日、炭火に親しむ者は自から五徳と共に暮す。使い慣れゝば之も欠いてならない家族の一人である。五徳も様々な形を取るが、鉄製の三つ柱のと丸輪のとが最も多い。此の頃作る丸輪のは多くは細手で弱く、頼りない品である。私共が見た中では丸輪五徳では山形市で出来る砲金太輪の五徳と、秋田市で作る鉄製のものとを挙げる。特に後者は形が美しく、図録に掲げた。輪から出る三つの受けが美しい線を描き、足の張りも又用途に備える。こんな形のものは、もう沢山は残らない。どこでも五徳を使うのであるから、せめてもこんな品を流布させたい。高さ三寸、経五寸五分。」

「錠前」「日本固有の建物で、分けても心を惹かれるのは蔵造りである。確かさや、重みや、温かさや、品位や、其れ等のものを一身に備えるのは土蔵である。日本建築を語る時、私達は蔵造りを語らない訳にゆかない。全体としてのみならず局部に於ても見事である。其の局部の中で、多くの人が心を籠《こ》めるのは扉である。外戸、昼戸、夜戸等三重、四重に入口を守る。地方地方で様々な姿を取るが、中で金具に飾られるのは夜戸である。其の錠前の模様こそ、日本の金工品で特色ある位置を占めるであろう。所に依って図の取り方は違う。或《あるい》は宝紋、或は花紋、或は定紋。こゝに掲げたのは形として最も代表的な一例と思える。見事な作りではないか。こゝまでに到達するのに長い背景が控えていよう。錠前として渾然とした味がある。秋田県大館町鍛冶町で見出したのである。二重錠、一重錠等、大小様々なものを売る。此の一個丈一尺三寸五分、先幅一尺二寸三分。元幅六寸二分。」

「富本君の陶器」

「中央美術」第八巻第二号（日本美術学院、一九二二年二月一日発行）に寄稿。自筆の書き込みのある掲載文の切り抜きが保存されており、それを底本とした。編集部がつけたと思われる「富本憲吉論」という表題を抹消してある。「日本の陶工として美の本道を歩く恐らく唯一の人」と高く評価し、特質を挙げ、乾山とともに永遠な人の列に加わることを予想する、柳の的確な批評眼をよく示した文である。

「河井寛次郎の人と仕事」

「世界」一九四六年十月号（岩波書店、同月一日発行）に寄稿した文を加朱したもの。九節に分けて、河井の人と仕事を説き尽くしている。一九四九年十二月八日、札幌の鶴文庫より刊行された小冊子『河井寛次郎』に収録された。「後記」に、「昭和二十二年五月下完」とある。

「濱田庄司の仕事」

一九六一年、柳は病を押して『濱田庄司作品集』（朝日新聞社、一九六一年十月十日刊）を編集した。これは柳の最後の仕事となったが、その時に書き下したのが本篇である。

前書きに続いて㊤㊥㊦の独立した論考があり、㊤は仕事の特色について、㊥でその茶器の性格について、㊦は糖黍紋について、長年の交わりと深い洞察力から湧き出たみごとな論考を結実させている。跋は、四月二十九日の最後の発作の日も間近い一九六一年四月下旬にしるされたもので、本の成立ちと協力者への感謝を述べる。

「芹澤のこと」

「工藝」第二十四号（一九三二年十二月二十五日発行）で、初めて芹澤銈介の特集を行ったとき、「芹澤君に就て」の表題で掲載した文。題を「芹澤のこと」と改め、冒頭の「某氏に宛てし手紙の一節」を「某兄」とし、若干の加筆を施して、『私の念願』（不二書房、一九四二年六月三十日刊）に収めた。本巻ではそれを底本とした。

芹澤を見出した悦びとともに、その仕事の信頼し得る質を述べる。この号には、挿絵として、芹澤の作品の実物六点が貼付された。

「棟方と私」

はじめ「心」第十巻第十号（生成会、一九五七年十月一日発行）に発表した文を、『棟方志功板画』（筑摩書房、一九五八年七月二十五日刊）を編んだ際、大幅な加筆改訂を施して収録した。「以上昭和三十三年三月病床にて加筆し終る」と文末にしるす。

棟方を見出した一九三六年以降の、自身と棟方との交わりを、その制作の挿話や作品評を交えて物語る、味わい深い文である。『棟方志功板画』所収文を底本とした。

「かけがえのない人」

「春秋」第一巻第七号（春秋社、一九五九年十二月五日発行）に寄稿。鈴木大拙の挿話や、その仏典善本刊行への熱意のことを語る。

「浅川のこと」

「工藝」第四十号（一九三四年三月二十七日発行）を浅川巧の三回忌追悼として編集した折に、想い出として執筆。浅川は「徳」そのものの存在であったと追慕し、朝鮮における彼の仕事の意義を述べる。

のち「浅川巧のこと」と改題して『私の念願』に収めたが、改訂は、「鮮人」を「半島人」に改めたほかは僅少にとどまる。本巻は初出を底本とした。


「朝鮮の友に贈る書」

一九二〇年四月十日、我孫子で書かれ、「改造」同年六月号（改造社、同月一日発行）に掲載された。朝鮮の友人への書簡形式で、日本の行いを詫び、自重を求め、朝鮮の藝術への敬念を綴る。原稿は甚しい検閲の削除を受けて掲載されたが、その部分的英訳（本田増次郎訳）が六月十六日付 "The Japan Advertiser" に載り、朝鮮語訳は四月十九、二十日付の「東亞日報」に連載された。

その後一九二二年九月二十五日、それまでに発表した朝鮮関係の主要論文を集めて、叢文閣より刊行した『朝鮮とその藝術』に収録。同書は他に「序」「朝鮮人を想う」「失われんとする一朝鮮建築の為に」「彼の朝鮮行」「「朝鮮民族美術館」の設立に就て」「朝鮮民族美術展覧会に就て」「石仏寺の彫刻に就て」「李朝陶磁器の特質」「朝鮮の美術」「挿絵二十三種」を収める。

本巻は、叢文閣本を底本とし、無論削除を完全に復活したものである。『選集』及び『民藝四十年』には、用字法のみを改めて転載された。前出鶴見編『柳宗悦集』にも収録。


「沖縄人に訴うるの書」

「月刊民藝」第二巻第三号（一九四〇年三月一日発行）に寄稿。沖縄の文物の価値を沖縄人自身が認識し、誇りと自信とを持つことを切に求める。

『選集』第五巻（春秋社、一九五四年七月二十日）に再録されたときは、用字法のほかに僅かな字句の修正が施された。本巻では、「月刊民藝」を底本としたが、右の修正を採り入れてある。

「アイヌへの見方」

一九四一年九月から二ヶ月間、柳は日本民藝館で「アイヌ工藝特別展」を開催した。それを機にアイヌ文化を特集した「工藝」第百六号(一九四二年十二月十日発行)に発表した論稿である。アイヌに関して、文化からおくれた民族として憐憫や軽蔑の念をもって見る一般の見方に強く反省を求め、その工藝を通じて知られる文化や信仰の価値の深さを説く。

再録なく、自筆訂正のある「工藝」掲載文を底本とした。

「個人作家の使命」

「工藝」第十一号(一九三一年十一月十日発行)に発表。『民と美』上(靖文社、一九四八年三月三十日刊)に加朱して収録。『選集』第七巻にも収められている。

本巻の底本には単行本所収文を用いた。個人作家の進むべき道を論じる。

「『新しき村』に就ての手紙」

「大阪朝日新聞」一九二〇年一月二日所載。同紙一九一九年十月九日から十九日にかけて、七回にわたって連載された新しき村探訪記「大地の豊かな愛と人間の尊い労働」に対して反論を加えたもので、同年一月五日には「東京朝日新聞」に転載された。本巻では「大阪朝日新聞」を底本とした。

『工藝の協団に関する一提案』

「昭和二年二月三日　於洛東神楽岡　柳宗悦」の奥書を持つ洋罫紙謄写版刷の冊子で、柿渋引和紙に毛筆で表題を自書した表紙を付し、三十部を作って知友に頒った。「こゝに現われた思想が、多くそれ等の友に負うている事を深く感謝したい。」と後書してある。翌年の上加茂民藝協団の発足を促し、また爾後の新民藝品製産の実践に対する基本的な指針となった。本巻ではその冊子を底本とした。

　この論文は、のちに「月刊民藝」一九三九年十月・十二月号（日本民藝協会発行）に（上）（下）に分けて再録され、『民藝四十年』にも収録されている。僅かの字句の修正のみであるが、「月刊民藝」再録に際しては、後書を省き、代りに（下）の冒頭に次の短文を添えた。

　式場君の意向によって、私がもう十二年も前に書いた謄写版刷の草稿が、こゝに活字で組まれ世に出るに至った。（上編本誌十月号所載）。もと〳〵之は少数の知友に届けた私案であって、公表するにしては説明の足りない点が甚だ多い。併し本誌に出て見て私も久方ぶりに之を読み返し、再び此の問題を考える機会を与えられた。私は今でも大体私の趣旨に誤謬はないと信じている。併し外には近代の個人主義と理知主義との力が未だ絶えず、内には各自の自覚や意志の足りない点も多く、吾々の生活は協団の理念からは未だ遠い現状である。それにも拘らず恐らく日本の（否世界の）藝術界に於て、吾々の一団程固い信念と友愛とに結ばれている団体はないと考えられる。又少くとも工藝の領域に於て吾々の仲間程優れた各種の作家を包含するものは他にないと思える。（時間はいつか此の事実を認知してくれるであろう）。工藝の仕事は何にも増して協助の働きを必要とする。又此の性質があるが故に、文化に於ける工藝の意義は高く又重いのだ。

『民藝四十年』収録文には、次の付記がある。

　この理念は或程度実現されて、京都市上加茂町の古い社家の建物を一軒借りて、青田五ついて述べる。

（編集部）

郎《ママ》（織物）及鈴木實（染織）青田七郎《ママ》（金工）黒田辰秋（木工）が同居して、仕事にいそしんだ。約一年後、作品展観をなし得るほどに仕事はすすんだが、生活の道徳面に欠陥が現れて、二年後私が外遊中に解散を余儀なくされた。併し之は却って非常に有難い経験となり、又教訓ともなった。

（昭和三十三年三月附記す。）

なお本篇は、「月刊民藝」再録文が、「民藝」第百五十号・百五十一号（一九六五年六月・七月発行）及び、水尾比呂志編『柳宗悦』（「日本民俗文化大系」六、講談社、一九七八年四月十日刊）にも採録されている。

「「たくみ」の開店に就て」

「月刊たくみ」第一号（「たくみ」工藝店、一九三四年一月十八日発行）に寄稿。「たくみ」工藝店の開店に至るまでの経緯と、その任務に

卵のように軽やかに　エリック・サティ　秋山邦晴／岩佐鉄男編訳

音楽史から常にはみ出た異端者として扱われてきたサティとは何者？　時にユーモラス、時にシニカルなエッセイ・詩を精選。（巻末エッセイ　高橋アキ）

湯女図　佐藤康宏

江戸の風呂屋に抱えられた娼婦たちを描く一枚のミステリアスな絵。失われた半分には何が描かれていたのか。謎に迫り、日本美術の読み解き方を学ぶ。

グレン・グールド　孤独のアリア　ミシェル・シュネデール　千葉文夫訳

鮮烈な衝撃を残して二〇世紀を駆け抜けた天才ピアニストの生と死と音楽を透明なタッチで描く、最もドラマティックなグールド論。（岡田敦子）

民藝の歴史　志賀直邦

モノだけでなく社会制度や経済活動にも美しさを求めた柳宗悦の民藝運動。「本当の世界」を求める若者達のよりどころとなった思想を、いま振り返る。

シェーンベルク音楽論選　アーノルト・シェーンベルク　上田昭訳

十二音技法を通して無調音楽へ——現代音楽への扉を開いた作曲家・理論家が、自らの技法・信念・つきあげる表現衝動に向きあう。（岡田暁生）

魔術的リアリズム　種村季弘

一九二〇年代ドイツに突然現れ、妖しい輝きを遺して消え去った「幻の芸術」の軌跡から、時代の肖像を鮮やかに浮かび上がらせる。（今泉文子）

20世紀美術　高階秀爾

混乱した二〇世紀の美術を鳥瞰し、近代以降、現代すなわち同時代の感覚が生み出した芸術が、われわれにとって持つ意味を探る。増補版、図版多数。

世紀末芸術　高階秀爾

伝統芸術から現代芸術へ。19世紀末の芸術運動には既に抽象芸術や幻想世界の探求が萌芽していた。新時代への美の冒険を捉える。（鶴岡真弓）

鏡と皮膚　谷川渥

「神話」という西洋美術のモチーフをめぐり、芸術の認識論的隠喩として二つの表層を論じる新しい身体論・美学。鷲田清一氏との対談収録。

バルトーク音楽論選
ベーラ・バルトーク
伊東信宏／太田峰夫訳

中・東欧やトルコの民俗音楽研究、同時代の作曲家についての批評など計15篇を収録。作曲家バルトークの多様な音楽活動に迫る文庫オリジナル選集。

古伊万里図鑑
秦　秀　雄

魯山人に星岡茶寮を任され柳宗悦の蒐集に一役買った稀代の目利き秦秀雄による究極の古伊万里鑑賞案内。限定五百部の稀覯本を文庫化。（勝見充男）

新編 脳の中の美術館
布　施　英　利

「見る」に徹する視覚と共感覚に訴える視覚。ヒトの二つの視知覚形式から美術作品を考察する、芸術論へのまったく新しい視座。（中村桂子）

秘密の動物誌
フォンクベルタ／フォルミゲーラ
荒俣宏監修
管啓次郎訳

光る象、多足蛇、水面直立魚——謎の失踪を遂げた動物学者によって発見された「新種の動物」とは。世界を騒然とさせた驚愕の書。（茂木健一郎）

ブーレーズ作曲家論選
ピエール・ブーレーズ
笠羽映子編訳

現代音楽の巨匠ブーレーズ。彼がバッハ、マーラー、ケージなど古今の名作曲家を個別に考察した音楽論14篇を集めたオリジナル編集。

図説　写真小史
ヴァルター・ベンヤミン
久保哲司編訳

写真の可能性と限界を考察し初期写真から同時代の作品まで通観した傑作エッセイ「写真小史」と、関連の写真図版・評論を編集。（金子隆一）

フランシス・ベイコン・インタヴュー
デイヴィッド・シルヴェスター
小　林　等　訳

二十世紀を代表する画家ベイコンが自身について語った貴重な対談録。制作過程や生い立ちのことなど。『肉への慈悲』の文庫化。（保坂健二朗）

花鳥・山水画を読み解く
宮　崎　法　子

中国絵画の二大分野、山水画と花鳥画。そこに託された人々の思いや夢とは何だったのか。豊饒な作品世界を第一人者が案内する。サントリー学芸賞受賞。

河鍋暁斎 暁斎百鬼画談
安村敏信監修・解説

幕末明治の天才画家・河鍋暁斎の遺作から、奇にして怪なる妖怪満載の全頁をカラーで収録、暁斎研究の第一人者の解説を付す。巻頭言＝小松和彦

気流の鳴る音　真木悠介

カスタネダの著書に描かれた異世界の論理に、人間ほんらいの生き方を探る。現代社会に抑圧された自我を、深部から解き放つ比較社会学的構想。

五輪書　宮本武蔵　佐藤正英校注／訳

苛烈な勝負を経て自得した兵法の奥義。広く人生の修養・鍛錬の書として読まれる。『兵法三十五か条の書』『独行道』を付した新訳・新校訂版。

草莽論　村上一郎

草莽、それは野にありながら危急の時に大義に立つ壮士である。江戸後期から維新前夜、奔星のように閃いた彼らの生き様を鮮烈に描く。（桶谷秀昭）

柳宗悦コレクション（全3巻）　柳宗悦

民藝という美の標準を確立した柳は、よりよい社会の実現を目指す社会変革思想家でもあった。その斬新な思想の全貌を明らかにするシリーズ全3巻。

柳宗悦コレクション1　ひと　柳宗悦

白樺派の仲間、ロダン、ブレイク、トルストイ……柳思想の根底を、彼に影響を及ぼした人々との出会いから探るシリーズ第一巻。（中見真理）

柳宗悦コレクション2　もの　柳宗悦

柳宗悦の「もの」に関する叙述を集めたシリーズ第二巻。カラー口絵の他、日本民藝館所蔵の逸品の数々を新撮し、多数収録。（柚木沙弥郎）

柳宗悦コレクション3　こころ　柳宗悦

柳思想の最終到達点「美の宗教」に関する論考を収めたシリーズ最終巻。阿弥陀の慈悲行を実践しようとした宗教者・柳の姿が浮び上がる。（阿満利麿）

総力戦体制　山之内靖　伊豫谷登士翁／成田龍一／岩崎稔編

戦後のゆたかな社会は敗戦により突如もたらされたわけではない。その基礎は、戦時動員体制において形成されたものだ。現代社会を捉え返す画期的論考。

『「いき」の構造』を読む　安田武　多田道太郎

日本人の美意識の底流にある「いき」という概念。九鬼周造の名著を素材に、二人の碩学があざやかに軽やかに解きほぐしていく。（井上俊）

ちくま学芸文庫

柳宗悦《やなぎむねよし》コレクション1 ひと

二〇一〇年十二月 十 日 第一刷発行
二〇二一年 五 月二十五日 第二刷発行

著 者 柳宗悦（やなぎ・むねよし）
発行者 喜入冬子
発行所 株式会社 筑摩書房
東京都台東区蔵前二―五―三 〒一一一―八七五五
電話番号 〇三―五六八七―二六〇一（代表）
装幀者 安野光雅
印刷所 株式会社精興社
製本所 株式会社積信堂

ISBN978-4-480-09331-8 C0172